省域住房城乡建设
信息化研究与探索

薛学轩　冉先进　温　敏　著

科学出版社
北　京

内 容 简 介

本书是一本关于住房城乡建设系统信息化建设实施方法和经验的专业书籍。它介绍了住房城乡建设信息化的发展历程、关键技术应用及具体实践，通过总结四川省住房城乡建设系统信息化建设的经验、做法和成果，系统阐述了住房城乡建设信息化的总体规划、建设内容、系统架构和实施策略，详细论述了城乡规划、村镇建设、工程建设、建筑市场、住房保障、房地产业、城市管理、政务服务、数据挖掘分析等信息化建设的内容和路径，并对新形势下推进信息技术与住房城乡建设事业发展深度融合以及住房城乡建设信息化发展方向进行了深入思考。

本书可供住房城乡建设主管部门、从业企业、从业人员、学会协会、软件开发单位和高校建设类院系师生及有关人员参考、使用。

图书在版编目(CIP)数据

省域住房城乡建设信息化研究与探索/薛学轩，冉先进，温敏著. —北京：科学出版社，2020.6
ISBN 978-7-03-061101-7

Ⅰ. ①省… Ⅱ. ①薛… ②冉… ③温… Ⅲ. ①住宅建设-信息化建设-研究-四川 ②城乡建设-信息化建设-研究-四川 Ⅳ. ①F299.277.1-39

中国版本图书馆 CIP 数据核字（2019）第 079184 号

责任编辑：钟文希　侯若男／责任校对：彭　映
责任印制：罗　科／封面设计：墨创文化

科 学 出 版 社 出版
北京东黄城根北街16号
邮政编码：100717
http://www.sciencep.com

四川煤田地质制图印刷厂印刷
科学出版社发行　各地新华书店经销
*

2020年6月第　一　版　开本：B5（720×1000）
2020年6月第一次印刷　印张：14 3/4
字数：297 000

定价：**129.00 元**
（如有印装质量问题，我社负责调换）

序　言

　　人类经历了农业革命、工业革命，正在经历信息革命。当前，信息技术创新日新月异，以数字化、网络化、智能化为特征的信息化浪潮蓬勃兴起，正以其广泛的渗透性、无与伦比的先进性，引领社会生产新变革，创造人类生活新空间，培育经济发展新动能，拓展国家治理新领域，为满足人民美好生活需要提供新选择，带来新便利。2018年，习近平在致首届数字中国建设峰会的贺信中强调："要适应我国发展新的历史方位，全面贯彻新发展理念，以信息化培育新动能，用新动能推动新发展，以新发展创造新辉煌。"强化互联网思维，利用互联网扁平化、交互式、快捷性优势，推进政府决策科学化、社会治理精准化、公共服务高效化，用信息化手段更好感知社会态势、畅通沟通渠道、辅助决策施政，是落实"四个全面"战略布局的客观要求。

　　住房城乡建设行业是我国社会经济发展的重要领域，涵盖城乡规划、城乡建设(含市政设施管理、城乡管理)、工程建设、住房保障与房产管理等，是国民经济的重要基础行业和支柱行业，与人民群众生活息息相关。住房城乡建设信息化是住房城乡建设行业发展战略的重要组成部分，是贯彻落实新发展理念，推动住房城乡建设事业高质量发展的必然要求。四川在20世纪末启动省级层面住建行业信息化工作，历经近二十年的探索实践，取得了不错的成果，在全国首先建成"省级建筑市场监管与诚信一体化平台""省级数字化城市管理平台"，形成全省统一、基于信息感知和大数据技术的"互联网+住房城乡建设"管理服务平台，一系列成果得到广泛应用。

　　本书以四川省住房城乡建设信息化工作为基础，总结省域住房城乡建设信息化的探索实践成果，阐述省域城乡规划、建筑市场、住房管理、城乡管理、政务服务、行业大数据等方面的信息化范围、架构、策略等内容，尤其是总结出"四个结合"(数据采集与网上办事紧密结合，保证数据的全面性；数据核准与行政审批紧密结合，保证数据的真实性；数据完善与市场监管紧密结合，保证数据的动态性；数据应用与项目建设紧密结合，保证数据的关联性，将不同侧面、不同局部的数据汇聚和关联，产生和实现价值，具有很好的借鉴作用)，基于物联网、生物识别等技术，实现多类、实时、本源数据的感知；基于层次型聚类算法，实现对从业企业行为的监管服务；基于社群智能技术，实现从业人员社交关系挖掘和轨迹分析；基于物联网、三维GIS(geographic information system，地理信息系统)、BIM(building information modeling，建筑信息模型)等技术，实现扬尘、污水处理、垃圾处理、施工安全的实时监管和一体化管理等前沿信息技术在行业的应用具有创新性。

信息化是提升国家治理能力的重要技术手段，只有起点没有终点。随着物联网、5G移动网络、区块链、云计算、人工智能等前沿技术的成熟和普及，住房城乡建设信息化要把握信息化发展新阶段的机遇，通过由系统开发向深化应用发展、传统技术向前沿技术发展、数据采集向挖掘分析发展、功能实现向安全运行发展、服务当前向支撑未来发展的途径，向泛在感知、高速传输、普适计算、智能分析、自动预警的高阶段目标努力，加快数字化、网络化、智能化技术在住建行业的应用，为住房城乡建设事业高质量发展提供信息技术支撑。

中国工程院院士 刘先林

2020年4月25日

前　　言

习近平总书记在中国科学院第十九次院士大会、中国工程院第十四次院士大会上的重要讲话指出："世界正在进入以信息产业为主导的经济发展时期。我们要把握数字化、网络化、智能化融合发展的契机，以信息化、智能化为杠杆培育新动能。"信息化代表新的生产力和新的发展方向，已经成为引领创新和驱动转型的先导力量，覆盖国民经济的所有行业。当今世界，信息技术创新日新月异，以数字化、网络化、物联网、云计算、大数据、智能化为特征的信息化浪潮蓬勃兴起，正在深刻改变着人们的生产生活方式，带来生产力质的飞跃，引发生产关系的重大变革，在推动经济社会发展、促进国家治理体系和治理能力现代化、满足人民日益增长的美好生活需要方面发挥着越来越重要的作用。党的十九大描绘了决胜全面建成小康社会、开启全面建设社会主义现代化国家新征程、实现中华民族伟大复兴的宏伟蓝图，对建设网络强国、数字中国、智慧社会做出了战略部署。

近年来，四川省住房城乡建设信息化认真贯彻落实国家战略部署，以"人+物"全面信息感知为总体设计思路，紧贴发展大势，聚焦重点工作，坚持规划先行，严格顶层设计，注重业务协同，强化信息共享，突出建设效能，加强安全保障，以统一标准和统一平台为基础，以网上办事促进基础数据收集，以惠民服务深化信息系统应用，全面推进信息技术与住房城乡建设事业深度融合。经过平台建设、深化应用、数据汇聚和数据挖掘分析等阶段的发展，四川省走出了一条规划统编、标准统一、平台统建、系统共生、数据同源、资源同享的信息化建设之路，开发建设并深度运行了由十大子平台、180多个子系统、三大支撑体系、八大基础数据库构成，以工程项目为主线、从业企业为主体、从业人员为基础、信用评价为机制、质量安全为重点、惠民服务为根本、考核评价为保障、创新服务为目标，以城乡规划、城乡建设、城市管理、住房保障、房产交易、能耗监测、企业资质、人员资格、行业监管、自动化办公等为内容，省市县三级通用，纵向到底、横向到边的四川省住房城乡建设信息化大平台，全省21个市州、183个县市区、8.1万多家企业、370多万名人员，应用该平台在线办理住房城乡建设业务。系统在为民服务中应用，数据在业务办理中产生，实现了各类数据的实时纵向汇聚与传递、各类信息的实时横向交互与反馈，达成数据一个库、监管一张网、管理一条线、呈现一幅图，信息系统全融合、主要业务全覆盖、监管服务全流程、数据资源全共享、服务群众零距离的信息化建设成果。

四川省住房城乡建设信息化取得多项突破，形成多项成果。在全国第一个建成省级建筑市场监管与诚信一体化平台、省级数字化城市管理平台；开发建设的四川省建筑市场监管与诚信一体化平台荣获数字中国建设最佳实践成果，被遴选为首届数字中国建设 30 个最佳实践成果之一，成为全国住建系统和四川唯一入选的最佳实践成果；先后荣获四川省科学技术进步二等奖 3 项、三等奖 1 项；荣获部级科学技术进步一等奖 1 项、华夏建设科学技术三等奖 1 项、优秀工程金奖 1 项；主编和参编四川省地方标准 11 部、国家标准 5 部；取得 1 项国家发明专利、11 项计算机软件著作权，出版专著 3 部；多次在全国性信息化会议上交流经验，25 个省市来川调研信息化工作；信息化建设的做法得到四川省委省政府领导的充分肯定和各个方面的广泛好评。

本书通过总结四川省住房城乡建设系统信息化建设的经验、做法和成果，系统阐述了住房城乡建设信息化的实施范围、总体结构、系统架构，以及城乡规划、建筑市场、住房管理、城乡管理、"互联网+政务服务"、住房城乡建设大数据等信息化建设的内容和路径，对新形势下住房城乡建设信息化发展方向进行了深入思考。全书共分为 9 章。第 1 章主要阐述住房城乡建设信息化发展历程，以及省域住房城乡建设信息化的内容和架构；第 2 章主要阐述住房城乡建设信息化技术发展、关键技术及其应用；第 3~7 章，主要阐述城乡规划信息化、建筑市场信息化、住房管理信息化、城乡管理信息化以及"互联网+政务服务"的范围、要求、架构、策略和实践成果；第 8 章主要阐述住房城乡建设数据分析及实践成果；第 9 章主要阐述住房城乡建设信息化的思考。

感谢我的合著者为此书付出的辛勤工作。笔者与本书两位合著者在住房城乡建设领域信息化工作中合作十多年，携手共同完成本书，笔者编写了第 1 章、第 2 章和第 9 章，冉先进编写了第 4 章、第 5 章和第 8 章，温敏编写了第 3 章、第 6 章和第 7 章。

感谢四川省金科成地理信息技术有限公司、四川亿联科技有限公司、北京数字政通科技股份有限公司、成都信息工程大学、成都市规划信息技术中心、成都住宅与房地产业协会、攀枝花市地理信息中心、成都金阵列科技发展有限公司等为本书提供相关技术资料，感谢魏军林、乔少杰、叶青、肖莉莉、牟澜、鄢府、程维杰、蒋雪冬等协助整理相关资料。

由于时间仓促，加之作者水平有限，书中难免存在不足之处，敬请广大读者批评指正。

薛学轩
2020 年 4 月 18 日

目 录

第1章 概论 ··· 1
1.1 中国信息化发展历程 ··· 1
1.2 住房城乡建设信息化发展历程 ··· 4
1.3 住房城乡建设信息化内容 ··· 7
1.4 省域住房城乡建设信息化架构 ··· 12
1.4.1 设计思想 ··· 12
1.4.2 总体结构 ··· 13
1.4.3 架构设计 ··· 14

第2章 住房城乡建设信息化关键技术 ··· 16
2.1 信息化技术发展 ··· 16
2.1.1 播种阶段 ··· 16
2.1.2 萌芽阶段 ··· 17
2.1.3 成长阶段 ··· 17
2.1.4 发展阶段 ··· 18
2.2 信息化关键技术 ··· 19
2.3 信息化技术应用 ··· 29

第3章 城乡规划信息化 ··· 36
3.1 城乡规划信息化范围 ··· 36
3.2 城乡规划信息化要求 ··· 37
3.2.1 城乡规划编制信息化要求 ··· 38
3.2.2 城乡规划实施信息化要求 ··· 40
3.2.3 城乡规划管理信息化要求 ··· 41
3.3 城乡规划信息化架构 ··· 42
3.4 城乡规划信息化策略 ··· 44
3.4.1 城乡规划编制信息化策略 ··· 45
3.4.2 城乡规划实施信息化策略 ··· 47
3.4.3 城乡规划监管信息化策略 ··· 52
3.5 城乡规划信息化实践 ··· 57
3.5.1 城乡规划编制信息化实践 ··· 57
3.5.2 城乡规划实施信息化实践 ··· 63

  3.5.3 城乡规划监管信息化实践···73

第4章 建筑市场信息化···77
 4.1 建筑市场信息化范围···77
 4.2 建筑市场信息化要求···78
  4.2.1 从业企业管理信息化要求···79
  4.2.2 从业人员管理信息化要求···80
  4.2.3 建设项目管理信息化要求···80
  4.2.4 建筑工人管理信息化要求···81
 4.3 建筑市场信息化架构···82
 4.4 建筑市场信息化策略···85
  4.4.1 从业企业管理信息化策略···85
  4.4.2 从业人员管理信息化策略···89
  4.4.3 建设项目管理信息化策略···91
  4.4.4 建筑工人管理信息化策略···95
 4.5 建筑市场信息化实践···99
  4.5.1 从业企业管理信息化实践···99
  4.5.2 从业人员管理信息化实践···100
  4.5.3 建设项目管理信息化实践···101
  4.5.4 建筑工人管理信息化实践···109

第5章 住房管理信息化···114
 5.1 住房管理信息化范围···114
 5.2 住房管理信息化要求···115
  5.2.1 商品房管理信息化要求···115
  5.2.2 房地产市场监管信息化要求···116
  5.2.3 保障性住房管理信息化要求···117
 5.3 住房管理信息化架构···118
 5.4 住房管理信息化策略···119
  5.4.1 商品房管理信息化策略···119
  5.4.2 房地产市场监管信息化策略···122
  5.4.3 保障性住房管理信息化策略···124
 5.5 住房管理信息化实践···127
  5.5.1 商品房管理信息化实践···127
  5.5.2 房地产市场监管信息化实践···129
  5.5.3 保障性住房管理信息化实践···132

第6章 城乡管理信息化···135
 6.1 城乡管理信息化范围···135

6.2 城乡管理信息化要求 136
6.2.1 城乡环境综合治理信息化要求 136
6.2.2 城乡污水垃圾管理信息化要求 136
6.2.3 城镇地下管网管理信息化要求 137
6.2.4 农村住房管理信息化要求 138
6.3 城乡管理信息化架构 139
6.4 城乡管理信息化策略 141
6.4.1 城乡环境综合治理信息化策略 141
6.4.2 城乡污水垃圾管理信息化策略 145
6.4.3 城镇地下管网管理信息化策略 149
6.4.4 农村住房管理信息化策略 152
6.5 城乡管理信息化实践 154
6.5.1 城乡环境综合治理信息化实践 154
6.5.2 城乡污水垃圾管理信息化实践 157
6.5.3 城镇地下管网管理信息化实践 159
6.5.4 农村住房管理信息化实践 162

第7章 "互联网+政务服务" 165
7.1 "互联网+政务服务"范围 165
7.2 "互联网+政务服务"要求 167
7.3 "互联网+政务服务"架构 169
7.4 "互联网+政务服务"实施策略 170
7.4.1 目标分析 170
7.4.2 业务分析 172
7.4.3 用户分析 173
7.5 "互联网+政务服务"实践 173
7.5.1 数据交换设计 174
7.5.2 信息系统对接 180

第8章 住房城乡建设大数据 186
8.1 数据采集 188
8.1.1 数据采集挖掘技术 189
8.1.2 数据处理策略 190
8.1.3 结构化数据存储 191
8.1.4 数据监控管理 192
8.2 数据管理 192
8.2.1 专题数据仓库 192
8.2.2 大数据应用 193

  8.2.3　数据资源可视化监管 ··· 196
  8.2.4　数据资源管理制度 ··· 196
 8.3　数据挖掘 ·· 196
  8.3.1　数据挖掘的任务和对象 ··· 197
  8.3.2　数据挖掘的主要过程 ·· 198
  8.3.3　数据挖掘的技术实现 ·· 198
  8.3.4　数据挖掘在住房城乡建设领域的应用 ··· 204
 8.4　数据可视化 ·· 206
  8.4.1　通过现状分析掌握建筑行业发展情况 ··· 206
  8.4.2　通过专题分析掌控行业重点监督区域 ··· 208
  8.4.3　通过全域分析监控行业宏观经济数据状况 ································· 210
  8.4.4　通过趋势分析推进建筑市场的健康发展 ····································· 212
  8.4.5　通过数据融合促进建筑行业政府监管模式创新 ························ 212

第9章　省域住房城乡建设信息化思考 ·· 214
 9.1　系统开发向深化应用发展 ·· 214
 9.2　传统技术向前沿技术发展 ·· 215
 9.3　数据采集向挖掘分析发展 ·· 217
 9.4　功能实现向安全运行发展 ·· 218
 9.5　服务当前向支撑未来发展 ·· 219

主要参考文献 ··· 222

第1章 概 论

1.1 中国信息化发展历程

中国的信息化建设于20世纪80年代初期起步。从国家大力推动电子信息化技术应用开始，大体经历了准备阶段(1993年前)、启动阶段(1993年3月~1997年4月)、展开阶段(1997年4月~2000年10月)、发展阶段(2000年至今)共四个阶段。主要时间节点为：1996年4月，国务院信息化工作领导小组成立；2002年8月，中共中央办公厅、国务院办公厅转发《国家信息化领导小组关于我国电子政务建设指导意见》；2006年3月，国家信息化领导小组发布《国家电子政务总体框架》；2015年8月，国务院印发《促进大数据发展行动纲要》；2016年7月中共中央办公厅、国务院办公厅印发《国家信息化发展战略纲要》，2016年12月国务院印发《"十三五"国家信息化规划》；2018年7月，国务院印发《国务院关于加快推进全国一体化在线政务服务平台建设的指导意见》；2019年3月，国务院办公厅印发《关于全面开展工程建设项目审批制度改革的实施意见》。具体历程如下。

1. 办公自动化

我国政府早在20世纪80年代中期就开始在政府部门尝试利用计算机技术辅助实施基础的政务活动，如档案管理、公文处理等活动，就是通常所说的OA(office automation，办公自动化)工程。1992年，国务院办公厅提出了在全国政府系统推行办公自动化，标志着我国政府系统进入办公自动化的变革时代。2000年5月，国务院办公厅下发《关于进一步推进全国政府系统办公自动化建设和应用工作的通知》(国办发〔2000〕36号)，开始启动办公自动化建设工作。

在日常办公中，办公人员需要花费大量的时间进行讨论和交流意见，才能做出某种决策。为了解决这个问题，多个部门通过网络和计算机可以互相沟通、合作，实现"协同工作"，每一项工作以流程的形式，由发起者(如文件起草人)发起流程，经过本部门以及其他部门的处理(如签署、会签)，最终到达流程的终点(如发出文件、归档入库)。工作流程可以是互相连接、交叉或循环进行的，如一个工作流的终点可能就是另一个工作流的起点。工作流程也可以是打破单位界限的，发生于机关与机关的相关单位之间。办公自动化主要为领导决策和机关办公提供信息服务，提高办公效率，减轻工作人员工作负担，节约办公经费，从而实现行政机关的办公自动化、办公无纸化、资源信息化、决策科学化。

2. "金字工程"

继美国提出信息高速公路计划之后，世界各地掀起信息高速公路建设的热潮，中国迅速做出反应。1993 年底，中国正式启动了国民经济信息化的起步工程——"三金工程"，即金桥工程、金关工程和金卡工程，目标是建设中国的"信息准高速国道"。

2002 年是我国加入 WTO（World Trade Organization，世界贸易组织）的第一年，也是我国电子政务大发展的一年，是政府信息化逐渐由概念变成现实、由争论转入实施、由含混转为清晰，尤其是由被动转为主动的一年。2002 年 1 月，国务院信息化工作办公室和国家标准化管理委员会在京成立电子政务标准化总体组，全面启动电子政务标准化工作，研究制定了《电子政务标准体系》和《国家电子政务标准化指南》第二版。2002 年 7 月，国家信息化领导小组召开第二次会议，明确"十五"期间我国电子政务的目标以及发展战略框架，将政府信息化建设纳入全新的整体规划、整体发展阶段。会议审议通过了《国民经济和社会信息化重点专项规划》和《关于我国电子政务建设的指导意见》，这是我国电子政务建设的纲领性文件，在这个文件的指导下，我国各级政府围绕"两网一站四库十二金"的发展重点有序展开电子政务建设，明确提出"十二金"的概念，即要加快十二个重要业务系统建设：继续完善已取得初步成效的办公业务资源系统、金关、金税和金融监督（含金卡）四个工程，促进业务协同、资源整合；启动和加快建设宏观经济管理、金财、金盾、金审、社会保障、金农、金质和金水八个业务系统工程建设。之后，进一步覆盖实现电子化政府的所有大型信息化工程，包括金财、金贸、金审、金水、金卫、金建、金图等，形成国家政务体系中从中央到地方乃至基层单位统一平台、统一规范、信息数据实时共享的"金字工程"。

2004 年是我国信息化建设的分水岭，以"金"字头为代表的多项工程取得了突破性进展。随着电子政务整体走向务实，"金字工程"的诸多内容也渐渐浮出水面，形成框架。2005 年之后，"金字工程"逐渐步入整合，进入平稳的发展期。

3. 政府上网

1998 年，随着网络技术的快速发展和信息基础设施的不断完善，我国政府提出了政府上网的构想，并将 1999 年定为"政府上网年"，从而揭开了我国电子政务建设发展的序幕，电子政务也开始成为人们关注的焦点。1999 年 1 月，国务院 40 多个部委的信息主管部门共同倡议发起"政府上网工程"。通过启动"政府上网工程"及相关的一系列工程，政府站点与政府的办公自动化连通，与政府各部门的职能紧密结合，使政府站点演变为便民服务的窗口，部分实现了人们足不出户即可完成与政府部门的办事程序。

2001 年，国务院办公厅印发全国政府系统政务信息化建设的 5 年计划，即《全国政府系统政务信息化建设2001—2005年规划纲要》，对我国政府信息化的指导思想、方针、政策等做出明确规定，指出："结合政府职能转变和政务公开，筹建政府公众信息网站。"从原则上讲，政府网站的主要任务就是促进政府职能转变和政务公开。到2001年6月，"政府上网工程"实施2年并取得了初步成绩，70%以上的地市级政府在网上设立了办事窗口，政府网站达到3000多个。

2006年1月1日零时，中国政府网（www.gov.cn）的开通吸引了世界的目光。中央政府门户网站是中国政府在互联网上发布政务信息和提供在线服务的综合平台，网站设置了政务信息、办事服务、互动交流和应用功能4个区域。网站分为中文简体、中文繁体和英文版，网站建设中文版开设了"今日中国""中国概况""国家机构""政府机构""法律法规""政务公开""政务互动""工作动态""政府建设""人事任免""新闻发布""网上服务"12个一级栏目。"网上服务"栏目链接了48个政府部门，整合了各大政府部门网站的信息资源，为网站导航，打开栏目首页时犹如站在各大政府部门的入口处，网民可以找到每个部门的地址、电话、网址，并即刻办理部分网上业务。

4. 全面电子政务建设

依托办公自动化系统、政府上网、"金字工程"的坚实基础，在夯实信息化基础、取得阶段性成果的背景下，我国电子政务建设由"单项应用"向"共享协同"的阶段推进。前期单项应用的架构曾造成了"各自为政、条块分割、烟囱林立、信息孤岛"等问题，新时代下，跨部门、跨地区共建信息化工程逐步成为政务信息化工程建设的主要形态，成为支撑"放管服"改革的重要平台，政务信息化迈入"集约整合、全面互联、协同共治、共享开放、安全可信"的新阶段，并随着"大数据、大平台、大系统"顶层架构的形成，我国电子政务建设从前期的"垂直应用阶段"逐步进入"共享协同阶段"。

随着政府职能转变的不断深化和信息化发展的不断深入，网上政务服务已经成为政府为社会和公众提供服务的重要方式，"互联网+政务服务"逐步成为创新政府管理和服务的新方式、新渠道、新载体。2016年9月，国务院印发《关于加快推进"互联网+政务服务"工作的指导意见》，为解决地方和部门互联网政务服务中存在的网上服务事项不全、信息共享程度低、可办理率不高、企业和群众办事不便等问题，提供了有效的遵循依据。2016年12月，国务院办公厅印发《"互联网+政务服务"技术体系建设指南》，按照"坚持问题导向、加强顶层设计、推动资源整合、注重开放协同"的原则，以服务驱动和技术支撑为主线，围绕"互联网+政务服务"业务支撑体系、基础平台体系、关键保障技术、评价考核体系等方面，提出了优化政务服务供给的信息化解决路径和操作方法，为解决网上政务服务内容不规范、服务不便捷，网上政务服务平台不互通、数据不共享，线上线下联通不畅，政务服务的标准化规范化程度不够高等问题，构建统一、规范、多级联动的"互联网+政务服务"技术和服务体系提供了保证。

目前,践行"五大发展理念",以人为本,建设跨层级、跨地区、跨部门、跨系统的一站式"互联网+政务服务"平台,优化政务服务流程,创新政务服务方式,推进政府大数据开放共享,打通各类信息孤岛,推行公开透明服务,降低制度性交易成本,持续改善营商环境,深入推进大众创业、万众创新,最大程度利企便民,让企业和群众少跑腿、好办事、不添堵,共享"互联网+政务服务"发展成果,成为我国电子政务建设的主流趋势。

1.2 住房城乡建设信息化发展历程

信息化伴随着新技术、新产品的开发应用,住房城乡建设需求不断深化,这种需求与新技术和新产品之间相互融合、相互促进、逐步演进。住房城乡建设作为我国国民经济的支柱产业,其信息化建设已经取得一定的成果,主要经历了四个阶段。

1. 起步阶段(20 世纪 80 年代)

在这一阶段,计算机在国内逐渐普及,应用较广泛的系统和软件有 CCDOS、dBase、FoxBASE、BASIC、WPS、CCED、工资发放软件、财务报表软件等。住房城乡建设各业务领域的信息化水平较低,只有少数国有大型企业率先尝试引进计算机辅助办公。

这一阶段应用的系统和软件只能单机使用,不具有网络共享功能,在局部范围内其主要目的是提高岗位工作效率。电脑普及使用是该阶段最主要的特征。

2. 发展阶段(20 世纪 90 年代)

基于图形化界面的操作系统开始大规模应用,文字、表格处理实现电子化,专业制图软件更加成熟,一些专业管理软件,如财务管理系统、人事管理系统、档案管理系统、城市规划管理信息系统、项目管理系统等开始在企业应用,但其大多只能在局域网范围内共享使用,属于部门级应用系统,可提高部门工作效率。住房城乡建设信息化总体处于工具化软件应用层面,市场上完全面向城乡规划、城市管理、工程建设、房地产管理的软件公司屈指可数。截至 20 世纪 90 年代末,我国规模较大的国有企业均应用了办公自动化软件、计算机辅助设计软件、业务管理软件(如规划管理系统、项目管理系统等)、财务软件等独立的应用软件各自独立运行,各软件系统之间的集成度并不高。这一时期的标志性事件就是工程建设行业的"甩图版"运动。专业工具性软件应用是该阶段的主要特征。

3. 普及阶段(2000~2011 年)

随着计算机及互联网的普及使用，工具化软件和部门级管理子系统开始被较为广泛地应用，在互联网范围内的企业级综合管理系统、网站、电子邮件、共享文件数据库开始被应用，视频会议、远程视频监控、BIM 等新的信息技术得到尝试应用。

比如，城市规划管理、设计和监督部门在国内最先引入了地理信息系统、计算机辅助设计(computer aided design，CAD)、全球定位、工作流、物理探测、卫星遥感及航空遥感等先进信息化技术，构建了基于上述多种技术的城市空间基础设施系统、城市规划管理系统、城市规划设计系统、城市遥感监测系统、规划公众参与系统等实用的业务运行系统，率先在城市规划设计、审批管理、实施监督等主要工作环节全面实现了人机互动作业的信息化工作方式的变革。在建设领域，勘察设计行业 CAD 技术应用得到普及，甲(乙)级设计单位计算机出图率达到 100%，计算机辅助施工(computer aided construction，CAC)技术已在建筑施工领域得到广泛应用，招投标信息网几乎覆盖了所有省市，并在全国推行建设工程 IC 卡(integrated circuit card，集成电路卡)管理制度，项目管理系统应用较为普及。房地产交易，工程招投标、造价、质量检测等已普遍实现计算机管理并向网络化迈进。市政设施、城市管理和住房保障与房产管理相关部门基本建立了相应的门户网站，以部门为单位的管理信息系统在各级管理部门初步建立。

"十五"国家科技攻关"城市规划、建设、管理与服务的数字化工程"项目是这时期的重大标志性事件，该项目推动了数字城市、城市建设管理信息化、城市规划管理信息化、房地产业管理信息化、建筑业管理信息化、数字社区、建设企业信息化、建设领域信息产品产业化基地 8 个方面的信息化普及。随着 BIM、GIS、电子商务技术的推广和应用，新型信息技术与行业融合的速度开始加快，运营性管控系统的开发应用是此阶段的主要特征。

4. 深化阶段(2012 年以后)

住房城乡建设信息基础设施投资趋于平稳，信息安全保障能力大幅提高，大量计算机、网络等硬件设备基本部署完毕，信息化、网络化已成为行业运作的主要方式。大企业的信息化程度较高，财务、人力资源、合同等业务基本实现了信息化，诸如 BIM、GIS、大数据、云计算、移动通信等新技术开始成为企业战略部署的一部分，信息技术的集成应用已成为企业发展的主要方面。政府门户网站已经全面建立，行业监管与服务信息系统初步建成，数据库、知识库建设开始被管理者重视。

但是，住房城乡建设信息化发展的结构存在不平衡性，离"全面整合、深度融合、加速创新、转型发展"的新高度有一定的距离。例如，系统与管理融合度较低、信息集成难度较大、数据联通共享困难、用户体验较差、系统难以适应企业变革需求、开发维护成本高等。再比如，中小企业的信息化工作较为落后，信息技术的应用水平参差不齐，ERP（enterprise resource planning，企业资源计划）、BIM、数据库等信息化应用在大中型企业、中小型企业的实施难度较大。这种不平衡性在政府监管与服务的不同业务领域也有所体现。例如，在住房保障与房产管理领域，房地产市场和住房保障管理的信息化发展水平就领先于物业管理的信息化发展水平。

到"十二五"末，各级建设行政主管部门有序推进了重点任务建设（如数字规划、数字房产、数字工地、数字城管、能耗监测等），建成的信息基础设施基本支撑了各领域的业务应用，数据资源基本满足了各自业务领域的决策需求，管理信息系统建设基本实现了对重点业务领域的全覆盖，网络安全环境基本保障了住房城乡建设系统的信息化进程。这些信息化发展成果有力地推动了"传统住建"向"现代住建"的转变，形成了相对完整的住房城乡建设信息化综合体系。

智慧城市和新型城镇化建设是这一时期的标志性事件，随着《国家新型城镇化规划（2014—2020年）》的发布，"新型城镇化综合试点"和"智慧城市试点示范"项目的启动，我国进一步推进各种信息系统的深化应用和初级整合，努力实现核心业务的全过程、流程化、集成化和网络化管理。

整体而言，当前我国住房城乡建设行业的信息化基本越过了电脑普及使用、专业工具软件应用这两个阶段，正处于事务管理系统和运营管控系统向决策支持系统过渡的阶段。"部门级"管理子系统应用是现阶段信息化发展的主要特征，距达到数据贯通、横向集成的一体化应用目标还需要一定时间。但是，在这一阶段，地理信息系统，航空及无人机遥感技术，导航定位技术，监视控制与数据采集技术，智能IC卡技术，移动通信技术，图形图像技术，虚拟现实技术，建筑信息模型技术，大数据、云计算及物联网技术，信息安全及信息系统集成技术等基础性技术的发展，将彻底颠覆住房城乡建设行业从业人员的工作方式和工作流程。各种支撑技术的交叉融合将掀起住房城乡建设行业的创新热潮。比如，遥感大数据云服务，遥感与地理信息系统的融合，SCADA（supervisory control and data acquisition，数据采集与监视控制）与EMS（energy management system，能量管理系统）、MIS（management information system，管理信息系统）系统的广泛集成，BIM技术与以云计算、物联网、大数据为代表的新一代信息技术的融合等。

未来几年是推进建筑产业现代化、新型城镇化和城乡发展一体化的重要阶段，电子政务云平台的一体化建设，门户网站功能的集成与拓展，行政监管与服务平台的互联互通，新型数据中心和共享平台的打造，智慧城市、装配式建筑、海绵城市等一批信息化重点项目的推进，企业服务云平台构建，BIM、物联网、云计算、大数据等新兴技术的应用推广，行业信息化标准规范的修订或编制，这一系列任务仍需进一步推进。为此，住房城乡建设信息化仍将围绕城乡规划、建设、管理和服务的各个环节，以信息资源规划和共享应用为基础，引入新一代信息技术和先进理念，整合服务、集成应用，提高住房城乡建设领域的数据处理和大数据分析能力，促进跨行业、跨区域、跨部门的业务协同，达到高效决策、便捷服务、统筹集约、精细管理的目标。在"互联网+"的推动下，技术创新将如雨后春笋般不断涌现，工业化与信息化的融合将在住房城乡建设行业日益深化，离形成更广泛的以信息技术为基础设施和创新要素的行业发展新常态已经不远。

1.3 住房城乡建设信息化内容

住房城乡建设行业是我国城镇化发展的重要领域，涵盖城乡规划、城乡建设（含市政设施管理、城乡管理）、工程建设、住房保障和房产管理、城乡管理等各方面，是国民经济的重要基础性行业和支柱产业，与人民群众的生活息息相关。住房城乡建设信息化涉及的内容广泛，从运作主体来说，包括政府（即各级行业主管部门）以及若干从业企事业单位，前者侧重信息化技术与行业监管服务的结合，构建立足于管理区域的住建行业服务、监督管理的信息化"面"，后者侧重信息化技术与生产应用的结合，构建立足于现代企事业单位运营管理的信息化"点"。本书将结合省级住房城乡建设管理信息化工作的情况，对省域住房城乡建设信息化的内容、架构进行论述。

住房城乡建设信息化，就是要围绕城乡规划、建筑市场、住房管理、城乡管理、"互联网+政务服务"及住房城乡建设行业大数据的各个方面，以信息资源规划和共享应用为基础，引入新一代信息技术和先进理念，将管理和服务通过网络技术进行集成，对住建行业管理需要的信息资源进行开发利用，实现管理区域内的服务整合、应用集成，提高住房和城乡建设领域数据采集、处理和大数据分析能力，促进跨区域、跨部门的信息协同和业务协同，实现"高效决策、便捷服务、统筹集约、精细管理"的目标。

1. 城乡规划信息化

结合城乡规划各项业务需要，建立规划管理各项业务信息化应用，涵盖规划编制、规划实施管理、规划监督等各个方面，支持规划管理全过程信息化管理。城乡规划是城乡建设的龙头和依据，要以"数字规划"为核心，遵循"多规合一"原则，将多源空间数据进行有效整合，基于统一的城镇空间信息基础数据库，实现管理区域内的城镇规划空间成果资源管理，并建立各省、市、县的城乡规划数据的交换与共享机制，促进城乡规划数据资源的运用与共享，充分发挥数据资源的作用和价值。

城乡规划信息化的建设还应将空间信息的应用进行深化和改革，不断拓展和延伸城乡规划的动态监测范围，不断开展城乡规划的大数据应用研究，协同发展改革、环境保护以及国土资源等部门，建立业务和信息的联动机制，为规划监管提供及时、准确、全面的监测信息，支持及时发现、预警、处置各类异常信息，最终实现动态评估、科学研判、宏观调控的目标，不断提升城乡规划空间管理控制能力和水平。

城乡规划信息化内容包括三个方面。

（1）城乡规划编制信息化。城乡规划编制是一项具有长生命周期且精细的工作，信息化技术手段可对其中的各个环节起到有力的支撑作用。城乡规划编制的工作流程包含对规划编制项目管理、规划编制电子报批、规划编制技术审查和成果利用的全过程信息化管理，实现对规划成果的产生、审批、入库的统一管理。不同时期规划编制信息化的成果，经信息化处理后形成一套统一的规划空间成果，为主管部门在规划实施（"一书三证"）、规划监管、规划决策服务等工作时，提供空间数据共享和支持。

（2）城乡规划实施信息化。按照城乡规划实施基本原则，对工程建设项目"一书三证"审批、竣工验收前的规划条件核实及城建档案归档等工作提供信息化支持，支持建设单位向本级省市县主管部门提交项目选址意见书、用地规划许可证、工程规划许可证、乡村建设规划许可证的办理申请，支持审批中的带图作业，主管部门可以调用规划成果库中的相应区域的基础地形图、规划成果图、影像图、已有建筑红线等多种资料作为底图，辅助主管部门进行红线范围、验线范围的审批和入库。依据住房和城乡建设部颁布的各项城建档案行业标准和业务规范，实现城市建设档案信息的可视化管理、信息化利用和业务指导。

（3）城乡规划监管信息化。城乡规划监管主要是对规划实施情况进行监督管理，其信息化应采用 GIS、遥感等综合技术手段，整合多源空间数据和规划成果数据，将实际用地性质与规划用地性质、实际建筑建成范围与红线批准范围等指标和空间位置进行对比，及时发现规划实施中出现的异常情况，从而进行处理。

2. 建筑市场信息化

建筑市场管理涵盖了从业企业、从业人员、工程项目三大对象。从业企业及从业人员采用资格准入机制；建设项目报建应精简前置条件，实施告知承诺，加强事中事后监管，对不涉及国家安全、社会稳定、工程质量的申报材料能减则减，进一步简化审批手续；而建筑工人则需通过实名制管理，规范施工企业劳动用工行为，保护企业和工人的合法权益。建筑市场信息化管理主要包括四个方面。

（1）从业企业管理。从业企业管理是建筑市场监管的重要事项，也是从业企业从事建筑业活动的必要条件。从业企业信息化建设的目标就是针对建筑施工、勘察、设计、监理、招标代理、房地产开发、园林绿化、检测机构、物业服务、房地产估价机构、规划编制单位、造价咨询机构、施工图审查机构等 13 类省域企业以及13类省外企业的资质办理以及登记,通过运用流程化等信息技术手段,遵循《中华人民共和国行政许可法》等法律法规和管理标准,建立省、市、县三级垂直管理模式,支持从业企业资质网络化管理。从业企业管理信息化的不断深入和完善,对于建立服务型政府至关重要,对加快转变政府职能、提高政府服务效率和透明度具有重要意义。

(2) 从业人员管理。从业人员是组成建筑市场不可或缺的重要因素之一,建筑市场采用严格的从业人员市场准入制度。建筑市场从业人员的信息化管理目标主要是省域从业人员的初始注册、增项注册、变更注册、续期注册、注销注册、重新注册、信息变更管理、资格申报、执业企业变更、证书换证、证书注销、继续教育管理、考试管理、职称管理,通过应用信息化系统对各类注册人员的考试、注册、执业、变更注册、继续教育进行监督管理,对非注册人员进行培训、考核和管理,进一步促进从业人员的教育培训工作,完善持证上岗制度,规范施工现场管理,提高建筑行业从业人员整体素质。

(3) 建设项目管理。建设项目管理采取属地化管理制度,从项目的管理到项目实施,工程建设项目管理和实施过程中参与方包括各级建设主管部门和五方责任主体。五方责任主体是指建设单位、施工单位、勘察单位、设计单位、监理单位。建设项目监管就是将项目监管作为主线,对建设工程从规划到竣工验收的全过程进行监管,将五方主体纳入项目监管过程中,主管部门、建设单位、勘察单位、设计单位、施工单位、监理单位全面参与。建设项目监管应实现在以上各参与方中进行项目管理信息的填报、审查、汇总、共享以及跟踪管理,从而加强建设工程质量、安全、进度以及环境方面的综合监控管理。因此,建设工程项目监管应满足"全业务覆盖、全主体参与、多数据来源、多展示方式"的要求。

(4) 建筑工人管理。建筑工人管理的目标是利用计算机和信息网络技术,建立配套制度,改革行业监管模式,规范行业管理和从业人员行为。建立建筑业从业人员实名制管理体系,实现从业人员实名制管理、施工现场监管;进一步规范建筑市场各方主体和从业人员行为;提高劳务队伍整体素质,加大职业技能培训,提高农民工持证上岗率,提高建筑业从业人员社会保障水平,推进建筑工人职业化。通过建立建筑工人管理服务信息平台,逐步规范建筑市场用工秩序,加强建筑用工管理,维护建筑施工企业和建筑作业人员的合法权益,保障工程质量和安全生产,促进建筑业健康发展。

3. 住房管理信息化

住房管理信息化就是要应用现代信息和通信技术,将管理和服务通过网络技术进行集成,建立覆盖省域的住房管理信息化平台,对房地产市场、住房保障、房屋租赁、新建(存量)商品房网上备案等信息进行监管,建立省、市、县三级个人住房信息网络和数据库,全面掌握个人住房基础信息及动态变化情况,为实施房地产市场宏观调控政策提供准确决策依据。研究建立市场监管、市场监测等信息的整合与共享机制，依托"互联网+"建设房管综合服务平台和房产交易平台，推动网上服务、移动服务、自助服务、流动服务等智能服务新模式，打造"互联网+智慧房管"。通过深化住房管理信息化工作，提高行业监管与服务的工作效率、决策质量、调控能力，节约政府开支，改进行业监管与服务部门的组织结构、业务流程和工作方式，打破时间、空间和部门的界限，向企业和公众提供全方位的服务。其内容应包括三方面。

（1）商品房管理。根据各地房地产市场管理要求和特点，利用现代信息技术支持商品房备案、商品房交易、二手房交易等管理，以产权交易登记发证管理为管理核心，通过收集、分析、发布房地产市场信息，对市场运行实施动态监测，科学评价和判断市场形势与发展趋势，正确引导市场理性投资和消费，发现问题并及时采取相应宏观调控措施。

（2）房地产市场监管。随着城市社会经济发展和体制改革的不断深入，应基于各地以产权交易登记发证管理为核心的房地产管理平台，综合和归集省域各市州房地产市场信息化平台产生的数据成果，包括市州商品房备案、二手房交易等信息，形成省域房地产市场监管数据平台。通过数据挖掘与关联分析，该平台可实时采集、查询和分析处理房地产业务数据，实现对省域房地产市场信息的全面、及时、有效监督，提高监管质量水平和效率，促进省域房地产市场健康发展，保障房地产市场运作的合法性、合规性、安全性，保障房地产市场各方的合法权益，促进房地产管理向为城市管理、社会治理、决策服务方向发展。

（3）保障性住房管理。通过互联网、移动技术与 GIS 技术相结合，创新城乡保障住房建设信息采集、管理手段，将城市保障性住房信息和农村住房信息共享互通，实现基于互联网的信息采集上报和共享体系，支持廉租住房、公租房、农村危房改造建设的计划、实施和监督工作，掌握管理区域住房保障建设的动态，落实省域各类农房建设补助政策的统筹管理，加强对城市保障房以及农村住房建设的指导和监管工作。

4. 城乡管理信息化

综合运用现代信息技术，建立包括基础地理信息、城乡环境执法、城乡污水垃圾设施处理和运营、城乡地下管网、农村住房等在内的综合数据库，搭建省域城乡管理平台。支持对单元网格、部件和地理编码，城乡环境治理，生活垃圾处理，污水处理及地下管网等省域城乡管理数据进行分析、统计、汇总、考核和挖掘分析。综合利用视频一体化技术，研究探索快速处置、非现场执法等新型执法模式，提升执法效能。研究探索生活垃圾处理、污水处理、地下管网等市政设施运行实时在线监督监控，促进科学合理配置资源，使城乡管理和服务更加空间化、精细化、动态化、可视化，提升城乡管理水平，准确掌握资源环境状况，增加决策的科学性。其内容应包括三方面。

(1) 城乡环境综合治理。按照"统一规划、分步实施、适用适度"的原则和"有计划、分步骤、可执行"的方式建设。通过有效利用市州已有数字化城市平台建设成果，充分整合各地规划、建设、市政公用、市容环卫等与城市管理相关的现有人力、设施设备、基础网络、视频监控、调度指挥、基础数据及呼叫中心等资源。数字化信息技术在城市管理方面的逐步深入应用，有利于主管部门掌握动态监测数据，形成省域统一的城乡环境综合治理数字化监管平台，以较低的投入实现全省城乡环境综合治理效能的最大化。

(2) 城乡污水垃圾管理。贯彻落实中央关于生态文明建设的总体部署，保护和改善水环境，完善城镇功能，提升城镇宜居水平，指导省域城镇污水处理设施规划建设，提高省域城镇污水处理和再生水利用水平，结合省域内制定的城镇污水处理设施和城乡污水垃圾处理设施建设推进方案，将信息化技术应用于省域城镇污水处理设施建设、城乡垃圾处理设施建设、运营管理，及时掌握各地项目进展、资金情况，强化监督管理和绩效考评机制。

(3) 城镇地下管网管理。住房和城乡建设部发布的《城市综合地下管线信息系统技术规范》(CJJ/T 269—2017)，为综合地下管线信息化管理和建设提供了行业标准和技术支撑。城镇地下管网管理信息化建设要为管网设施信息管理、运营管理、监管管理等工作服务，支持地下管网数据管理、管网综合信息管理、应急保障、地下管网辅助规划、管网决策分析等应用，有利于城市管线管理多层面、多专业集成，通过整合协调，发挥它们的整体效能，有利于为城市管理和公共服务决策、运作提供全面、准确、有价值的参考依据，有利于管理主体与客体之间双向沟通，促成良性互动。

(4) 农村住房管理。根据各地农房现状、经济社会发展水平、气候环境条件等，坚持以"宜保则保、宜改则改、宜建则建"为原则实施改造，突出地域特色和传统风貌，保护传统村落和历史文化名村，传承优秀传统文化。综合运用信息化技术建立省域村镇建设管理系统，支持对小城镇建设、农村人居环境改善、农村危房改造、农村改厕、特色镇村建设等村镇建设工作的网络化、数字化管理，实现对工作报告、日常管理、建设管理、总结分析、辅助决策等工作的有机整合。

5. "互联网+政务服务"

加快推进"互联网＋政务服务"，构建基于互联网的一体化政务服务体系，推进省域住房城乡建设政务服务便捷化，整合服务事项，优化服务流程，创新服务方式，实现政务服务"一网通办"和企业群众办事"只进一扇门""最多跑一次"。依托省域政务服务网，整合已有信息系统资源，建设更为完善的一体化政务服务体系，全面优化网上受理、申报、审批、公示和制证等环节的政务服务流程，规范程序，简化手续，为企业、公众提供更便捷的一站式服务。充分利用网站、微博、微信、客户端等媒体，扩大信息传播范围，开展在线服务，让"数据多跑路，群众少跑腿"。

6. 住房城乡建设行业大数据

随着城乡规划信息化、建筑市场信息化、住房管理信息化、城乡管理信息化、"互联网+政务服务"等各方面的建设和深度运行，必然产生住房城乡建设行业海量数据成果。住房城乡建设行业大数据的建设，就是要基于数据挖掘和分布式大数据技术，进行数据资源二次抽取、组织和利用，形成省域住房城乡建设行业大数据仓库，形成住房城乡建设行业信息资源共享目录，设计和建立大数据应用服务平台，基于平台构建，反映省域住房城乡建设行业分布特点、市场活跃度和发展趋势等的数据分析模型，形成大数据分析应用模式，建立数据展示标准并提供接口、公示数据校验等对外信息服务机制。依托住房城乡建设行业大数据，为城乡建设、城市管理、住房管理、房产交易及政务服务等方面的科学决策，提供实时数据、预测模型、评估分析等综合信息服务，实现对住房城乡建设内各类业务的"统一服务管理、统一应用管理、统一数据交换、统一门户支撑"。

1.4　省域住房城乡建设信息化架构

1.4.1　设计思想

1. 自上而下，统一规划

省域住房城乡建设信息化要坚持"一盘棋"思想，坚持统一规划、统一标准、统一建设、系统共生、数据共享，科学确定信息化系统的建设目标、建设阶段、建设重点、所需资源和实施方案。省级住房城乡建设主管部门通过制定信息化发展规划，围绕建立信息共享和协调机制，消除信息孤岛，规避重复投资和分散投资的风险。

2. 分步实施，循序渐进

对省级住房城乡建设主管部门业务处室和市州住房城乡建设主管部门的信息化现状进行详细调查，在省域住房城乡建设信息化总体规划基础上，按照先易后难、先急后缓、先框架后应用的原则，划分建设内容并分步实施。

3. 需求导向，深化融合

立足省域住房城乡建设主管部门实际需求，推动信息技术在城乡规划、建筑市场、住房管理、城乡管理工作中和日常工作中的深度应用，以应用促融合，避免发生信息化建设与业务管理分离的现象。

第1章 概论

4. 标准统一，资源共享

省级住房城乡建设主管部门要将数据元素标准、信息分类编码标准、用户视图标准、概念数据库标准、逻辑数据库标准等进行统一定义，为进行数据集中管理提供数据标准保障。

1.4.2 总体结构

开发建设省域住房城乡建设信息化平台，应严格按照规划先行、顶层设计、业务协同、信息共享的原则，利用网络与信息技术进行平台规划和设计，要具有良好的功能扩展性和数据扩展性，逐步迈向"互联网+智慧住建"的目标。平台应满足以下总体结构，如图1-1所示。

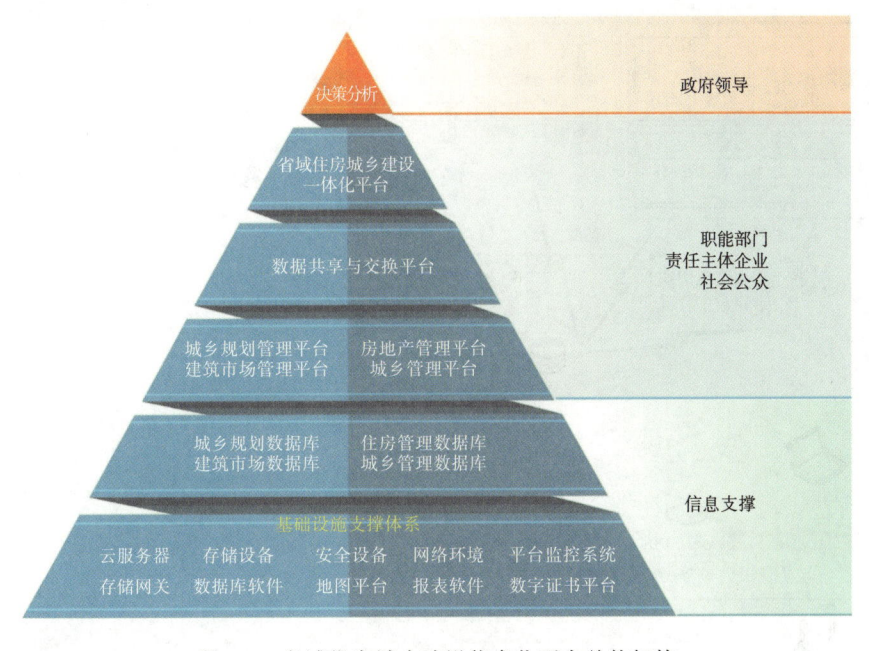

图1-1 省域住房城乡建设信息化平台总体架构

基础数据是整个信息化建设的核心，在遵循网络安全体系、标准规范体系的前提下，基于基础设施支撑体系建立城乡规划数据库、建筑市场数据库、住房管理数据库、城乡管理数据库，建立各类业务管理平台(包括城乡规划管理平台、建筑市场管理平台、房地产管理平台、城乡管理平台)，为各类业务工作提供信息化服务，并根据部、省、市三级数据汇总和信息共享需求，设计建立数据共享与交换平台，实现省域数据汇聚和共享服务，支撑数据深度挖掘和大数据应用，为政府单位、职能部门、责任主体企业、社会公众提供高效、完善的管理和服务。

1.4.3 架构设计

在遵循上述设计思想和总体结构的前提下,根据各自具体情况,进行省域住房城乡建设信息化建设的统一规划,制定和设计省域住房城乡建设信息化总体架构。

以四川省为例,四川位于中国西南部、长江上游,面积为 48.6 万平方公里,居全国第五位,辖 21 个市(州),各地经济发展水平不平衡,信息化建设具有多样性和复杂性的特点,不能采取单一模式,需要充分考虑系统架构的灵活性。通过多年的研究和实践,四川省形成了以省级业务平台为核心的分布式结构(图 1-2),以集中为主、兼顾分布,满足全省统一业务服务、支持市州扩展接入的运行需求。

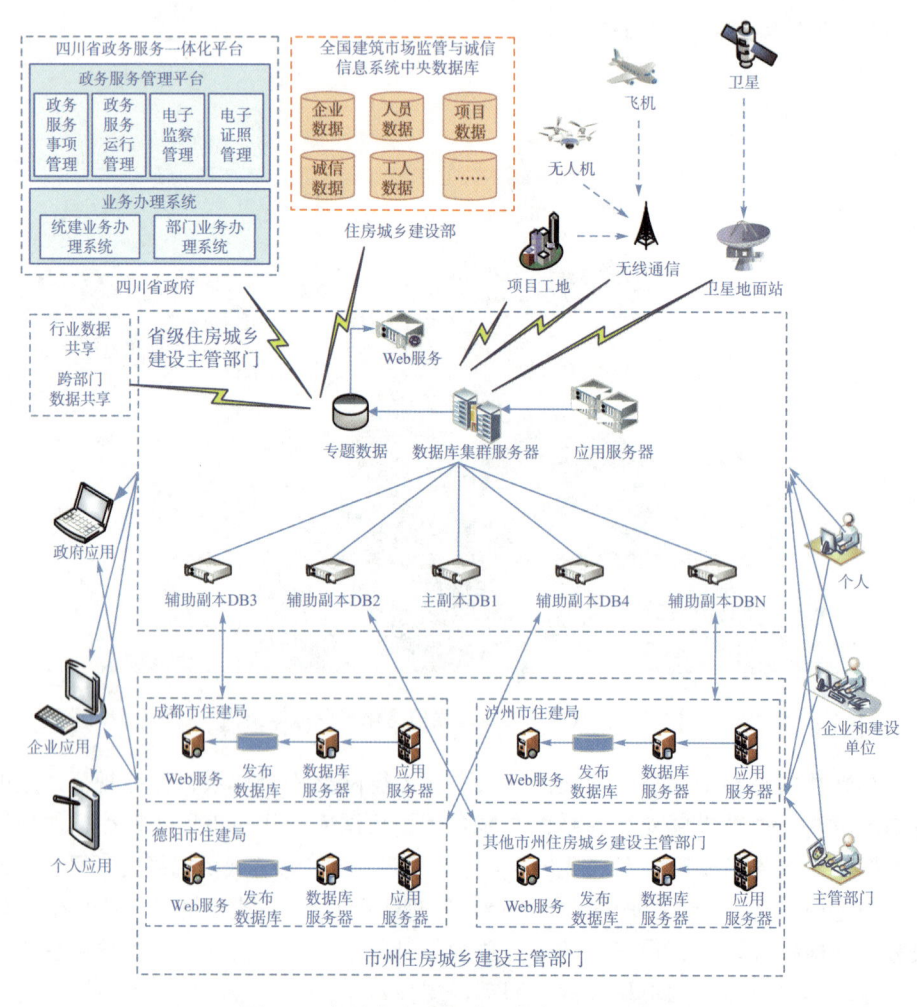

图 1-2 省域住房城乡建设信息化架构设计

通过以上省域住房城乡建设信息化架构，可实现以下七点。

(1) 以省级住建平台为核心，为全省各类用户统一提供硬件、网络、数据、系统等全方位服务，不仅可以节省大量的建设投资和人才队伍培养成本，更重要的是减少了数据的交换环节，保证数据质量不受损和更新不延时。

(2) 充分利用各种技术手段，包括卫星、飞机、视频监控、物联网及后台的自动预警、大数据分析等，尽量减少监管人员长途跑路和频繁去现场造成的工作效率低下现象，同时解决监管不连续而且有盲区的问题。

(3) 省级住建数据中心采用多服务器分布式数据库，应用读写分离技术，为主数据库分摊读取压力，均衡数据库请求。核心数据库负责写数据和主要业务模块，将部分查询功能、数据报表、数据共享、数据接口等数据读取分散到辅助副本数据库服务器，多个辅助副本数据库均为同步模式，从而有效地保障全省统一服务的高效和稳定。

(4) 对于需要有本地化下移部署或者自建需求的下级部门，省级平台可提供灵活多样的开放接口和所对应的数据副本，使得下级系统能下沉使用省级平台数据和引用省级平台功能，同时也能上传本级平台数据到省级数据中心。在保障全省基本统一服务效率的同时，兼顾市州部门个性化扩展需求，为省域内各市州城乡规划建设及住房保障信息化的深入扩展提供数据支撑。

(5) 遵循住房和城乡建设部的《全国建筑市场监管与诚信信息系统基础数据库数据标准》，扩展建立适合本地区特点的地方数据标准，据此建立省域住房城乡建设一体化平台，实现"数据一个库、监管一张网、管理一条线、呈现一张图"，并开通与住房和城乡建设部全国建筑市场监管与诚信信息系统中央数据库的实时对接，确保与住房和城乡建设部数据互联互通。

(6) 遵循省级人民政府对于全省(区、市)政务信息系统整合共享的工作要求，支持将自有省域住房城乡建设一体化平台接入和信息共享，持续优化完善政务信息资源共享目录和开放目录，全面实现省域跨部门信息共享，加快推动政务信息系统互联和公共数据共享，增强政府公信力，提高行政效率，提升服务水平，充分发挥政务信息资源共享在深化改革、转变职能、创新管理中的重要作用。

(7) 充分考虑和预留接口，以支持省域行业数据共享、跨部门共享等需求。

第 2 章　住房城乡建设信息化关键技术

2.1　信息化技术发展

住房城乡建设信息化发展植根于我国信息化发展的土壤之中。我国的信息化建设可以追溯到 20 世纪 80 年代初。从国家开始推动电子信息技术的应用开始，信息化技术的发展经历了以下四个阶段。

2.1.1　播种阶段

1984 年 9 月 15 日，国务院发布通知，为了迎接世界新技术革命，加快中国现代化建设，必须关注新兴产业的发展。在现代新兴产业集群中，信息产业是最重要的、最活跃的、最具影响力的核心因素，必须逐步装备信息产业，利用各种信息技术手段改造传统产业。电子工业在国民经济发展中占据非常重要的地位。为加强对电子信息产业的集中统一领导，国务院决定将国务院计算机及大型集成电路领导小组改为国务院电子振兴领导小组。

同年 11 月，电子振兴领导小组经国务院批准发布了《中国电子信息产业发展战略》，指出中国的电子信息产业要实现两个转变：一是转移电子产品和信息产业服务国民经济的发展轨道，电子信息产业在社会各个领域的应用必须放在首位；二是电子工业的发展应转移到以微电子技术为基础、以计算机和通信设备为主体的轨道上来，并确定集成电路、计算机、通信和软件开发的重要领域。

为推动电子信息技术的广泛应用，国务院电子振兴领导小组在"七五"期间重点关注了 12 个应用系统项目，即邮电系统、国家经济信息系统、银行业务管理系统、电网监控系统、北京上海铁路运营系统、天气预报系统、科技信息系统、民航客运服务计算机系统、空间实时测控数据处理系统、公安信息系统、财税系统、军事指挥系统，建立电子信息技术推广和贴息贷款的应用，支持用电子信息技术改造传统产业。这些信息系统的建设和发展为后来的信息化建设奠定了广阔的技术和社会基础，培养了大量的信息技术应用型人才，在一些领域取得了明显的经济效益。

1988 年 5 月，根据国务院机构改革方案，机械电子工业部成立并承担电子产业发展的任务。随后，国务院常务会议决定，国务院电子振兴领导小组办公室更名为国务院电子信息系统推广应用办公室，继续支持电子信息技术在各行各业的应用。

1988~1992年，机械电子工业部(现工业和信息化部)、国家科学技术委员会(现科学技术部)和电子信息系统推广应用办公室在推动传统工业技术改造、EDI(electronic data interchange，电子数据交换)技术、CAD/CAM(computer aided manufacturing，计算机辅助制造)、MIS等领域做了大量的工作，不断推进电子信息技术的应用向深入发展。

在这一阶段，住房城乡建设行业信息化的水平较低，只有少数国有大型企业尝试引进计算机辅助办公，应用系统和软件只能单机使用，不具有网络共享功能。

2.1.2 萌芽阶段

我国信息化正式起步于1993年，当时的党和国家领导人提出信息化建设的任务，启动了金卡、金桥、金关等重大信息化工程，拉开了国民经济信息化的序幕。同年12月，成立了以时任国务院副总理邹家华为主席的国家经济信息化联席会议，加强统一领导，确立了推进信息化工程实施、以信息化带动产业发展的指导思想。1994年5月成立了国家信息化专家组，作为国家信息化建设的决策参谋机构，为建设国家信息化体系，推动国家信息化进程提出了许多重要建议。

1996年以后，中央和地方都确立了信息化在国民经济和社会发展中的重要地位，信息化在各领域、各地区形成了强劲的发展力。国务院于1996年1月成立了以时任国务院副总理邹家华任组长，由20多个部委领导组成的国务院信息化工作领导小组，统一领导和组织协调全国的信息化工作。

住房城乡建设行业信息化进程总体处于工具化软件应用的层面。随着专业制图软件的成熟，一些城市规划管理信息系统、项目管理软件开始在企业得到建立和初步应用。这些软件大多只能在局域网范围内共享使用，属于部门级应用系统，在市场上完全面向城乡规划、城市管理、工程建设、房地产管理的软件开发公司屈指可数。

2.1.3 成长阶段

经过1993~1997年的建设和发展，符合中国国情的信息化发展思路初步形成。国务院信息化工作领导小组确定了国家信息化的定义和国家信息化体系的六个要素(包括建设信息基础设施、开发利用信息资源、推进信息技术应用、发展信息技术和产业、培育信息化人才、制定和完善信息化政策)，进一步丰富了中国信息化建设的内涵，提出了信息化建设"协调规划，国家主导；统一标准，共同建设；互联互通，资源共享"的"二十四字指导方针"。

国务院信息化工作领导小组于1997年4月18~21日在深圳召开首届全国信息化工作会议。邹家华同志发表了题为《把握大局，大力协同，积极推进国家信息化》的讲话，多部委和省(区、市)信息化领导出席了会议并做了交流发言。这次会议成为中国信息化建设发展的里程碑，从那时起，国家的信息化工作从应对热点问题转向服务经济发展和整体社会进步，并形成了一个有计划的发展轨道。

1998 年 3 月以后，为了推动国民经济和社会信息的研究和发展计划，指导各地区各行业的国民经济信息化工作，组织协调全国软件产业发展，研究和制订相关信息资源开发政策和措施，指导、协调信息资源的开发和利用以及信息安全技术的开发，推进信息化和教育的责任，原国务院信息化工作领导小组办公室被纳入新成立的信息产业部(现工业和信息化部)，负责推进国民经济和社会服务信息化。

信息产业部努力推动体制改革，政企分开，形成中国电信、中国移动、中国联通、中国网通、中国铁通等电信运营商开展市场竞争的局面。同时，政府与有关企业一起，积极推进政府互联网项目、企业互联网项目和电子商务，并在国民经济信息化方面做了大量工作。

截至 1999 年末，我国住房城乡建设行业中规模较大的国有企业均应用了办公自动化软件、计算机辅助设计软件、业务管理系统(规划管理系统、项目管理系统、房地产管理系统)和财务软件等应用软件，为行业开展日常业务提供一定信息化辅助手段。这些软件各自独立运行，各软件系统之间的集成度并不高。

2.1.4 发展阶段

2000 年发布的《中共中央关于制定国民经济和社会发展第十个五年计划的建议》指出：信息化是当今世界经济社会发展的大趋势，也是中国产业优化升级和产业化实现的关键环节。我们必须优先发展国家经济和社会信息化，大力推进国民经济和社会信息化是覆盖现代化大局的战略举措。信息化将推动工业化，发挥后发优势，实现社会生产力的跨越式发展。这份建议站在历史的新高度，深刻分析了当时信息技术快速发展给世界带来的巨大变化。信息化已从技术革命转变为工业革命，已成为世界经济和社会发展不可逆转的趋势。

根据 2001~2014 年的《中国统计年鉴》、各省(区、市)的统计年鉴、《中国信息年鉴》，1997~2014 年的《中国互联网络发展状况统计报告》可知，自 2000 年以来，中国信息化发展水平得到了明显提高。

2000~2003 年，中国进入全面信息化社会的初始阶段，信息化发展指数值年均增长 5.42%。2004~2008 年，随着信息技术不断普及，中国信息化发展进入平稳阶段，信息化发展指数值年均增长 2.87%。2009~2010 年，中国迈入信息化社会的速度进一步加快，信息化发展指数值年均增长 3.75%。2014 年，中国信息化发展指数值较 2013 年保持 9.65%的增长。到了 2015 年，信息技术创新应用快速深化，信息化加速向互联网化、移动化、智慧化方向演进。

2016年底,国务院总理李克强主持召开国务院常务会议,根据《中华人民共和国国民经济和社会发展第十三个五年计划纲要》,会议通过了《"十三五"国家信息化规划》。该规划部署了十大任务,其中包括:构建现代信息技术和产业生态体系、建设泛在先进的信息基础设施体系、建立统一开放的大数据体系、构筑融合创新的信息经济体系、支持善治高效的国家治理体系构建、形成普惠便捷的信息惠民体系、打造网信军民深度融合发展体系、拓展网信企业全球化发展服务体系、完善网络空间治理体系、健全网络安全保障体系。作为落实任务的重要抓手,规划中明确了16项重点工程,并提出了12项优先行动,包括新一代信息网络技术超前部署行动、北斗系统建设应用行动、应用基础设施建设行动、数据资源共享开放行动、"互联网+政务服务"行动、美丽中国信息化专项行动、网络扶贫行动、新型智慧城市建设行动、网上丝绸之路建设行动、繁荣网络文化行动、在线教育普惠行动、健康中国信息服务行动等。

在住房城乡建设领域,城市规划管理部门在国内较早引入了地理信息系统、计算机辅助设计、全球定位、工作流、物理探测、卫星遥感和航空遥感等先进信息化技术,多地构建了城市空间基础设施系统、城市规划管理系统、城市规划设计系统、城市遥感监测系统等。在勘察设计行业中,CAD技术应用得到普及,计算机辅助施工技术已在建筑施工领域得到广泛应用,招投标信息网覆盖所有省市,在全国推行建设工程IC卡制度,项目管理系统较为普及。在大型企业,诸如BIM、GIS、大数据、云计算、移动通信等新技术开始成为企业战略部署的一部分。信息技术的集成应用已成为行业管理和企业发展的主要方面。

到2015年末,各级建设行政主管部门有序地推进了数字规划、数字工地、数字城管等重点任务建设,建成的信息基础设施基本支撑了各领域的业务应用,管理信息系统基本实现对重点业务领域的全覆盖。

随着《国家新型城镇化规划(2014—2020)》的发布,新型城镇化综合试点和智慧城市试点示范项目的启动将进一步推动住房城乡建设各种信息系统的深化应用和初级整合,实现核心业务全过程、流程化、集成化和网络化的管理。

2.2 信息化关键技术

省域住房城乡建设信息化平台是利用各种现代信息技术手段,通过充分采集、清洗、整合和挖掘行业内外的各种信息资源,建立面向政府、企业和公众的信息服务平台,开展行业信息化服务,推进电子政务的发展。省域住房城乡建设信息化平台主要涉及以下关键技术。

1. 工作流技术

工作流(workflow)，是指业务过程的部分或整体在计算机应用环境下的自动化。工作流是对工作流程及其各操作步骤之间业务规则的抽象、概括描述，主要是通过将工作分解成定义良好的任务或角色，按照一定的规则和过程来执行这些任务并对其进行监控，以实现提高工作效率、更好地控制过程、增强对客户的服务、有效管理业务流程等目的。

工作流需要依靠工作流管理系统(workflow management system，WMS)来实现。工作流管理系统是一个软件系统，它完成工作流的定义和管理，并按照在系统中预先定义好的工作流逻辑进行工作流实例的执行。工作流管理系统不是一个业务系统，而是为业务系统建立和运行提供的一个软件支撑环境，主要由工作流定义工具、表单定义工具、工作流引擎、任务管理器、用户界面等功能构件以及流程定义数据、组织/角色模型数据、表单定义数据、工作流控制数据、任务表、工作流相关数据等系统控制数据组成。

工作流管理系统主要使用领域包括各种类型的工作流应用环境，如政府部门、企事业单位、金融、税务、保险、通信、大专院校的事务管理部门等。在政府或企业的日常活动中，约有 70%是属于流程类活动，如各类申请表单、公文签审、信息传递与签收、生产流程、各类支出与收付等。

目前，国内外工作流产品比较多，常见的国内外工作流产品有 IBM BPM、Oracle BPM、Activiti、JBPM、JKCFlow、Justep、LiveFlow、SunFlow 等。

JKCFlow 是四川省金科成地理信息技术有限公司自主开发的国产工作流平台，该平台采用".NET"架构，包括三大模块：业务建模程序、工作流引擎、客户端用户界面，组成了业务系统的流程创建、管理、运行平台。其在四川省住房和城乡建设厅、广州市住房和城乡建设局、重庆市住房和城乡建设委员会、娄底市住房和城乡建设局、攀枝花市住房和城乡建设局、乐山市城建档案馆等主管部门有多年的实践应用。

在省域住房城乡建设信息化建设中，通过应用工作流技术及工作流管理系统，可以对业务过程实现更好的监察和控制，实现业务流程的持续改进和优化，提高业务流程柔性，提高工作效率，提升整体服务质量。

2. 数据管理技术

随着计算机硬件和软件技术的发展，数据管理技术经历了人工管理、文件系统、数据库系统三个发展阶段。数据管理技术从人工管理到文件系统，是计算机软硬件技术开始应用于数据的实质进步；而从文件系统到数据库系统的发展，则标志着数据管理技术发生了质的飞跃。

数据库系统(database system)是由数据库和管理软件组成的系统，是为满足数据管理和处理的需要而发展起来的一种数据处理系统，是为应用系统提供数据的软件系统,是一个存储介质、处理对象和管理系统的集合体。

数据库系统通常由软件、数据库和数据管理员组成。软件主要包括操作系统以及数据库管理系统。数据库由数据库管理系统统一管理,数据的插入、修改和检索均要通过数据库管理系统进行。数据管理员负责创建、监控和维护整个数据库,使数据能被任何有权使用的人有效使用。

数据库系统有大小之分,大型数据库系统有 SQL Server、Oracle、DB2、Sybase 等,中小型数据库系统有 MySQL、Access、MSDE 等。

数据库系统还可分为关系型数据库和非关系型数据库。

关系型数据库是建立在关系模型基础上的数据库。关系模型是指二维表格模型,换句话说,一个关系型数据库就是由二维表及其之间的联系组成的一个数据组织。二维表是以行和列的形式组织起来的数据的集合。一个数据库包括一个或多个二维表。关系型数据库的优点是容易理解、使用方便、易于维护。

非关系型数据库(NoSQL)是为了解决大规模数据集合多重数据种类带来的挑战,尤其是大数据应用而产生的。随着互联网应用规模发展,传统的关系数据库在满足 Web2.0 网站,特别是超大规模和高并发的社交网络服务(social networking services,SNS)类型的纯动态网站时已经显得力不从心,暴露了很多缺点,此时,非关系型数据库脱颖而出。

非关系型数据库依据结构化方法以及应用场合的不同,主要分四类:

(1)键值(key-value)数据库,数据中的每一个值都有专门的键与之匹配,能够实现针对简单数据集的超快应用性能,具有极高的并发读写性能。代表产品有 Redis、Tokyo Cabinet、Flare 等。

(2)列式数据库,这类数据库通常是用来满足分布式存储的海量数据,具备更高的性能和扩展性。代表产品有 Cassandra、HBase、Riak 等。

(3)文档数据库,该类型数据模型是将版本化的文档、半结构化的文档以特定的格式存储,并且比键值数据库的查询效率更高。代表产品有 MongoDB、CouchDB、SequoiaDB 等。

(4)图数据库,这类数据库使用类似图的结构模型来存储数据,便于探索数据之间的联系。图数据库提供最短路径寻址、N 度关系查找等算法,适用于社交网络、产品推荐等。代表产品有 Neo4J、Infinite Graph、InfoGrid 等。

关系型数据库主要存储和管理住房城乡建设信息化所需的业务数据,而非关系型数据库则用于存储和管理与业务相关的文档、表格、图片等半结构化或非结构化数据。

3. 数据呈现引擎技术

数据呈现就是用表格、图表等格式来动态显示数据。当计算机出现之后,人们通常利用计算机数据处理和界面设计的功能来生成、展示数据呈现。数据呈现按照其表现形式，一般分为四类。

（1）列表式，数据呈现内容按照表头顺序平铺式展示，便于查看详细信息。一般基础信息表可以用列表式体现。

（2）摘要式，多用于数据汇总统计。摘要式数据呈现和列表式数据呈现唯一的差别是多了数据汇总的功能。

（3）矩阵式，主要用于多条件数据统计。矩阵式数据呈现只有汇总数据，但是查看起来更清晰，更适合在数据分析时使用。

（4）钻取式，是改变维的层次，变换分析的粒度。它包括向上钻取和向下钻取。

数据呈现的主要特点是数据动态化、格式多样化，数据和呈现格式完全分离，用户可以只修改数据，或者只修改格式。要实现数据呈现的动态加载和数据呈现格式的多样化，需要使用专业的数据呈现平台。

数据呈现平台是统筹制定和管理所有数据呈现的平台，是一个枢纽性的平台。数据呈现平台分离数据呈现实际业务数据和展现形式，同时采用多源分片和动态格间计算技术来完成复杂的数据呈现工作。一般情况下，数据呈现平台通过提供业务对象和简单的 SQL 语句构造向导，让业务员按需制作业务统计数据呈现，提供数据呈现推拉模式，由用户订阅关心数据呈现，使其能够方便查看所需的数据。数据呈现平台还可以提供交互数据呈现功能，实现数据呈现钻取、数据呈现内部交互、数据呈现查询结果和选择窗体的交互等功能。

数据呈现平台一般由数据呈现设计器和数据呈现服务器两大部分组成，使用三层结构体系搭建，通过关系数据库的接口连接一个或多个数据源，所有的业务处理都在逻辑设计层中完成，并通过数据呈现服务器解析后最终展现给用户。

数据呈现服务器是指在 Web 环境中解析数据呈现设计模版的服务器，用户通过浏览器和数据呈现服务器进行应用交互。数据呈现设计器可以进行表样、数据、展现、打印等数据呈现设计文件中各种元素的设计，是数据呈现设计和数据呈现应用开发、调试、部署的一体化工具。数据呈现设计器可设计的数据呈现类型一般包括分组数据呈现、交叉数据呈现、多层交叉数据呈现、明细表、主子数据呈现、多源分片数据呈现，以及其他任意不规则的数据呈现类型。

通过数据可视化呈现平台，将住房城乡建设信息化过程中汇聚的各种原始数据、统计数据以及分析结果，通过数据表格、统计图、分布图、流态图等各种方式呈现给用户。

4. 地理信息系统技术

地理信息系统是在计算机软硬件的支持下对空间信息进行输入、存储、编辑、分析、输出的软件系统。地理信息系统独具的空间分析功能使其有别于计算机辅助制图（CAD）、图像处理等专业软件而自成一个分类。地理信息系统在城乡规划、设计、建设、管理等各个阶段都可发挥作用，其空间查询统计、三维分析、网络分析等功能都是其他软件无法替代的。

地理信息系统软件一般由空间数据引擎、地图编辑桌面及其 SDK(software development kit，软件开发工具包)、地图网络服务及 API(application programming interface，应用程序接口)、移动终端及 SDK 等组成，国内比较著名的包括 SuperMap、MapGIS、GeoStar 等，国外比较著名的包括 ArcGIS、MapInfo、GeoMedia 等。

随着互联网的普及和在线地图需求的增加，On-line Map(在线地图)发展迅速，谷歌地图、百度地图是普及程度较高的在线地图。在线地图的普及给开发地理信息系统提供了快速的途径，开发人员不用再关心基础数据的采集、处理、建库等烦琐的功能如何实现，而只需要按照工业标准开发方法利用在线地图提供的 API 开发业务功能即可。

由于基础地图涉及国家安全信息，国家测绘地理信息局在对国内外在线地图进行加强管理的同时，也提供了国家权威的在线地图——"天地图"，不仅数据权威翔实，而且可以提供多种服务方式，对于可以在互联网运行的系统提供在线服务，对于某些涉密行业应用可以提供前置机放入专网服务。

目前，在住房城乡建设信息化的智慧工地领域，已将地理信息系统、在线地图、物联网等技术进行了整合运用，取得了较好的应用效果。

5. 定位技术

定位技术由美国的全球定位系统(global positioning system，GPS)开始，目前各国都在发展自己的定位技术。GPS 从军事应用起步，已经广泛地应用于交通、航海、旅游等各行各业。定位技术最先指全球卫星定位技术，目前也包括手机基站辅助定位等技术。全球卫星定位技术除了美国的 GPS，还有俄罗斯的格洛纳斯(GLONASS)、欧洲的伽利略(GALILEO)，中国的北斗卫星导航系统已面向国内及亚太地区提供服务，并将逐渐建成北斗全球系统，向全球提供服务。

卫星定位系统由卫星星座、地面控制系统、用户终端系统三部分组成。卫星星座由超过三颗的卫星群组成，按照一定的规则分布于太空，并按照一定的规律向地面发送时间信号、测距信号以及卫星的坐标位置信号；地面控制系统接收卫星发送的信号并分析卫星是否正常，也可以根据需要向卫星注入新的参数，用以调整卫星的轨道和姿态等；用户终端系统用于接收卫星发送的信号并进行计算以获得用户所在的位置坐标。

卫星定位信号分为军事信号和民用信号。军事信号是原生信号，精度高；民用信号是经过处理的信号，降低了精度。因此在民用领域，为了提高定位精度，可采用 RTK 等技术进行解算。

定位技术在住房城乡建设信息化领域的用途包括三点。

(1)规划阶段：采用定位技术可以测绘基础图，作为规划编制的基础。

(2)建设阶段：采用定位技术可以测绘项目红线拐点，进行放验线；采用高精度定位技术可以观测深基坑的变形。

(3)管理阶段：采用定位技术可以监控运渣车路径、城管巡逻车辆路线。

6. 遥感技术及其与 AI(artificial intelligence，人工智能)的结合

"遥感"字面的意思就是遥远的感知，在不接触对象的情况下远距离观察对象，进而分析对象。遥感系统包括探测设备、搭载平台、发送设备、接收设备、存储设备、解译设备，其中探测设备和解译设备是核心。根据搭载平台的类型，遥感技术可以分为航天遥感、航空遥感、地面遥感。航天遥感的搭载平台是卫星，航空遥感的搭载平台是飞机，地面遥感的搭载平台为热气球、飞艇、无人机等。

遥感的成果为影像。影像根据成像方式分为光学摄影图像、热红外图像、成像雷达图像、多波段和超多波段图像，其中在建设领域用得最广泛的是光学摄影图像。光学摄影图像根据波段又分为可见光、红外、近红外、紫外影像，根据色彩分为彩色和黑白影像。遥感影像的空间分辨率决定着可以解译的物体的大小，现在随着小于 1 米的高分辨率影像的成熟和普及，遥感技术的应用越来越广泛。

遥感技术目前已经广泛应用于规划建设、国土资源、气象气候、海洋湖泊、国防军事、农业、林业等各行各业。在住房城乡建设信息化领域，遥感技术在规划建设管理各阶段都有广泛的用途。

(1)规划阶段。通过航天和航空遥感技术获取现状地形地貌、建构筑物、管线设施、河流湖泊、植被覆盖、交通设施等现状，通过分析，编制总体规划、详细规划。在规划实施阶段，可以根据现状遥感影像确定新建项目的红线范围，并把设计方案融入现状进行比较分析。

(2)建设阶段。既可以通过航天和航空遥感技术获取区域范围内正在施工的项目分布，又可以通过地面遥感技术获取某个重点项目的高精度图像进行细节分析。

(3)管理阶段。通过航天和航空遥感技术可以获取多个时相的数据进行对比，提取违章搭建的分布、不符合规划的外装修、私自设立的广告牌等信息。

随着 AI 技术的发展，深度学习技术将可以逐步融合到遥感影像解译，实现遥感影像数据的自动化解译，提升影像解译效率，提高解译准确率。在山东、北京等地区，国土、农业部门已在开展影像 AI 解译试点，用于土地违法监管、大棚房监管等工作，探索实现动态常态监管、精准监管、高效监管和低成本监管。未来，随着 AI 算法和技术的不断提升，遥感影像自动解译技术也将广泛用于住建行业的违章建筑监管、现场巡查等方面。

7. 物联网技术

物联网技术可对各种对象进行感知，将感知获得的信号通过网络传输给后端，后端接收后进行存储、显示、分析、控制。物联网的核心是前端的感知系统，根据感知的对象不同，有不同的技术和设备，对象包括桥梁、边坡、电压、气压、

水压、人等有形和无形的对象。感知设备有主动式和被动式，主动式是感知设备主动去感知对象获取信号，被动式是由对象通过自身产生或携带的 RFID(radio frequency identification，射频识别技术)等发射信号并由感知设备获得。

由于目前网络传输和数据分析处理技术已经非常成熟，因此在物联网系统中，前端感知技术成为整个系统的关键，感知设备即传感器是否稳定持续、感知数据是否正确，都是决定物联网系统是否可用的基础。

传感器按照被测参量，可分为机械量参量(如位移传感器和速度传感器)、热工参量(如温度传感器和压力传感器)、物性参量(如 pH 传感器和氧含量传感器)；按传感器输出信号，可分为模拟传感器和数字传感器。数字传感器直接输出数据，不需使用 A/D 转换器，就可与计算机联机，提高系统可靠性和精确度，具有抗干扰能力强、适宜远距离传输等优点，是传感器发展方向之一。

在省域住房城乡建设信息化领域，物联网主要用于建设阶段，对施工现场的危险源和监督重点对象进行自动检测和识别分析，如塔吊状态、深基坑位移、人员识别、车辆识别等。

8. 数据挖掘技术

数据挖掘技术是在数据库技术的基础上发展起来的，基于积累的历史数据进行统计分析，以便获取隐藏在数据中的规律，进而从规律中分析所反映的问题和现象，为解决问题、预测问题、防范问题提供方向和依据。

数据挖掘的流程如图 2-1 所示。

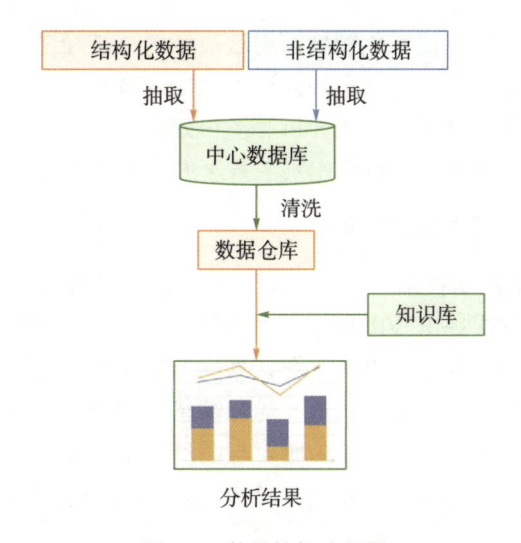

图 2-1 数据挖掘流程图

数据挖掘的成功取决于三个方面的因素。

(1) 丰富的历史数据。历史数据可以是已有业务系统中产生的、输入电子文件中的、纸质档案经过数字化后的，这些数据的产生和收集渠道可能看起来互不相干，但是为了一个共同的目的被收集到一起。

(2) 明确的分析目标。分析目标即用户需求，目标的确定必须有丰富的从业经验，提出需要解决的业务问题，问题越具体，则历史数据的收集和技术方法的选择越有针对性，分析的结果将会越接近实际。

(3) 正确的挖掘和分析方法。在目标明确和数据丰富的前提下，挖掘的技术和方法是决定数据挖掘是否成功的关键，合适的技术和方法能起到事半功倍的效果。

现在，数据挖掘和流行的大数据分析已经融合在一起，成为商业营销、政府管理、企业经营的有力手段。传统的数据挖掘工具有 SPSS、MATLAB，目前各数据库软件如 Oracle、SQL Server 也在数据库优势的基础上扩展了 BI(business intelligence，商业智能)模块，而 Hadoop 是当前构建大数据系统的流行平台。

数据挖掘方法是大数据系统的亮点，经过多年的选择，IEEE 数据挖掘国际国议(The IEEE International Conference on Data Mining，ICDM)于 2006 年 12 月评选出了数据挖掘领域的十大经典算法：C4.5 分类决策树算法、k-Means 聚类算法、SVM(support vector machine，支持向量机)、Apriori(挖掘布尔关联规则频繁项集的算法)、EM(expectation-maximization，最大期望算法)、PageRank 链接流行度、AdaBoost 迭代算法、KNN(k-nearest neighbor，K 最近邻分类算法)、朴素贝叶斯模型(naive bayes model)和 CART(classification and regression trees，分类与回归树)。

在省域住房城乡建设信息化领域，通过决策树、神经网络、遗传算法、粗集方法、覆盖正例排斥反例方法等多种算法，对住房城乡建设行业大数据进行关联分析、聚类分析、分类分析、预测分析等多种处理，通过数据挖掘算法获取隐含在大数据中的信息，从各专题数据中发现数据的各种模式和内在的关系。

9. VR(virtual reality，虚拟现实)技术

VR 技术即虚拟现实技术，最早出现在美国。20 世纪 80 年代初，美国 VPL 公司创建人拉尼尔首次提出 VR 技术。虚拟现实技术是一种综合利用计算机图形系统和各种现实及控制等接口设备，在计算机上生成的、可交互的三维环境中给予用户关于视觉、听觉、嗅觉、味觉、触觉等感官的模拟沉浸感觉的技术。它的基本特点就是将计算机仿真、智能传感器与图形显示等多种科学技术结合起来，并用于与人类真实世界感知方式完全一样的虚拟空间的创建，给予用户沉浸式的体验。

当下，VR 技术在计算机图像、网络技术、分布计算技术等多个领域应用广泛。VR 技术低成本、高效率、超高传输速度的优点有利于社会经济和生产力的

发展，我国和许多其他国家开始关注此项技术。

在传统的城市规划中，规划方案设计主要是依靠三维效果图、三维动画和实体建筑沙盘进行展示。方案设计呈现上存在许多不足：实体建筑沙盘的制作周期比较漫长，细节刻画不够清晰；三维效果图以静态单一的角度展示方案，在内容传达上不够全面；三维动画在内容表现能力和动态场景展示上虽有所增强，但不具备实时的交互性。将 VR 技术应用到城市规划建设领域，可以弥补传统设计表现方式的不足，将设计方案立体呈现，实现各种数据可视化，利用逼真的虚拟场景按照最初的规划以及总体的效果图进行设计，完全再现设计效果，通过人机交互方式提前感受城市建设预期。虚拟现实技术带来高度的沉浸感，让城市规划设计师身临其境地"游览"自己的规划的空间，切身感受未来城市建设的效果，同时也支持审核机构和主管部门对设计方案进行直观审查，及时调整不恰当之处。

10. 视频联网技术

建筑工地是一个地点分散、人员密集、安全风险点多的场所，安全监督是主管部门的一项重要工作。视频监控具有可视化、可回溯、客观性的特点，在建设管理行业的应用非常广泛，尤其是《建筑工程施工现场视频监控技术规范》的发布使得视频监控在施工现场的应用更加规范化。此外，在城市管理阶段，视频监控可以对垃圾倾倒、渣土运输、乱摆摊位等行为进行监控。

视频监控技术经历了模拟视频监控、数字视频监控、IP 网络视频监控三个阶段。正因为视频监控已经实现数字化和网络化，监控清晰度高，可以通过公共网络传输，可以进行智能分析预警，使得视频监控突破地域限制和人工监视的瓶颈。

传统的视频监控在局域网环境中供有限的人查看，限制了资源的利用效率。随着互联网带宽的增加，使得通过远程查看视频成为可能。但是不同品牌设备的技术标准不同又限制了系统的互联，随着《安全防范视频监控联网系统信息传输、交换、控制技术要求》(GB/T 28181—2011)的发布，不同品牌的设备进行远程互联成为可能，真正进入视联网的时代。

视频前端采集设备即摄像头的性能决定着系统的质量。摄像头的性能包括分辨率、是否支持红外、是否支持宽动态、是否支持云台等。分辨率是核心指标，从 4Cif 到标清，再到 720P 和 1080P 的高清，直至现在 2K 和 4K 的超高清，加之基于图像的智能分析即智能视频技术不断发展和成熟，使得节省人工和提高准确性的自动监控识别成为可能。

当前，中国的视频监控技术和设备水平在世界上均处于前列，海康威视、大华、宇视、科达等品牌已经在各行各业广泛应用。在工程建设领域，视频监控可以用于建筑工地，实现安全文明施工监督、现场人员识别和考勤等。

11. BIM 技术

BIM 技术被称为"革命性"的技术，源于美国佐治亚理工学院建筑与计算机专业的 Chuck Eastman 博士提出的一个概念：建筑信息模型包含了不同专业的所有信息、功能要求和性能，把一个工程项目中包括设计过程、施工过程、运营管理过程的信息全部整合到一个建筑模型中。

BIM 技术是一种多维（三维空间、四维时间、五维成本、N 维更多应用）模型信息集成技术，可以使建设项目的所有参与方（包括政府主管部门、业主、设计方、施工方、监理人员、造价人员、运营管理方、项目用户等）在项目从概念产生到完全拆除的整个生命周期内都能在模型中操作信息和在信息中操作模型，从而从根本上改变从业人员依靠符号文字形式图纸进行项目建设和运营管理的工作方式，实现在建设项目全生命周期内提高工作效率和质量以及减少错误和风险的目标。

BIM 技术的含义总结为以下三点：

(1) BIM 技术是以三维数字技术为基础，集成了建筑工程项目各种相关信息的工程数据模型，是对工程项目设施实体与功能特性的数字化表达；

(2) BIM 技术是一个完善的信息模型，能够连接建筑项目生命周期不同阶段的数据、过程和资源，是对工程对象的完整描述，提供可自动计算、查询、组合拆分的实时工程数据，可被建设项目各参与方普遍使用；

(3) BIM 技术具有单一工程数据源，可解决分布式、异构工程数据之间的一致性和全局共享问题，支持建设项目生命周期中动态的工程信息创建、管理和共享，是项目实时的共享数据平台。

近年来，BIM 技术在国内建筑业形成一股热潮，政府相关单位、各行业协会与专家、设计单位、施工企业、科研院校等开始重视并推广 BIM。

2011 年 5 月，住房和城乡建设部发布的《2011—2015 年建筑业信息化发展纲要》中明确指出：在施工阶段开展 BIM 技术的研究与应用，推进 BIM 技术从设计阶段向施工阶段的应用延伸，降低信息传递过程中的衰减；研究基于 BIM 技术的 4D 项目管理信息系统在大型复杂工程施工过程中的应用，实现对建筑工程有效的可视化管理等。

2013 年 8 月，住房和城乡建设部发布《关于征求关于推荐 BIM 技术在建筑领域应用的指导意见（征求意见稿）意见的函》，明确要求 2016 年以前政府投资的 2 万平方米以上大型公共建筑以及省报绿色建筑项目的设计、施工采用 BIM 技术；截至 2020 年，完善 BIM 技术应用标准、实施指南，形成 BIM 技术应用标准和政策体系。随后，各地方政府相继出台了各类具体的政策推动和指导 BIM 的应用与发展。

12. 倾斜摄影技术

倾斜摄影技术是通过在飞行平台上搭载多台传感器，同时从一个垂直、四个侧视等不同角度采集影像。我们可以将它理解为一项进化的摄影测量技术，它比传统的摄影测量多了四个倾斜拍摄角度，从而能够获取到更加丰富的侧面纹理等信息。

倾斜影像采集的设备包括航空器和倾斜相机。航空器可以是有人飞机或无人机。有人飞机多用于特大面积倾斜摄影，如国产的运十二、运五；中等规模作业可用无人直升机，如七维航测无人直升机；小范围作业可用多旋翼无人机，如红鹏无人机、大疆无人机等。大多数倾斜相机采用下视、前视、后视、左视和右视五个镜头来获取地物倾斜影像，比较常见的如徕卡 RCD30 倾斜相机、四维远见 SWDC-5 倾斜相机、红鹏微型倾斜相机等。

倾斜摄影的航线采用专用航线设计软件进行设计，其相对航高、地面分辨率及物理像元尺寸满足三角比例关系。设备组装就绪并规划好路线后，实施航拍，得到具有一定重叠度的多角度影像，倾斜影像采集部分就完成了。

倾斜摄影获取的倾斜影像经过影像加工处理后可以进行模型生成。建模技术主要分为三类，包括倾斜摄影+机载激光扫描建模、倾斜摄影+人工干预建模及倾斜摄影自动化建模。

作为一门新兴的技术，倾斜摄影测量广泛使用在城市规划的三维模型构建当中，可高效快速地获取海量数据信息，真实可靠地反映地面客观情况，快速实现城市实景的三维建模。

2.3 信息化技术应用

1. 城乡规划信息技术

在新技术的趋势下，智慧城市建设、人工智能与科学规划、大数据逐步应用在城市治理中，空间规划信息平台建设与总规实施评估不断深入，城乡规划从传统地理信息系统、遥感等技术应用逐步向"时空大数据赋能城市治理""人工智能与 BIM 报建""基于空间大数据与'互联网+'跨界协作、融合的新规划""信息技术助力空间治理创新与政务效能提升""城市设计新技术助力空间规划管控"方向发展。

1) 地理信息系统技术(GIS)的应用

在现状调研阶段，利用 GIS 管理现状数据(如土地使用现状数据、道路数据、市政设施数据等)。利用手持 GIS 设备辅助现场踏勘,融合 GPS、RS(remote sensing,

遥感)和 GIS 的手持设备(如 GPS 手机、掌上电脑)可以告诉规划师其所处位置和周边地理环境以及相关地理数据，使规划师更快、更准确地掌握现场情况。

在现状分析阶段，利用 GIS 的叠加分析功能统计容积率，评价用地的适宜性；制作各类现状用图；利用空间统计功能，挖掘地理事物的空间分布规律；分析空间结构；分析交通可达性和交通网络结构；利用空间相互作用模型分析城镇的吸引力和势力圈，用于区划调整；模拟三维地形地貌、虚拟城市场景；分析景观视域；制作城市演变的动画等。

在规划设计阶段，GIS 可与城市演变模型结合起来预测城市演变；通过多准则决策分析，预测不同政策条件下的用地变化；帮助交通网络优化、市政和公共设施布局优化；实时模拟规划景观；场地填挖方分析等。

在规划实施阶段，GIS 技术应用于管理规划编制成果、基础地形、市政管线以及相关的各类信息，为规划业务提供信息；用于规划管理信息系统，开展各类规划和建设许可业务；模拟建设的三维场景，用于多方案选择和方案优化；查验项目申报是否符合相关规划等。

在评价、监督阶段，GIS 技术与遥感技术结合，监测城市、区域的环境变化，检查建设项目是否符合规划，检讨规划的实施效果等。

2) 遥感(RS)技术的应用

遥感技术主要用于土地使用、建筑质量、绿化覆盖等现状调查，通过无人机、倾斜摄影等技术采集遥感影像，可以减轻现场踏勘的工作量，并将现场踏勘和遥感影像的阅读结合起来，互为补充，对现实有更为全面、完整的了解。

近几年，遥感影像经常用于城乡建设状态监测、违法违规建设行为的判断方面，效果较显著；下阶段将会延伸至规划实施评估、用地扩展方向的预判等领域。随着运用遥感影像制作现状建筑三维模型技术趋于成熟，遥感技术将来还将与三维设计模型进一步融合在一起。

3) 大数据技术的应用

以大数据为基础、互联网为依托、云计算为支撑的新型信息技术的发展，正在推动城市规划编制技术手段更新，使城乡规划和管理更加精确、精细、精准，可为城乡规划提供更多、更广、更实时的城乡规划数据，为创新规划管理理念和方法奠定基础。

大数据将促进城市规划编制的技术和流程革新。在大数据时代：一方面，数据供给渠道的增多以及数据分析技术的进步，将为规划人员更客观地认知城市现状、分析城市问题、梳理城市发展过程提供质量更高的数据；另一方面，以大数据为基础的支持技术将通过系统化的数据管理和集成应用，极大减少规划人员的重复工作量，为规划师节省出时间开展创造性的工作。

4)数字城市向智慧城市发展

数字城市是将城市地理、资源、环境、人口、经济、社会社情和各种社会服务等复杂系统进行数字化，整合城市信息资源，构建基础信息平台，建立电子政务、电子商务等信息系统和信息化社区，实现城市管理与公众服务的信息化。智慧城市是以云计算与物联网技术为基础，实现信息的互联互通和共享交换，感知信息网络的互联与融合。

数字城市为智慧城市建设奠定了物质基础，但更多地停留在信息化技术管理层面，缺乏对人的需求和城市运行内在规律的深度发掘和应对。智慧城市技术应用由信息化、网络化、数字化扩展到云计算、物联网、大数据、无线通信、自动化、智能化技术，实现了互联网与物联网的融合和无缝互联，智慧城市是数字城市的高级阶段。

2. 建筑行业信息技术

经过多年的发展，我国建筑行业信息化成果显著，使用 CAD 出图率已达 95%以上，成功实施了智能建筑，并开始在勘察、设计和建造等领域应用仿真和虚拟现实技术。住房和城乡建设部在《2016—2020 年建筑业信息化发展纲要》中明确指出："要全面提高建筑业的信息化水平，着力加强 BIM、大数据、智能化、移动通信、云计划、物联网等信息技术集成应用能力；建筑业数字化、网络化、智能化取得突破性进展，初步建成一体化行业监管和服务平台；数据资源利用水平和信息服务能力明显提升，形成一批具有较强技术创新能力和信息化应用达到国际先进水平的建筑企业及具有关键自主知识产权的建筑业信息技术企业。"

1)建筑工程领域的信息化技术应用

目前，建筑工程领域信息化已经基本普及了专业工具软件和办公自动化的应用，各类电子办公产品已成为日常工作的必需品，工程项目全生命周期各阶段的信息技术重点应用如下。

勘察设计阶段应用包括勘察设计数据管理系统、实现资源全面共享的网络技术、BIM、设计项目主导的协同技术、数据仓库后台技术、云计算、设计管理与决策支持的协同与集成技术、高性能信息平台、三维设计协同平台、知识仓库系统等。

施工阶段应用包括工程 CAD 技术、项目人员数据采集技术（门禁、RFID）、物料现场监控技术、虚拟仿真施工技术（含 BIM）、高精度自动测量控制技术、工程量自动计算技术、塔式起重机安全监控管理应用技术、项目管理平台等。

运营维护阶段应用包括资产管理系统（asset management system，AMS）、资产盘点（RFID、二维码等）、GIS/BIM、资产管理、流程管理、资产价值管理、全生命周期分析、资源信息分析、系统联动等应用软件。

2）数字化行业监管和服务技术应用

住建行业监管与服务基本实现了数字化管理，有90%左右的行业监管和服务部门建立了门户网站，工作流协同、云计算、数据仓库等新技术被用于施工图审查管理系统、行政审批管理系统、信用信息管理系统、招投标管理系统、合同备案管理系统、质量安全监督管理平台等应用的开发。随着政府信息化一体化建设的开展，住建行业监管和服务应用正在逐步接入政府整体协同应用体系，跨部门、跨层级、跨区域的业务协同和信息资源共享正在逐步实现。

3）建筑企业信息技术应用

目前，建筑企业的信息体系并不健全，CAD，OA系统和造价、进度管理软件是主要应用，BIM、项目管理信息系统也逐渐成为主要应用，而BIM、ERP、电子采购等应用多出现在大型建筑企业，许多中小型企业仍停留在专业工具软件运用阶段，以购买第三方软件为主。在建筑企业信息技术应用中，企业运营管理信息系统、生产经营管理信息系统、知识库或是数据库等技术的集成化应用仍然不足，并且在BIM、大数据、智能化、移动通信等信息技术的融合深度方面也不够。使用BIM、GIS和物联网等技术在项目模拟分析和可视化方面的集成应用非常少，企业信息系统和项目管理系统的功能拓展还有很大空间。

3. 住房管理信息技术

我国住房管理信息化建设取得明显成效，在房地产市场管理、物业维修资金管理、住房公积金管理领域，信息化建设较为深入，制定了行业规范和标准。住房保障信息化在国家政策引导下正在全面铺开，基本具备比较成熟的框架和模式，在物业管理、房屋安全管理、房屋征收管理方面的信息化总体投入有待加强。目前，综合分析与决策支持、大数据应用、"互联网+"等新型房地产信息化模式已经进入初步应用，代表了今后住房管理信息技术应用的发展方向。

（1）住房管理实现数字化管理。近年来，全国各地房产行政主管部门大力开展了住房保障和房产管理信息化的建设。数字房管采用信息化技术，打破了业务系统之间的信息孤岛，加强了各系统之间的互联互通，建立了房地产开发项目管理系统、新建商品房网上备案系统、存量房网上备案系统、房产产权管理系统、房产档案管理系统、租赁市场管理系统、个人住房信息系统等各类业务系统，建立了房产中心数据库，初步实现了信息共享，基本覆盖了房屋登记、住房保障、物业管理、征收管理、维修基金、租赁管理、评估管理、经纪管理、档案管理等管理业务。

（2）住房领域重点支撑技术。在住房和房地产领域信息化过程中，各种通用技术、业务技术和前沿技术都得到了广泛的应用。通用技术包括工作流技术、SAO(sample adaptive offset,样本自适应偏移)技术、Web Services 技术、B/S 技术、".NET"技术、Java 技术、GIS 技术、Web GIS 技术、数据仓库技术、ETL(extract-transform-load,抽取-转换-加载)技术、MVC(model-view-controller,模型-视图-控制器)技术等；业务技术包括楼盘表、数字化、虚拟现实、身份识别、审核校验等技术；前沿技术包括互联网、云计算、大数据、"互联网+"、移动 App(application,手机软件)以及商业智能(BI)等技术。在信息技术集成化应用方面，基于 GPS、RS 和 GIS 等技术，逐步建立了保障房源全周期管理、保障对象全流程管理、配置动态管理、"互联网+智慧住保"等信息系统。

(3) 信息技术规范和标准基本建成。目前，房地产市场管理信息化法律法规较为完善，已经有《房地产市场信息系统技术规范》《房地产市场基础信息数据标准》《住房保障信息系统技术规范》《住房保障基础信息数据标准》《住房公积金信息系统技术规范》等重要的行业技术标准。相比而言，我国在物业管理、房屋安全管理、房屋征收管理、从业企业信息化管理等领域尚缺乏相对统一的技术规范和数据标准，这也是下一步房产信息化建设的重点努力方向。

(4) 从数字房管到智慧房产。我国大部分住房保障和房产信息化正处于从数字房管向智慧房管的过渡阶段。由于房屋主管部门在各个阶段建设的信息化系统都相对独立，形成了数据及业务的相对孤立，通用功能重复建设，部分系统没有互联互通，存在一定的信息孤岛，很多数据不能自动继承、不能自动核查、不能自动校验。智慧房管将基于统一的智慧支撑平台，以实现"数据一体化、业务一体化、技术一体化、管理一体化、服务一体化"的目标，构建更高层次的互联互通和数据共享。

4. 城乡管理信息技术

(1) 数字化城市管理推广。目前，各地按照住房和城乡建设部的统一部署制定了数字城管的发展规划，围绕着省市县全面推广数字化城管模式，加强行业管理，实行梯次推进，收到明显成效。四川、浙江、江苏、河北、山东等省逐步筹建了省级数字化城管系统评价中心，实行数字化城管数据全省联网。与数字化城管系统建设的飞速发展相对应，与数字城管相关的云计算、计算机网络、3G/4G 移动通信技术、信息集成技术、可测量实景影像技术等相关技术渐趋成熟。

(2) 社区管理信息化建设。我国的社区管理信息化在国家各项政策的大力支持下，在多个地区已经普及实施。经过多年发展，社区管理信息化已经从初级应用进入了平台建设阶段，部分大中型城市运用智能终端、内部 OA、手机 App 等信息技术，完成了包括基础设施、平台、网络、软件、社区基础数据库的平台建设，呼叫中心、门户网站、数字互动电视、移动通信等多种服务渠道的建设，居委会电子化办公、社区党建和社区组织的信息化应用；社区连接居民的多种信息通道建设，为居民提供信息化服务，为居民搭建联通政府、企业和社区的互动平台等。

（3）市容环卫管理信息化。近年来，在物联网、移动互联网飞速发展的同时，各地根据自身管理要求开始推进环卫信息化建设，实现了将环卫设施管理、环卫作业管理、垃圾清运管理、渣土车辆管理、垃圾焚烧管理等事项整合，初步达到了环卫管理信息化的要求。部分走在前列的地区，采用了GIS、GPS、RFID、物联网等信息技术，搭建了统一的环卫作业管理平台，实现了对环卫作业的过程监管，对省、市、区、街道进行统一管理；通过诚信库系统建设实现了问题企业约谈、黑名单以及问题企业退出等奖惩机制，促进环卫管理的透明化和规范化。

（4）智慧园林建设开始萌芽。我国园林绿化管理信息化建设起步较晚，暂未形成标准建设和管理模式，存在园林绿化和总体规范不一致、对信息化建设重视程度不够、数据分散及资源整合缺失严重等问题。但随着智慧园林的提出，各省（区、市）开始结合GIS技术、RS技术、GPS技术、LBS（location based services，基于位置的服务）技术等，积极建设市容综合指挥GIS平台，实施园林绿化一体化管理，以实现跨部门资源共享、促进业务协同、推进集约化发展等目标。

5. 政务服务信息技术

省域"互联网+政务服务"主要运用互联网、大数据、云计算等技术手段，整合各类政务服务事项和业务办理等信息，通过网上大厅、办事窗口、移动客户端、自助终端等多种形式，结合第三方平台，构建住房城乡建设"互联网+政务服务"平台，为企业和个人提供一站式办理的政务信息服务。

在"互联网+政务服务"建设过程中，使用了数字证书、电子签名、数据管理、工作流等信息技术实现了以下支撑应用。

（1）统一用户与认证，主要包括面向互联网用户的用户体系和认证体系、面向政府工作人员的用户体系和认证体系。依托互联网政务服务门户建立统一的互联网用户体系，提供自然人和法人的网上注册功能，提供页面和接口两种对外的用户注册服务，实现互联网用户的统一注册和身份认证。政府工作人员用户管理体系主要依托政务服务管理平台建立，以实现政府工作人员的统一管理和身份认证。互联网用户的身份认证服务提供用户名＋密码、手机号码＋密码、身份证号码＋密码和数字证书等登录方式，政府工作人员提供用户名＋密码认证和数字证书认证等方式。

（2）电子证照，通过证照信息采集和证照样式采集完成电子证照采集工作，并对采集后的电子证照数据进行比对清洗，识别并去除虚假、过期、失效、重复的证照数据，将保留下来的有效数据加盖电子印章和水印，并统一转化成电子格式文件后进行封装和存储。电子证照作为实现全流程网上审批应用的最后一环，依托"一窗式受理、一站式服务"的政务服务模式，在流程上实现对电子材料、电子证照的生成、应用和共享。电子证照的共享基于电子证照目录，按部门、行政区划、证照类别、持证者等信息分类；建立电子证照共享平台，实现跨部门、跨地区、跨层级共享和校验，按授权查询、下载、比对和复用，防篡改、防伪造、可验证。

(3)电子文书，主要是政务服务流转过程中形成的各类电子文件，如申请材料、电子证照等。电子文书是由政务服务管理平台产生或其他可信平台共享形成，该类电子文书可直接应用于系统，无须核对信息。电子证照属于该类型电子文书。电子文书还包括由用户上传或窗口工作人员通过高拍仪上传的电子材料。申请人提交的各类电子材料属于该类型电子文书。电子文书采用安全通用的文件格式，并对文件类型、大小、图片拍摄、分辨率等有严格的限制。电子文书应用于政务服务的网上申请、受理、审批、办结等环节，具备权限控制、痕迹保留功能，保证电子文书的产生、处理等过程符合规范。电子文书数据保存与归档具备防篡改、历史数据备查备用、电子文书归档等功能。

(4)电子印章，包括政务服务申请人在线提交各类电子表单和电子文档材料时，根据所申请服务事项的要求，在电子表单和电子文档材料上加盖申请人的电子印章，以及政务服务实施机构在事项办结时，在办件结果电子证照及文书上加盖签发机构的电子印章。经加盖电子印章的表单、文档材料、电子证照、电子文书，均可进行签章信息查看(包括签章者姓名、印章名称、签章时间、签章保护内容等)、印章证书查看(包括印章关联证书的基本信息、有效期限、颁发机构和颁发目的等)、文档完整性检查(被篡改的文档显示无效印章的样式)等。电子印章系统主要包括电子印章管理、电子签章认证以及客户端电子签章等功能。

在"互联网+政务服务"建设中，运用了大数据技术，对政务服务基础数据、政务服务过程数据、用户行为数据等进行融合分析，揭示政务服务过程的内在逻辑，发现和洞察服务流程中的纰漏、冗余和用户体验提升需求，以有效利用政务信息数据资源，提升服务质量、降低服务成本、提高用户参与度、增强决策科学性，为简化审批流程、提高审批和服务效能创造条件，实现政务信息资源的有效利用。

第3章 城乡规划信息化

3.1 城乡规划信息化范围

城乡规划是以促进城乡经济社会全面协调可持续发展为根本任务，促进土地利用更加科学、改善人们的居住环境，涵盖城乡居民点的空间布局规划。城乡规划是各级规划主管部门利用现有地图、卫星地图并结合实际来开发治理历史现状，泛指统筹安排城乡规划和农村交通居住消防绿化，生产生活环境建设，发展空间布局，提升品位，合理节约利用自然资源，保护生态和自然环境。城乡规划是一项全局性、综合性、战略性的工作，涉及政治、经济、文化和社会生活等多个领域，是维护社会公正与公平的重要依据，具有重要公共政策的属性。

规划信息化又称数字规划，重点服务于规划行业部门。随着规划信息化建设的不断深入，规划信息化建设将朝着城乡规划管理信息化、流程化发展。城乡规划信息化建设使得城乡规划的工作更加简便和智能，可有效地提升城乡规划的效率，加快城乡规划的建设步伐。

1987年，原城乡建设环境保护部在昆明市召开"遥感技术、计算机技术在城市规划中应用交流会"，截至目前，城乡规划信息化发展历经30多年，信息技术在我国城乡规划行业逐步引进、消化、吸收和应用，在城乡规划由定性、二维、静态、专家审查规划转变为定性与定量结合、二维和三维联动、动态、公众参与规划的成长过程中扮演了重要角色。如今，规划信息化正朝着智慧规划方向迈进，新技术应用进入城市研究、管理与发展更深层次的领域，面临着更高要求和挑战，城乡规划信息化工作需要进一步砥砺奋进。

根据中共十九届三中全会审议通过的《深化党和国家机构改革方案》和第十三届全国人民代表大会第一次会议批准的《国务院机构改革方案》，住房和城乡建设部的城乡规划管理职责已整合至中华人民共和国自然资源部。在机构改革的趋势下，各级城乡规划管理职责也将进行整合，但职责的整合只是机构的归属不同，部门的管理职责内容仍不会改变。在机构改革的趋势下，应整合部门监管职能，加强监管协同形成合力，提升规划主管部门与国土主管部门、水利主管部门、农业主管部门、林业主管部门等的协作性。

城乡规划信息化范围包括城乡规划编制信息化、城乡规划实施信息化和城乡规划监管信息化。

(1) 城乡规划编制信息化。通过信息化手段，支持城乡规划编制单位在线提交城乡规划编制成果,由城乡规划主管部门进行审核,征求和综合协调各方的意见,并进行城乡规划编制成果的质量把关和管理;在遵循"多规合一"的基础上,实现城乡规划编制单位管理、城乡规划编制项目管理、城乡规划编制成果管理。

(2)城乡规划实施信息化。基于信息化手段,支持建设单位向主管部门报送"一书三证",由城乡规划主管部门进行审核并发证;支持城乡规划主管部门进行规划实施过程的监督检查,进行竣工验收前的规划条件核实,实现对城建档案的管理及利用;实现城乡规划实施审批管理、城乡规划实施监督管理、城乡规划实施评估管理、城建档案管理以及"多规合一"成果管理。

(3)城乡规划监管信息化。城乡规划监管利用遥感技术等手段,整合多源遥感数据,快速提取违章建设信息,为城市违章监察提供参考,实现城乡规划信息交换、城乡规划监督执法。

3.2 城乡规划信息化要求

在新形势下,贯彻落实党的十九大精神以及习近平总书记系列讲话中对城乡规划工作的具体要求,是全国城乡规划行业和所有规划工作者的首要任务。要全面推进城乡规划工作的改革创新,建立更加统筹、协调的城乡规划体系,提升城乡建设发展治理能力,促进政府职能转变。

随着信息化上升为国家战略,城乡规划信息化正在向"大数据"和"互联网+政务服务"的两个大方向迈进,逐步将大数据作为基础性战略资源,建设大数据平台,推进大数据应用,运用大数据增强政府服务和监管的有效性;强调推动数据共享,建立跨层级、跨行业、跨部门的政务服务数据共享平台,打通数据孤岛。

城市化已进入高速发展时期,城市建设规模不断扩大,城乡规划的编制、实施管理和监督监察等各项工作日益繁重,涉及的规划业务量、数据量越来越大,且公众对规划政务公开、规划服务水平的要求也越来越高,需要通过推广新技术加强城乡规划管理。例如,将 BIM 技术应用于城乡规划,实现目前三维仿真系统无法实现的多维应用,特别是城乡规划方案的性能分析,可以解决传统城乡规划编制和管理方法无法量化的问题,如舒适度、空气流动性、噪声云图等指标;将 BIM 的性能分析与传统规划方案的设计、评审结合起来,可对城乡规划多指标量化、编制科学化和城乡规划可持续发展产生积极的影响。利用倾斜摄影、雷达三维成像等技术,建立三维城市模型,改变城乡规划和建筑设计的表现形式,利用城市空间信息平台建立一个逼真、立体、可交互的虚拟城市环境,可实现城乡规划的全方位、自动化设计理念,创新城乡规划管理技术模式,为人们在真实三维虚拟环境中辅助城乡规划提供了良好的技术条件和拓展空间。无人机遥感技术具有低成本、高分辨率、易操作等优点,将其应用于重点区域的监测,有助于监测土地利用情况，并对其进行合理规划和土地资源管理。利用遥感技术，优化和完善遥感监测系统，提高规划管理的信息化水平，强化规划的实施管控力度，为城乡规划建设决策提供参考和依据。

3.2.1 城乡规划编制信息化要求

城乡建设，规划先行，城乡规划是城乡建设和管理的基本依据。城乡规划编制内容包括省域城镇体系规划、城市规划、镇规划、乡规划和村庄规划等专题规划图纸和详细文本。城市规划、镇规划分为总体规划和详细规划，详细规划又分为控制性详细规划和修建性详细规划。我国城乡规划体系如图 3-1 所示。

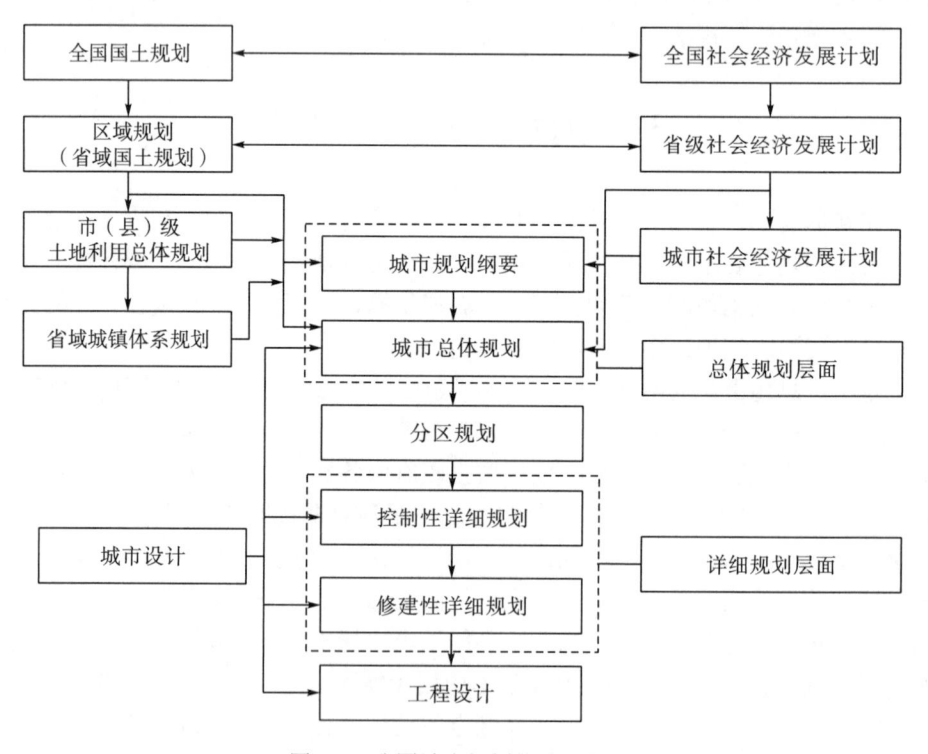

图 3-1 我国城乡规划体系示意图

(1) 城镇体系规划是在一个区域范围内，以区域生产力合理布局和城镇职能分工为依据，确定不同的规模等级和职能分工的城镇分布和发展规划，包括全国、省(自治区)以及跨行政区域的城镇体系规划，市域、县域城镇体系规划在制定城市总体规划时统一安排。

(2) 城市总体规划是对一定时期内城市性质、发展目标、发展规模、土地利用、空间布局以及各项建设的综合部署和实施措施[《城市规划基本术语标准》(GB/T

50280—98)]。总体规划是城乡规划编制工作的第一阶段。总体规划是指城市人民政府依据国民经济和社会发展规划以及当地的自然环境、资源条件、历史情况、现状特点,对一定时期内城市性质、发展目标、发展规模、土地利用、空间布局及各项建设的综合部署与实施措施。编制城市总体规划时,需编制近期建设规划,以确定近期建设目标、内容和实施部署。

(3)分区规划是在城市总体规划的基础上,对局部地区的土地利用、人口分布、公共设施、城市基础设施的配置等方面所做的进一步安排[《城市规划基本术语标准》(GB/T 50280—98)]。

(4)控制性详细规划是以城市总体规划或分区规划为依据,确定建设地区的土地使用性质和使用强度的控制指标、道路和工程管线控制性位置以及空间环境控制的规划要求[《城市规划基本术语标准》(GB/T 50280—98)]。

(5)修建性详细规划是以城市总体规划、分区规划或控制性详细规划为依据,制定用以指导各项建筑和工程设施的设计和施工的规划设计[《城市规划基本术语标准》(GB/T 50280—98)]。

(6)总体规划纲要是确定城市总体规划的重大原则的纲领性文件,是编制城市总体规划的依据。

(7)近期建设规划是指在城市总体规划中,对短期内建设目标、发展布局和主要建设项目的实施所做的安排[《城市规划基本术语标准》(GB/T 50280—98)]。

将信息化手段应用到城乡规划编制管理中,利用计算机技术将传统规划管理中的各种文本以及图纸资料转变为电子介质的形式,结合GIS、BIM以及网络技术实现规划成果空间可视化管理。

1. 遵循"多规合一"综合管理原则

"多规合一",是指利用信息化手段,建立统一的空间规划体系,实现城乡统筹发展的方法和平台。具体内容包括建立"三个一"基本体系:建立统一的空间规划体系"一张图"、建立统一的规划信息管理"一个平台"、建立多部门参与规划的"一个协调机制"。"多规合一"是规划发展的必然趋势。

根据《中华人民共和国城乡规划法》(以下简称《城乡规划法》)规定,城乡规划在"多规合一"中应遵循统一规划目标及统一空间管理机制,城乡规划的编制应当依据国民经济和社会发展规划,并与土地利用总体规划相衔接,加强对数据标准和数据共享机制的研究,协调和衔接各类规划,保障一致性,便于统一管理。

"多规合一"不是再造一张规划蓝图或者规划信息的简单叠加,其目的在于建立统一的空间规划体系,形成管理区域内统一的一张蓝图,让各种规划在这张蓝图上达成共识,真正实现"一张蓝图干到底"。

2. 实现城乡规划编制单位管理

利用信息化技术手段，建立城乡规划编制单位管理平台，实现对城乡规划编制单位、人员资质的管理，实现省、自治区、直辖市城乡规划主管部门依法管理规划编制单位资质；保障和支持具有相应资质等级的规划编制企业或人员依法参与许可的城乡规划编制项目，以满足《城乡规划法》的相关要求。

3. 实现城乡规划编制项目管理

根据《城乡规划法》要求，建立城乡规划编制过程管理平台，对规划编制工作全过程实现信息化管理，支持城乡规划编制项目的电子报批、技术审查管理，实现城乡规划编制过程留痕管理。

4. 实现城乡规划编制成果管理

建立城乡规划编制成果管理平台，规范规划成果数据管理，实现各类规划编制空间数据及最终成果资料的分类、入库、管理和发布，并将成果应用于规划编制和管理全过程，为信息互通、数据处理、空间分析、规划推敲、方案评价等提供数据支撑，实现各类规划成果的衔接，指导规划成果的实施和管理。

通过城乡规划信息化，遵循"多规合一"相关要求，实现对城乡规划编制单位管理、城乡规划编制项目管理及城乡规划编制成果管理，为实现城乡规划建设全省"一盘棋管理"提供基础蓝图。

3.2.2 城乡规划实施信息化要求

随着城市建设规模的不断扩大与建设步伐的加速，城乡规划的实施管理等各项工作日益繁重，涉及的规划业务量和数据量都越来越大，加上公众对规划政务公开、规划服务水平的要求越来越高，以及《中华人民共和国城乡规划法》《中华人民共和国行政许可法》《中华人民共和国政府信息公开条例》的施行，对城乡规划的业务范围、规范性和科学性的要求有了大幅提升。通过对城乡规划实施信息化，可实现城乡规划实施申报、审批的可追溯性。

1. 实现城乡规划实施审批管理

贯彻落实《城乡规划法》的要求，规划实施信息化应尽快完善"一书三证"的规划审批信息系统的建设，实现对项目选址意见书、用地规划许可证、工程规划许可证、乡村建设规划许可证的审批及发证，并实现竣工验收前的规划条件核实。

2. 实现城乡规划实施监督管理

(1) 详细规划监督。实现总体规划与详细规划的对比监督，对用地性质以及交通、通信、能源、供水、排水、防洪等设施的布局进行信息化对比，监督确保详细规划符合总体规划。

(2) 城市建设项目红线控制监督。与工程建设领域项目信息公开工作相结合，实现"一书三证"阶段确定的项目红线范围与城乡规划对比监督，监督建设项目用地位置、用地的面积和范围、用地性质与规划的相符情况。

3. 实现城乡规划实施评估管理

建设城乡规划评估数据库，建立规划实施评估机制，融合城乡规划各类数据，全面开展城市病诊断和规划实施评估工作，评估成果及时向社会发布。

4. 城建档案管理

城建档案包括城市规划建设及其管理工作中形成的应归档保存的文字、图表、声像等各种文件材料，是城市规划、建设及其管理工作的真实记录，是城市建设和发展的重要依据。应根据《城市建设档案管理暂行规定》，加强城市建设档案工作，充分发挥城建档案在城市规划、建设、管理中的作用。

5. "多规合一"成果管理

按照"一张蓝图、一套标准、一个系统、一套制度"的目标，实现各级各类空间性规划在统一数据标准、统一坐标体系基础下，检测规划差异，辅助消除规划矛盾，最终形成动态更新的"多规合一一张图"，实现"多规合一"成果管理。推进空间规划在编制、审查、决策、实施、监督全过程中的智能化服务，为建设项目一站式并联审批提供支撑。通过运用各类信息化资源，利用大数据分析、计算、模拟，挖掘数据价值，为规划编制提供辅助支持，为规划实施提供监测评估，为政府决策提供科学依据。

通过城乡规划实施信息化，健全省域城乡规划实施保障机制，建立空间规划体系，构建省域协同的城乡规划实施管理平台，提升省域城乡规划实施管理协同能力，促进城乡规划建设管理科学化、精细化、规范化。

3.2.3 城乡规划管理信息化要求

城乡规划管理是城乡规划的一项重要工作。常言道"三分规划、七分管理"。随着我国新型城镇化建设与经济的快速发展，城乡规划管理工作内容越来越复杂，要求也越来越高。同时由于城镇规模的快速扩展，各种城市病相继出现，城乡规划管理的难度也越来越大，要求城乡规划管理部门积极采用新方法、新技术加强管理和服务。

1. 城乡规划数据交换

建设省、市、县城乡规划信息互通共享系统，促进相邻城乡规划间的横向协调和相互优化。通过城乡规划数据交换，实现各类数据的汇集，为城乡规划遥感监测、监督执法提供数据基础，为推进城乡规划信息化、精细化管理，强化城市规划数据的综合采集和管理分析奠定基础。

2. 城乡规划监督执法

采用 GPS、RS 等技术增强规划监督检查，实现核查任务省、市、县三级联动，利用省域统一空间信息服务平台及多期遥感影像等，加大规划违法违规行为遥感动态监测覆盖面，对涉及城市总体规划强制性内容等的重点区域进行查处督查。建设规划违法违规行为监测机制，增强规划公示的参与力度，通过省、市、县协同实现所有城乡规划违法行为监测全覆盖，缩短监测周期，提升监测精度，及时发现和纠正问题，强化政府层级监督。

贯彻落实《国家重点专项规划之"十三五"国家信息化规划》（国发〔2016〕73 号）、住房和城乡建设部根据国家"十三五"规划纲要制定的《住房城乡建设事业"十三五"规划纲要》要求，着力打造智慧高效的城市治理，运用时空信息大数据开展智慧化服务，提升城乡规划建设和精细化管理服务水平。

3.3 城乡规划信息化架构

在省域统一平台架构下进行城乡规划编制、城乡规划实施、城乡规划监管的信息化管理平台建设，形成一套完整的监管体系，覆盖城乡规划管理全过程。

省域城乡规划信息化平台的总体架构如图 3-2 所示。

省域城乡规划信息化平台总体架构各部分详细内容如下。

(1) 国家、地方的相关法律法规。例如，《中华人民共和国城乡规划法》《中华人民共和国土地管理法》《中华人民共和国建筑法》《村庄和集镇规划建设管理条例》和地方城乡规划条例等，是平台建设的需求大纲，系统建设必须遵从这些法律法规的要求，而且要随着法律法规的调整及时进行调整升级，以体现最新的管理要求。

(2) 国家、地方的相关政策。例如，《住房城乡建设事业"十三五"规划纲要》（建计〔2016〕141 号）、《城市建成区违法建设专项治理工作五年行动方案》（建规〔2016〕142 号）、《中共中央国务院关于进一步加强城市规划建设管理工作的若干意见》（中发〔2016〕6 号)等，是平台建设的指导意见。

(3) 硬件基础设施。硬件基础设施包括服务器、安全设备、存储设备、无人机、执法仪等，这些硬件设备为平台部署和运行提供物质基础，起到计算、存储、传

第3章 城乡规划信息化

输、保护的作用，没有这些设备，信息平台将是空中楼阁。

(4) 系统软件基础设施。系统软件基础设施包括云平台、GIS 平台、省域统一空间信息服务平台(如各级"天地图"节点)、云存储等，这些软件是让硬件设备运行起来发挥作用的关键。

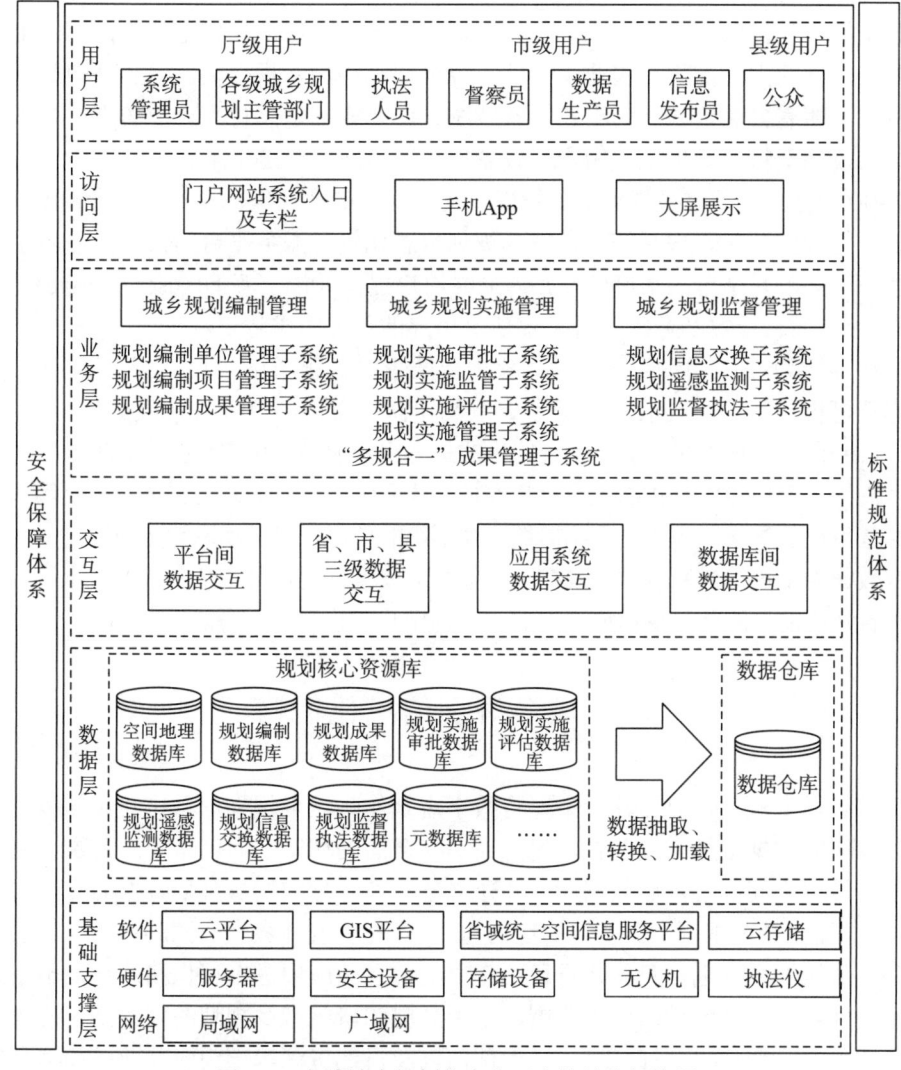

图 3-2 省域城乡规划信息化平台的总体架构图

(5) 网络技术设施。网络技术设施包括局域网、政务网、互联网、专网、3G/4G 无线网等，网络提供了平台运行的通道，种类多样、速度快的网络将使平台有更广的使用范围和场合，尤其是 3G/4G 无线网使得大数据量的空间数据的传输和使用变成可能。

(6)数据资源。数据资源包括空间地理数据、规划编制数据、规划成果数据、规划实施审批数据、规划实施评估数据、规划遥感监测数据、规划信息交换数据、规划监督执法数据等,这些数据资源的收集是后续数据挖掘和建立大数据分析系统的基础。

(7)数据交互。省域城乡规划信息化的构架应满足纵向上实现省、市、县三级数据交换,包括数据的接收、上报和下发;横向上实现从规划主管部门到国土主管部门、林业主管部门、农业主管部门等组织机构的数据交换,建立横向数据交换机制。随着自然资源部的组建、省域统一城乡规划信息化平台的建立,各省、市、县规划资料逐渐积累,为全国城乡规划数据汇集奠定了基础。

(8)业务应用。城乡规划编制管理、城乡规划审批管理、城乡规划监督管理以及统一管理的后台管理系统,是城乡规划信息化管理服务平台的核心业务应用,这些应用功能是平台的最终体现,为最终用户提供前端交互UI(user interface,用户界面)、后台计算和分析服务,实现了用户的业务需求逻辑。

(9)展现方式。将城乡规划信息化平台产生的专题产品、执法信息、统计信息等进行可视化展示,展示方式覆盖Web浏览器、微信、手机App及展厅巨幕。

(10)最终用户。建立信息平台的目的是为用户服务,用户包括省、市、县三级城乡规划主管部门以及执法人员、督察员、数据生产员、信息发布员及公众等,有了这些用户的参与,才能为系统提供绵绵不绝的信息来源,动态地更新数据,同时已有数据为用户提供服务才能发挥出价值,形成良性的循环。从本质意义上讲,信息平台建立的目的就是要抓住用户的心,为用户提供贴心服务。

3.4 城乡规划信息化策略

省域城乡规划信息化建设主要将数字规划作为城乡规划信息化建设的基础,将多源空间数据进行有效整合,建立并完善全面的城镇空间信息资源目录,充实和丰富城镇空间信息基础数据库,并建立省、市、县的城乡规划数据的交换与共享体制,促进城乡规划数据资源的运用与共享,充分发挥数据资源的作用和价值。此外,省域城乡规划信息化建设还要将空间信息的应用进行深化和改革,不断拓展和延伸城乡规划的动态监测范围,不断开展和研究城乡规划的大数据,协同发展和改革委员会(简称发改委)、环保部门以及自然资源等部门建立业务和信息的联动机制,使城乡规划的空间管理控制能力和水平得到提升。逐步实现规划引领,优化空间布局和形态,彻底解决经济社会发展规划、城乡规划和土地规划之间的矛盾,改革审批体制、简政放权、提升决策水平,推进新型城镇化和落实全面深化改革。

3.4.1 城乡规划编制信息化策略

1. 目标分析

省域城乡规划编制信息化成果供省、市、县各级城乡主管部门使用，用于各级城乡规划主管部门对本级城镇体系规划、城市规划、镇规划、乡规划和村庄规划工作进行项目式管理，对规划编制工作的立项、委托编制单位信息、编制进度、编制成果提交情况、本级政府审查情况等重要过程信息进行管理。要实现城乡规划编制可控可追溯的过程化管理及城乡规划成果管理。

1) 实现城乡规划编制单位管理

实现对城乡规划编制企业资质及人员资格管理，保障具有相应资质的规划编制企业或人员参与编制项目。

2) 实现城乡规划编制项目管理

实现符合省、市、县三级规划信息化审查体系的规划成果报批管理，支持各级城乡规划主管部门在本级政府委托下，对本级城镇体系规划、城市规划、镇规划、乡规划和村庄规划等工作进行项目式管理。

3) 实现城乡规划编制成果管理

(1) 实现城乡规划编制成果管理。制定省、市、县三级的城乡规划成果图件入库标准，依托省域统一空间信息服务平台(如各级"天地图"节点)作为基础空间信息，将规划编制审查中已通过审查的城乡规划成果入库，同时通过网络化规划成果汇交管理系统汇集各级主管部门对本地的修建性详细规划、其他规划资料，构成从总到分的成果体系，覆盖从全省到各乡镇的规划成果库，形成一套省、市、县三级的规划成果收集、汇总、展示和利用的机制，实现资源共享，提高资源使用率，避免重复建设，对全省城乡规划管理提供宏观支持，为省域城乡规划建设监督监测提供依据和参考。

(2) 实现城乡规划成果公开。根据《城乡规划法》，城乡规划报送审批前，组织编制机关应当依法将城乡规划草案予以公告，并采取论证会、听证会或者其他方式征求专家和公众的意见。规划编制结束后，城乡规划组织编制机关应当及时公布依法批准的城乡规划。建立城乡规划成果公开系统，让公众了解城乡规划成果相关信息，体现阳光政务的特点。

4) 实现"多规合一"综合管理

在开展"多规合一"信息平台项目的建设中，目的是解决当前多规成果之间存在的冲突和矛盾，核心是建立多部门在规划编制过程中的协同和规划实施管控中的联动,以保证"多规合一"是一个持续的、不断提高的过程。总体而言,在整个"多规合一"工作的过程中,"多规合一"信息平台都需要提供相应的应用支撑,但是核心是要尊重当前各部门在规划编制设计和行政审批的既有业务体系和管理制度。按照"发展目标、用地指标、空间坐标"相一致的要求,形成城乡统筹、全域覆盖、要素叠加的一本规划、一张蓝图,与多部门进行协作实现省域国土、规划、发改、环保等多部门规划成果的统一管理、深度分析和全面融合,实现信息共享、蓝图编制、辅助决策,实现项目协调审批,为提高行政服务效能奠定空间数据基础。

2. 业务分析

通过信息化技术,对城乡规划编制包含的城乡规划编制单位管理、编制项目管理、编制成果管理等各个环节进行信息化管理,为"多规合一"提供有力支撑。

1)城乡规划编制单位管理

对城乡规划编制单位及人员资质进行管理,将资质与规划编制项目相关联,确保具有相应资质的规划编制企业或人员才能参与编制任务。

(1)规划编制企业资质管理。对规划编制从业企业的资质申报、资质升级、资质延续、变更申请、资料备案、证书增补、资质注销等事项进行行政审批管理。

(2)规划编制人员资质管理。对规划编制从业人员的资质申报、资质升级、资质注销等事项进行行政审批管理。

2)城乡规划编制项目管理

根据《城乡规划法》,在城乡规划业务管理工作中,省、市、县各级人民政府均开展各自承担的规划编制和审批工作:省、自治区人民政府负责组织编制省域城镇体系规划,报国务院审批;城市人民政府组织编制城市总体规划,由各市级人民政府报省人民政府审批;各县人民政府组织编制县人民政府所在地镇的总体规划,报上一级人民政府审批;其他镇的总体规划由镇人民政府组织编制,报上一级人民政府审批;市、县人民政府城乡规划主管部门和镇人民政府可以组织编制重要地块的修建性详细规划;乡、镇人民政府组织编制乡规划、村庄规划,报上一级人民政府审批。城乡规划编制项目管理,应针对各级政府规划编制和审批工作的需要,对城乡规划编制项目实行流程化管理,保障编制过程依法依规进行,确保编制审查过程可追溯。

3)城乡规划编制成果管理

各级规划主管部门通过城乡编制工作积累了一系列城乡规划成果,需要建立省、市、县三级的规划成果收集、汇总、展示和利用机制,将城乡规划成果进行系统的组织、收集和信息化存储,充分利用 MIS 和 GIS 相结合的技术手段,将城乡规划成果中的文本说明资料与规划成果图库关联起来，形成一套从总到分、覆盖从全省到各乡镇的规划成果的图文成果平台，对省域城乡规划管理和监督提供数据基础。

4) 实现"多规合一"管理审批

遵循"多规合一"是解决城市规划、土地规划、发改规划、环境保护等在城乡空间规划建设与保护方面冲突的有力手段。根据《关于开展〈"多规合一"信息平台技术标准〉工程建设行业标准制订工作的函》（建标函〔2017〕231号），以及2018年12月12日住房和城乡建设部城乡规划管理中心等单位发布的行业标准《"多规合一"业务协同平台技术标准（征求意见稿）》，通过多方合作运用信息技术手段一次性解决历史遗留问题，整理出以控制线为标志的"多规合一"成果。建立信息共享交换平台，及时交换项目审批相关信息，避免产生新的冲突。有条件的城市还需要配合行政审批改革，构建以建设项目审批管理为核心、跨部门的多规综合审批系统。

3. 用户分析

省域城乡规划编制信息化成果应主要为三类用户提供服务。

(1) 主管部门。省、市、县三级城乡规划主管部门使用，对本级城镇体系规划、城市规划、镇规划、乡规划和村庄规划工作进行项目式管理，对城乡规划编制工作的立项、委托编制单位信息、编制进度、编制成果提交情况、本级政府审查情况等重要过程信息进行管理。

(2) 规划编制单位。规划编制单位进行各类规划的项目填报，包括规划编制工作的立项、委托编制单位信息、编制进度、编制成果，查看本级及上级城乡规划主管部门的审查意见。

(3) 公众。公众可通过网站、公众号等多种方式查看城乡规划编制成果。

3.4.2 城乡规划实施信息化策略

1. 目标分析

在建立省、市、县三级规划成果管理机制的基础上，结合计算机电子审批技术，实现省域城乡规划图文一体化分级审批，以及省域城乡规划实施监督检查，统筹整合全省各类城乡规划数据，完善城乡规划信息数据库和协同管理流程，理顺城乡规划管理体制和工作机制，推动规划审批"放、管、服"改革，实现管理、审批和监督全过程的动态跟踪和实时监控，提高城乡规划行政管理效率和水平。

(1) 城乡规划实施审批管理。实现对建设工程项目选址意见书、用地规划许可证、工程规划许可证、乡村建设规划许可证的图文一体化审批，利用 GIS 技术、空间数据管理技术等支持规划红线图形化审批，通过审批的项目红线图图斑应自动进入规划成果管理空间数据库，形成工程项目级别的微观红线规划图库，与城市总规等宏观规划成果共同作为城乡规划监督监测的基础和依据。

（2）城乡规划实施监督管理。实现对详细规划监督、城市违法建筑监督、城市建设项目红线控制监督，及时发现建设项目中发生的土地使用违规现象。

（3）城乡规划实施评估管理。对各类规划数据进行规范处理和融合，建立规划实施评估模型，融合城乡规划、城市变化遥感监测、规划许可、城市建设统计等多类数据，全面开展城市病诊断和规划实施评估工作，评估成果及时向社会发布。

（4）城建档案管理。遵循城建档案收、管、用的相关管理过程规定，以"成果接收、成果利用服务"两个核心业务流程为中心，采用基于分级权限管理的规范化管理过程，保证成果全面、及时、合格地汇交、审查、入库和利用，实现以规范化过程保证成果合格和规范利用的目标。

（5）"多规合一"成果管理。建立统一的空间规划体系"一张图"，建立统一的规划信息管理"一个平台"，建立多部门参与规划的"一套协调机制"，促进管理、服务和决策优化。

2. 业务分析

1）规划实施审批管理

规划实施审批管理主要用于工程建设项目的规划审批。支持建设单位向本级省、市、县主管部门基于网络完成项目选址意见书、用地规划许可证、工程规划许可证、乡村建设规划许可证的办理申请。省、市、县主管部门按照属地化管理原则，根据依法审批的城乡规划，对各建设项目拟选地址进行审核，确定建设用地面积和范围，提出土地使用规划要求，以及对各类建设工程进行组织、控制、引导和协调，对工程项目的项目选址意见书、用地规划许可证、工程规划许可证、乡村建设规划许可证进行审批及发证。"一书三证"业务流程如图3-3所示。

规划实施审批管理信息化应支持"一书三证"申领、审批、发放管理的规范化，建立"一书三证"电子台账的信息化管理，支撑证书资料的查询、统计。

在"一书三证"的审查过程中，支持主管部门利用用地红线坐标点生成建设项目红线图，并支持调用规划成果库中的相应区域的规划专题图、修建性详细规划、已有其他项目红线范围、基础地形图等空间信息作为底图，通过对比对建设项目用地位置、用地的面积和范围、用地性质进行审查，及时发现可能存在的用地违规现象，确保待审的红线范围符合修建性详细规划的要求、与已经审批的项目红线不发生冲突，符合当地已有建筑、道路的要求。辅助主管部门进行红线范围的审批。审批通过后的项目红线应进入规划成果库。

2) 规划实施监督管理

规划实施监督管理是为了确保规划成果符合规划技术条件，建设成果符合规划成果。规划实施监督管理信息化应充分利用二维和三维可视化技术、GIS 技术、BIM 技术等综合技术，实现规划方案的可视化导入和展示，为规划方案审批提供支持，为规划条件核实和监督提供详细参考。采用三维可视化技术，支持各省、市、县三级城乡规划主管部门对建设方案进行更加直观的评审，更好地支持对建设项目详细规划指标进行严格管理，包括建设项目的建设位置（如具体的控制坐标和标高）和技术条件，对建筑物的密度、层数、体型、立面、色调、风格以及同环境的协调关系等进行审查。在项目竣工验收阶段应支持对规划条件进行核实以确保各个项目符合规划指标。

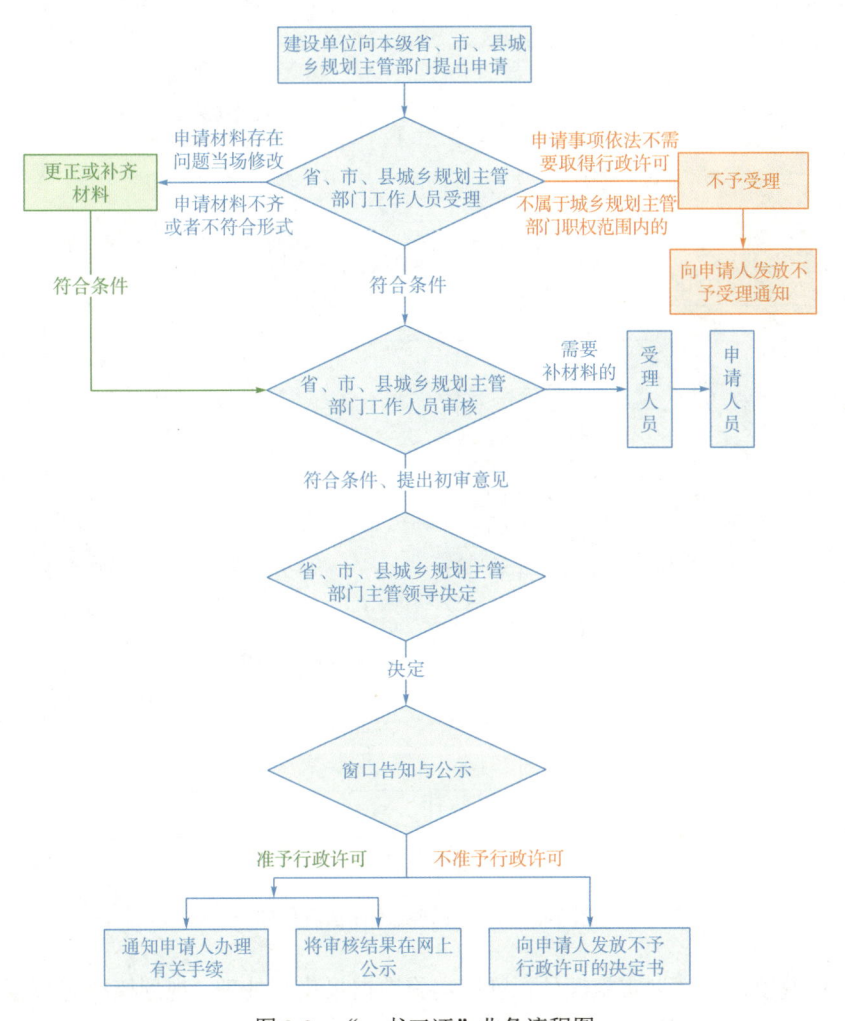

图 3-3 "一书三证"业务流程图

3)规划实施评估管理

规划实施评估信息化是基于大数据等技术对各类规划数据,如城镇体系规划、城市总体规划、核心管理要素、新城新区规划建设情况等,进行规范处理和融合,建立规划评估模型,支撑对规划实施评估分析以及专题数据采集统计分析。城乡规划实施评估流程如图3-4所示。

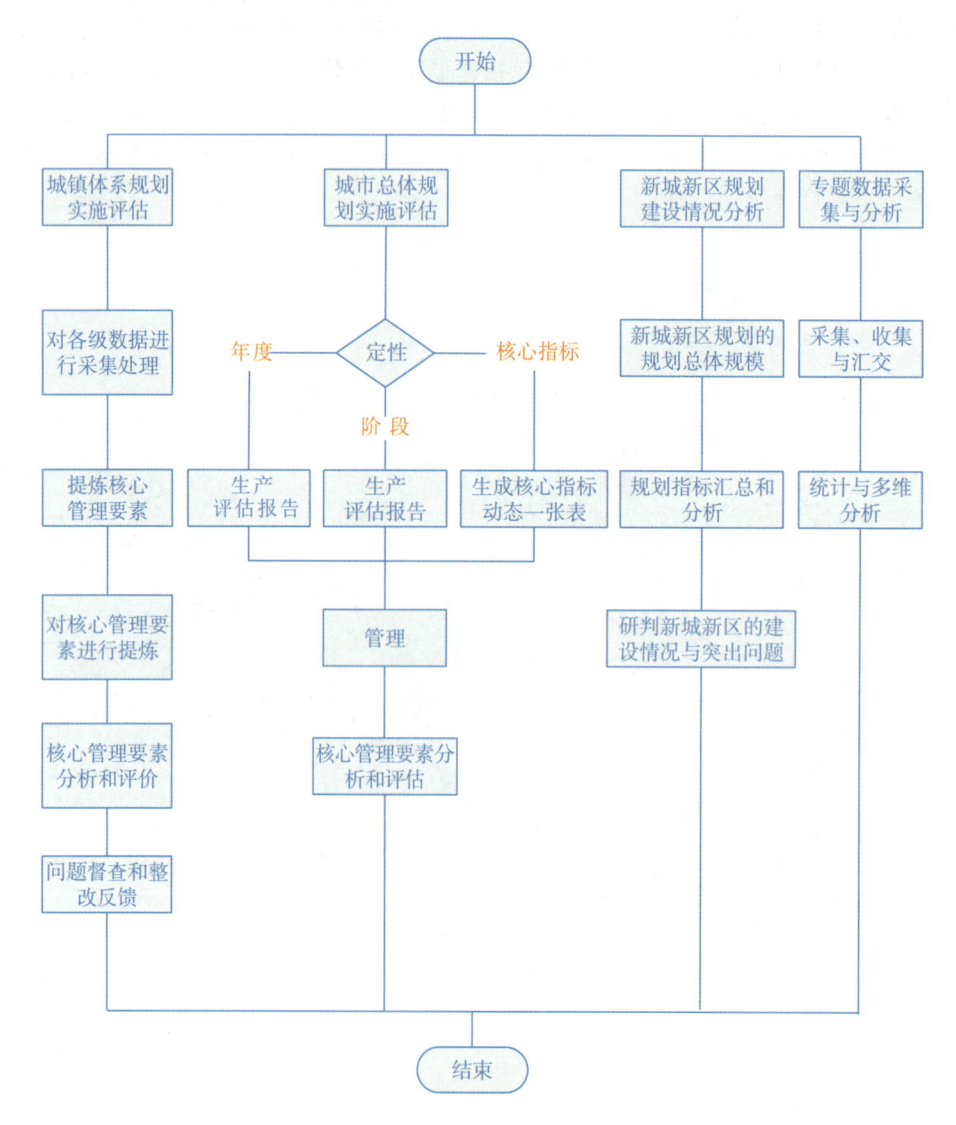

图3-4 城乡规划实施评估流程图

(1)城镇体系规划实施评估:包括实施数据采集与处理、规划核心管理要素分析和评价、问题督查和整改反馈等。

(2)城市总体规划实施评估：包括年度评估报告管理、阶段评估报告管理、核心指标动态一张表管理以及核心管理要素分析和评估。

(3)新城新区规划建设情况分析：包括对新城新区规划的总体规模、规划指标进行汇总和分析，研判新城新区的建设情况与突出问题。

(4)专题数据采集与分析：包括采集、收集与汇交模块，以及统计与多维分析。

4)城建档案管理

根据城市建设档案管理规定，在城市规划区范围内进行建设的各机关、部队、院校、团体、企事业单位等都应按照规定管理好本单位形成的城建档案，并按规定向所在市的城建档案馆(室)报送城建档案。各建设、设计、施工单位和各主管部门必须根据国家的有关规定，做好竣工图的编制、收集、整理工作。

城建档案包括城市基础、规划审批、征地拆迁、建设管理、市政设施、水文地质、建设科研、风景园林、历史名胜等内容，涵盖了城市建设发展的方方面面，反映了城市建设发展的整体水平和经济发展趋势。城建档案是城乡规划建设和管理的一项基础性工作，是相关主管部门依法实施行政管理、行政许可、市场监管和执法监督的重要依据，也是工程建设、运营管理、养护维修等工作的重要依据。城建档案馆在进行社会管理、提供公共服务、保障城市生产生活秩序、维护城市安全、应对城市突发事件及反恐等工作中发挥重要作用。

加强城建档案资源数字化建设，将扫描仪、识别仪和数字仪等硬件建设和数据库开发软件建设结合起来，建立高速入库系统；并对馆藏档案进行分类组合，实现城建档案目录信息的数字化及档案专题信息的采集与建库，大大降低纸质档案破坏率，提高档案的利用效率，有效提升城建档案整理工作的质量。城建档案网络化、数字化、信息化也使资源共享将成为必然。

5)"多规合一"成果管理

对"多规合一"成果进行可视化管理，实现在统一空间信息平台基础上，对多规成果数据(控制线、用地图、差异图斑等)、部门规划数据(发改专题数据、住建专题数据、国土专题数据、环保专题数据等)、建设项目数据(重点建设项目、规划实施数据、国土审批数据等)与基础框架数据(地形图、影像图、行政区划图)进行统一管理，作为城乡规划编制的信息参考。

3. 用户分析

省域城乡规划实施信息化成果应主要为两种类型用户提供服务。

(1)主管部门。省、市、县主管部门对建设单位提交的工程项目选址意见书、用地规划许可证、工程规划许可证、乡村建设规划许可证进行审批及发证，并实现城乡规划实施全过程的监管，实现"多规合一"成果的可视化管理和利用。

(2)建设单位。建设单位向本级省、市、县主管部门提交项目选址意见书、用地规划许可证、工程规划许可证、乡村建设规划许可证的办理申请。

3.4.3 城乡规划监管信息化策略

1. 目标分析

将 GIS、RS 运用到城乡规划监管中，实现 RS 效能的最大化，形成多源、多时相遥感数据的快速预处理能力，搭建规划管理"市场主体一张图、监管信息一张网、任务管理一条线、风险防控一道门"的信息平台，实现"人在干、天在看、云在算"，强化规划成果在规划建设管理中的图形化应用，加强住房城乡建设常态化监测，辅助违章建筑清查、管理与应急决策，促进城乡规划可持续发展。

1) 城乡规划信息交换

实现城乡规划数据共享，打通信息壁垒，推动政务信息资源共享。纵向实现省、市、县三级数据交换，包括数据的接收、上报和下发。随着自然资源部的组建，各部门监管职能进行了整合，将更加有利于逐步实现横向数据交换，支持城乡规划主管部门与国土主管部门、林业主管部门、农业主管部门等部门间的数据交换和共享。

2) 城乡规划遥感监测

建设规划违法行为监测机制，加大规划违法行为遥感动态监测覆盖面，通过省、市、县三级协同实现所有城乡规划违法行为监测全覆盖，缩短监测周期，提升监测精度，及时发现和纠正问题，强化政府层级监督。对违法建筑的督察监测，既是政府的政务目标，也是应对当下社会公平环境问题的重大举措，一方面扼杀腐败现象的滋生，体现廉政治理的政策方针；另一方面提高政府为人民服务的形象，为全社会实现公平环境打下坚实的基础。

3) 城乡规划监督执法

(1)监督执法。住房和城乡建设部根据国家"十三五"规划纲要制定《住房城乡建设事业"十三五"规划纲要》，明确提出要健全我国规划实施保障机制，建立权责清晰的城乡规划事权，要大力治理违法违规建设，坚持疏堵结合、拆改结合、拆控并举，积极开展违法违规建设专项治理行动。建立监督执法系统，帮助执法部门明晰违章建筑工期、详细地点、施工范围，快速反馈处置时间、地点、结果等执法信息，增加执法效率。各级城乡规划主管部门具有指导、监督本地区违法违规建设查处的职责。

(2)公众监督。完善公众参与违章建筑的举报及信息反馈的途径,让公众参与违章建筑监测,反馈违章建筑、违法用地、占地经营等问题,依托市民监督,可以避免卫星遥感的视觉盲区。同时,根据反馈问题市民的数量,可以辅助判断违章严重程度,为后续的加大监察力度、及时执法提供有效依据。

通过城乡规划监管信息化,充分应用卫星遥感、低空遥感、云计算、GIS 和 GPS 等信息技术,可以重点解决制止和查处违法违规建设,推动城乡规划有效实施,维护城乡建设秩序,提高城乡人居环境质量,为违法违规建设综合治理工作提供有力的法治保障依据,提高城乡违法违规建设综合治理的效率和质量。

2. 业务分析

随着我国国民经济的持续快速发展,城市化进程不断加快,城乡设施建设不断增加,带来的是违法违规建筑的数量和规模的增长,这种现象既破坏城乡规划和城乡景观,又影响城乡形象和居民生活,既是群众关注的热点问题,又是城乡管理的难点问题,更是影响社会和谐的负面因素之一。规划主管部门需要针对不同情形的违法违规建筑制定相应的治理措施,并通过一系列管理措施对城乡规划进行监管。

1)城乡规划信息交换

省域范围内各级主管部门通过规划编制、规划实施等工作产生的规划信息是城乡规划监管的依据,城乡规划监管的基础是规划信息汇集和共享。省域内应建立城乡规划信息交换信息化体系,支持同级跨部门横向数据交换共享以及省、市、县纵向数据交换共享。

(1)横向数据交换。随着自然资源部的组建,横向数据交换的壁垒会进一步消除,有助于实现城乡规划主管部门、国土主管部门、林业主管部门、农业主管部门等部门间的数据交换,以国土资源调查、房产监测、精准农业、林业遥感等遥感政务应用为基础建立横向数据交换机制,包括土地利用动态遥感监测资源、土地确权信息、地质调查与资源勘查、遥感数据包资源、保障房监测信息以及其他遥感政务应用资源。

(2)纵向数据交换。实现省、市、县三级数据交换,包括数据的接收、上报和下发。支持各级规划主管部门逐级上报、汇总各市县区域的各类规划成果、规划许可信息、城市总体规划实施评估成果等,形成省域城镇体系规划成果库、省域规划审批成果、省域城镇体系规划实施评估成果等。支持省、市、县三级主管部门之间,上级主管部门向下级主管部门分发规划遥感核查和督查任务、专题数据采集要求,下级主管部门向上级主管部门逐级上报、汇总城乡规划遥感核查结果、专题数据采集成果,形成全省核查成果库。

2）城乡规划遥感监测

利用遥感技术手段，整合多源遥感数据，基于多期遥感影像的变化图斑识别快速提取违章建设信息，支持省、市、县核查任务三级联动，实现对涉强图斑、重点图斑的查处督查，为城市违章监察提供参考。城乡规划遥感监测技术流程如图 3-5 所示，从技术手段上实现以下两个业务工作。

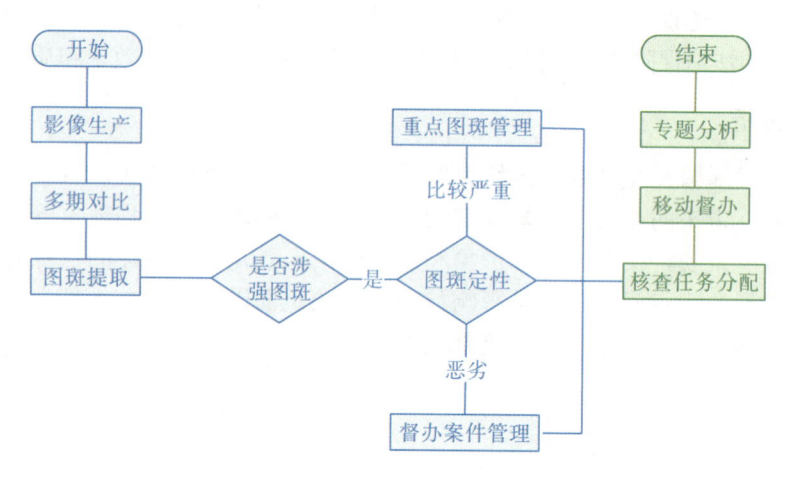

图 3-5　城乡规划遥感监测技术流程图

"一查"：利用卫星遥感、无人机等覆盖全面、时效性高等特点，结合高精度地址匹配技术、自动变化监测技术等手段发现疑似新增建设行为，为进一步跟踪确认查处违法违规建筑奠定基础。利用不同分辨率的遥感影像，实现多尺度城乡规划遥感监管。

"二认"：根据遥感影像监测到的疑似新增建筑图斑，结合空间规划数据监测、比对规划资料，并进行大数据时空关联核实后，认定为疑似违法违规建筑行为。在此过程中，尽可能减少人工干预量，融合规划管理信息（土地利用、规划许可、竣工图等）与综合地理信息[高分辨率影像、道路、建筑物、地名 POI（point of information，信息点）等]的大数据时空关联的核查工作方法，排除符合规划的城市建设。

图斑的提取依赖一系列遥感影像处理操作。对于这些遥感影像的处理，需要提供基于云计算技术的云工作台。云工作台中含有计算资源、存储资源、软件资源、数据包资源，可供数据生产人员在各级主管部门局域网任何时间、任何地点接入其工作界面，进行遥感影像处理工作和图斑的提取工作。遥感影像图斑提取流程如图 3-6 所示。

第3章 城乡规划信息化

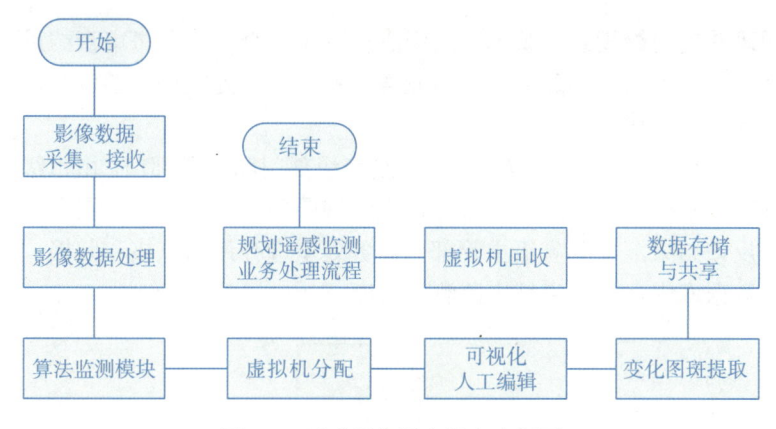

图 3-6 遥感影像图斑提取流程图

3) 城乡规划监督执法

省、市、县三级城乡规划主管部门联动监督执法过程如图 3-7 所示。

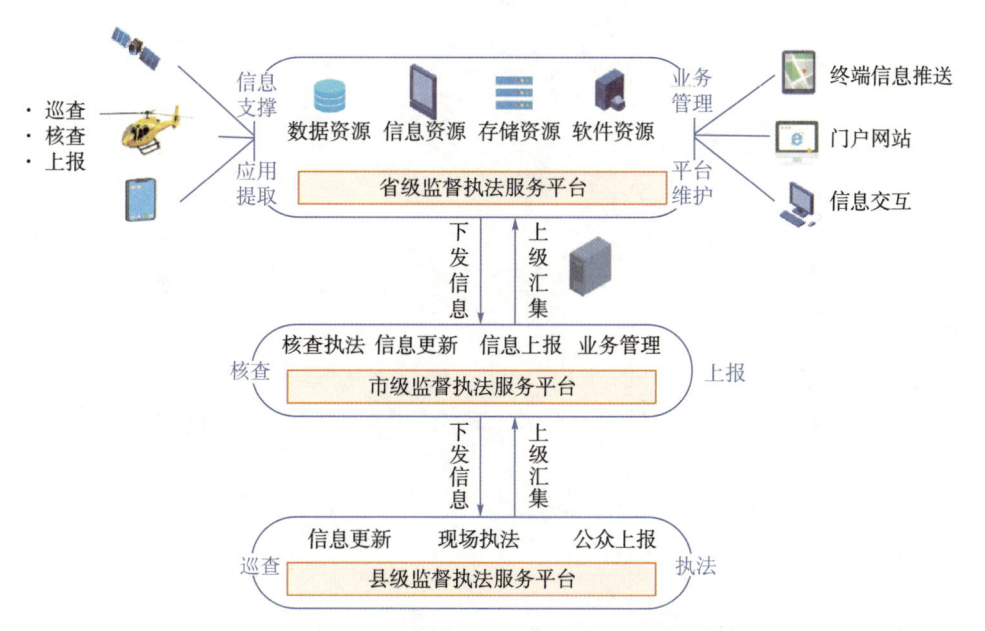

图 3-7 省、市、县三级城乡规划主管部门联动监督执法过程图

城乡规划主管部门监督执法流程如图 3-8 所示，具体流程如下。

(1) 省级规划主管部门组织建立并维护省域规划成果数据库，包括规划成果数据库、政策法规数据库、遥感影像数据库，通过与有关测绘或数据供应单位的合作，定期更新省域内遥感影像。

(2) 省级规划主管部门成立或委托数据生产团队定期基于省域规划成果库，生成疑似图斑并提交给规划主管部门组织进行图斑审查,将图斑审查结果包括疑似图斑审查、图斑说明、图斑分类交由业务处室,业务处室进行图斑筛选、图斑审核和图斑签发等工作。

(3)经审核、签发后的督察任务下放给市级部门和县级部门,由市级部门和县级部门核查后进行反馈,反馈结果包括未违规图斑、违规已处理图斑、违规未处理图斑,反馈结果汇集到省级主管部门业务处室进行最后审核和归档,并保存在监测成果数据库中,形成省域内监测成果库。

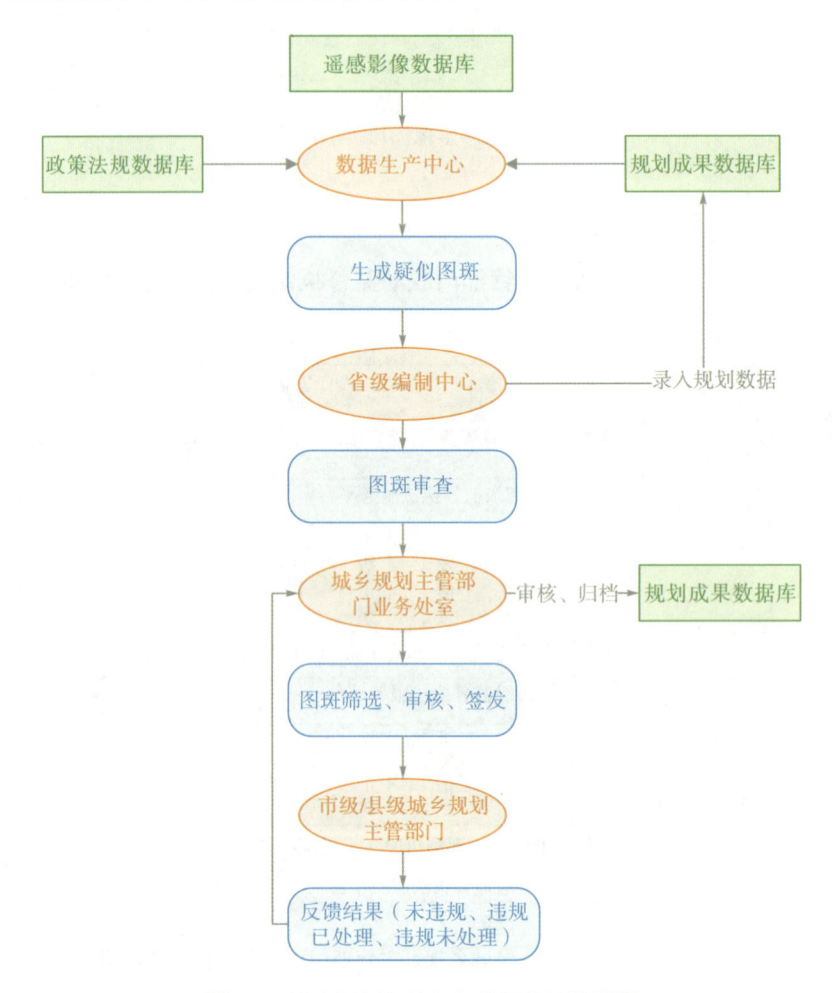

图 3-8　城乡规划主管部门监督执法流程图

3. 用户分析

省域城乡规划监管信息化成果应主要为两种类型用户提供服务。

1) 主管部门

支持各级城乡规划主管部门、执法人员、督察员、数据生产员、信息发布员进行建设项目的信息交换、监督检查、执法监察。

(1) 市级部门收集各县级单位执法情况，并进行监督管理。

(2) 各基层执法部门进行监督管理，对发现的违章建筑进行巡检处理。

2) 公众

公众参与违章建筑的举报及信息反馈。

3.5 城乡规划信息化实践

近年来，四川省从省住建厅到各级规划管理部门开展了一系列城乡规划信息化实践，省住建厅以规划编制资质管理为切入口取得了信息化成果，并在全省规划监管方面开展了总体设计，各市州根据规划管理特点开展了规划实施管理系统、规划成果管理系统、城建档案管理系统等方面的建设。随着四川省自然资源厅的组建以及全省"多规合一"工作的进一步深化，四川省城乡规划信息化成果将由点成面，逐步形成覆盖全省范围的一体化省域城乡规划信息化体系。

3.5.1 城乡规划编制信息化实践

1. 省级城乡规划编制信息化实践

省级住房城乡建设主管部门以城乡规划编制资质管理为切入口取得了信息化成果，并面向省、市、县三级城乡规划主管部门，规划设计了全省城乡规划人员资质管理、城乡规划成果审批系统、总规技术审查系统，为该项工作的进一步开展提供参考。

1) 规划编制企业资质管理

省级城乡规划主管部门建立了城乡规划编制企业资质管理，实现了规划编制企业资质审批的流程化管理，对规划编制从业企业的资质申报、资质升级、资质延续、变更申请、资料备案、证书增补、资质注销等事项进行行政审批管理。规划编制企业资质申报界面如图3-9所示。

2) 规划编制人员资质管理

省级城乡规划主管部门建立了对规划编制从业人员的资质申报、资质升级、资质注销等事项进行行政审批的管理系统。

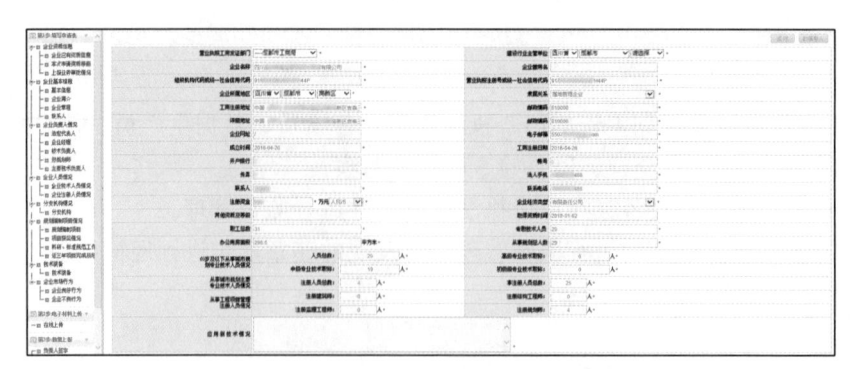

图 3-9 规划编制企业资质申报界面

3）城乡规划成果审批系统

省级城乡规划主管部门建立了城乡规划成果审批管理系统，包括网上填报、业务接收和资料接收、组织评审、公示、通告、批复、发布、资料归档等业务流程。

(1) 网上填报。市级政府在网上提交城市总体规划审批申请，填写包括上报的单位、时间，上报文件清单，规划编制单位等。

(2) 业务接件和资料接收。省级城乡规划主管部门对市级政府上报的资料进行接件，并对市级政府提交的资料进行清点，确保符合审批的内容形式要求。

(3) 组织评审。省级城乡规划主管部门组织相关单位、专家对市级总体规划进行评审后，记录评审专家组的参加单位、专家以及评审会意见。

(4) 公示。将符合公示要求的总体规划图以及相关文本说明通过接口共享给"省城乡规划成果信息公开系统"，依托省级城乡规划主管部门网站进行公示。

(5) 通告。将评审意见通报给上报城市。

(6) 批复。按照省政府批复的统一格式，生成对城市总体规划的批复文件并打印。

(7) 发布。将通过评审的总体规划图以及相关文本说明通过接口共享给省城乡规划成果信息公开系统，依托省级城乡规划主管部门网站进行公布。

(8) 资料归档。将通过评审的总体规划图以及相关文本说明在系统中进行归档，并通过接口共享给城乡规划成果管理系统，由城乡规划成果管理系统对已归档的总体规划图及相关文本说明进行格式转换，纳入城乡规划成果图库中。

4）总规技术审查系统

规范城市总体规划成果电子申报的数据标准和工作流程，提高总规审批效率和成果精细化管理水平。省级城乡规划主管部门建立了以下功能模块。

(1) 规划成果规划性辅助审查功能。该功能包括规划性标准库、规划成果接收、规划成果规划性辅助审核、规划性辅助审查结果下发等子模块。

(2)中心城区建设用地规模辅助审核功能。该功能包括规范性标准信息管理、中心城区建设用地数据接收、中心建设用地规模辅助审查、规范性辅助审查结果下发等子模块。

(3)修改意见落实情况辅助审核功能。该功能主要对总规成果的意见落实情况进行辅助审核。

(4)审查报告辅助生成功能。该功能主要为辅助审查总规成果审核报告。

(5)总规成果管理功能。该功能主要对提交汇总的总规成果进行管理,提供多维度查询、统计、调阅功能。

2. 市级城乡规划编制信息化实践

在省域城乡规划编制信息化成果基础上,部分经济基础较好且个性化业务需求强烈的市州在城乡规划编制信息化方面进行了市级的探索和建设,以成都市作为典型代表进行说明。

2017年9月,住房和城乡建设部下发《住房和城乡建设部关于城市总体规划编制试点指导意见》,成都市作为新一版城市总体规划编制试点,在新一版城市总体规划编制的同时,要同步完成"多规合一"空间规划信息平台建设。

(1)成都市建立了成都市规划成果管理系统,利用计算机信息化技术管理成都市规划及基础地理信息等成果,实现全市规划成果收集汇交、入库检查、分发服务和提供利用的数字化管理。全市(包括全市组织成果生产和编制的局相关部门和单位、分局和区县规划部门)实现了通过网络完成规划及基础地理信息成果在线汇交、统计信息化管理;建立了权限分级管理机制,进一步加强了全市规划及基础地理信息等成果收、管、用业务管理工作规范化管理以及涉密资料的相关审批管理;实现了规划及基础地理信息电子成果与实体成果存储的对应管理,实现了电子成果的快速查询和在线调阅,提高了规划成果服务工作效率。

(2)成都市印发了《数字成都地理信息公共平台政务电子地图数据规范(试行)》(成规管〔2013〕375号)、《数字成都地理信息公共平台公众电子地图数据规范(试行)》(成规管〔2013〕376号)、《数字成都地理信息公共平台服务接口技术导则(试行)》(成规管〔2014〕64号)、《数字成都地理信息公共平台目录服务技术导则(试行)》(成规管〔2014〕65号)、《数字成都地理信息公共平台元数据及服务接口技术导则(试行)》(成规管〔2014〕66号)等,建立了数字成都地理信息公共平台。

成都市还建立了利用规划竣工测量成果、高分辨率遥感影像成果和1:2000数字线划图成果更新电子地图的工作机制,以确保地理信息公共平台数据以及电子地图得以持续更新和维护。利用数据动态管理全市近400条公交线路、12000多台公交车;准确定位、"以图管房",对业主房屋产权变动等情况进行动态监测。目前,成都市规划、国土、房管、公安、农委、教育、公交、地铁等近20个部门及单位已通过平台开展数据共享和应用,并在城乡规划、城市建设、防灾减灾、应急管理等方面开始发挥着重要作用。同时，成都市各部门也已在平台上发布规划、房屋、地址、地名、公交、地铁等相关专业管理信息。

数字成都地理信息公共平台作为城乡规划成果的发布、查询平台，是建立数字成都以及智慧成都的重要基础平台，实现了"地理信息+政务"，对于现代化、信息化管理服务水平和城市治理能力的提升有着重要作用。数字成都地理信息公共平台首页如图3-10所示。

图3-10　数字成都地理信息公共平台首页

（3）成都市建立了数字成都·目录管理系统，实现对现状、规划、审批数据的图文一体化数据管理，基于统一平台完成数据成果入库、查阅、分发、下载功能，提高图文一体化关联搜索程度和准确度，进一步优化地图服务目录管理灵活程度以及地图浏览便捷程度，实现了各类数据资源的集中展示、统计和查询，为规划的各业务管理和决策提供完善、权威的数据目录查询和数据利用渠道，进一步提高对内服务水平；通过将数据存储磁盘台账、数据转换工具台账纳入系统统一管理，实现数据资产统计管理，形成了一套完整的数据资源管理平台，为全市的数

第 3 章 城乡规划信息化

据资源管理工作提供支撑，提升了数据管控能力，提高了规划管理决策的科学性与效率，强化了成都市规划主管部门的对内管理和对外服务水平。

①数字成都·目录管理系统包括成果数据目录、综合查询、数据标准、工作动态、政策法规、最新发布、数据服务等功能，系统首页如图 3-11 所示。

图 3-11　数字成都·目录管理系统首页

②支持图文联动查询。管理人员可通过查询关键字或查看专题地图分布图查阅相应数据，并支持查看关联信息，包括规划元数据、规划地图、规划属性信息等。图文联动查询界面如图 3-12 所示。

图 3-12　图文联动查询界面

③支持资源统计。管理人员可实时查询各类现状、规划和审批数据的数据资源大小与数量，摸清家底，便于管控。

④支持专题统计。管理人员可实时查询各类专题图的数据量、覆盖范围统计情况。专题统计图界面如图 3-13 所示。

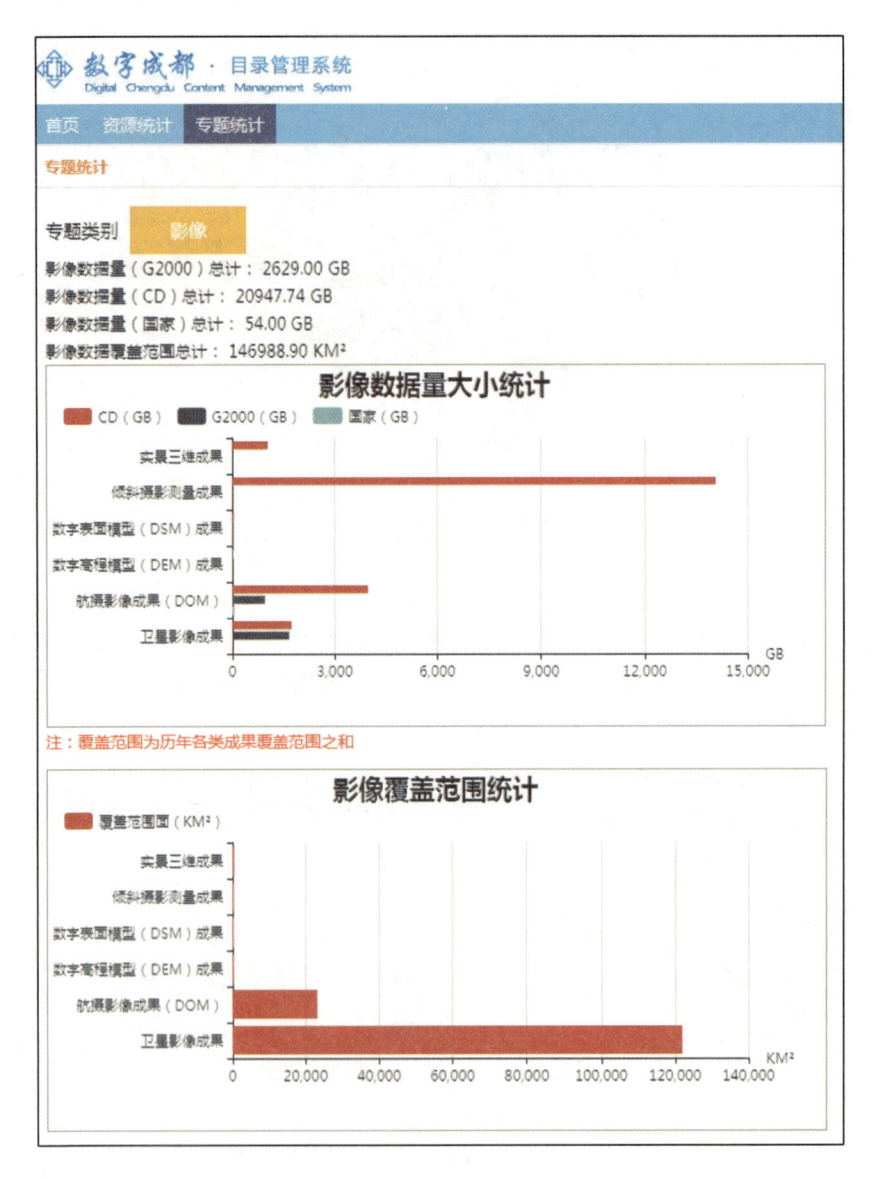

图 3-13　专题统计图界面

(4) 为贯彻落实《住房和城乡建设部关于城市总体规划编制试点的指导意见》的有关要求，2018 年成都市开展了成都市"多规合一"空间信息数据平台的建设工作，制定了一套市级标准规范，共完成 5 类共 36 份相关标准规范或机制；建设了一套市级多规综合数据库，包括 3 大类、35 种类、129 个专题空间数据，发布 12 个地图服务；建设了一套市级应用系统，包括 9 大类应用模块、2 个工具和 100 多项功能点。通过成都市"多规合一"空间信息数据平台的建立，统筹整合了各类规划数据，涵盖了所有项目审批部门，实现城乡规划的"总规"与"土规"两个层次空间差异一张图，实现城乡空间布局优化，形成了贯穿"多规合一"编制、实施、监督、评估的空间规划应用和职称体系，为成都行政审批制度改革、政府行政效能提升、城市治理体系和治理能力现代化提供了有力支撑。

3.5.2 城乡规划实施信息化实践

1. 省级城乡规划实施信息化实践

省级城乡规划主管部门应建立省重点项目规划管理系统、规划许可信息系统、重点项目选址系统和建设方案辅助审查系统。

1) 省重点项目规划管理系统

省重点项目规划管理系统包括以下功能。

(1) 重点项目选址意见书审批。对省重点项目的选址意见书进行审批，并绘制和审核省重点项目的红线范围、用地类型和关键规划指标。

(2) 重点项目用地规划许可证审批。对省重点项目的用地规划许可证进行审批。

(3) 重点项目工程规划许可证审批。对省重点项目的工程规划许可证进行审批。

(4) 与全省建设领域信息公开和诚信平台的接口。通过接口将省重点项目的审批信息进行共享，将重点项目的规划审批信息纳入项目信息库，以便在"全省建设领域信息公开和诚信平台"中进行统一的建设管理、过程管理以及竣工验收备案。

2) 规划许可信息系统

规划许可信息系统实现了对城乡规划许可信息的采集和统计分析，规划许可信息系统架构图如图 3-14 所示。系统定期对城市许可信息进行采集，实现许可信息与规划信息的比对，并支撑基于规划许可信息开展各项目建设情况统计分析。

(1) 许可信息查询：包括许可信息采集与查询。

(2) 许可信息统计：对许可证发放数量、已批许可土地使用方式等信息的统计。

(3) 许可信息浏览：包括许可信息审批一张图以及许可信息浏览功能。

(4) 许可信息台账：包括许可信息台账管理和检索。

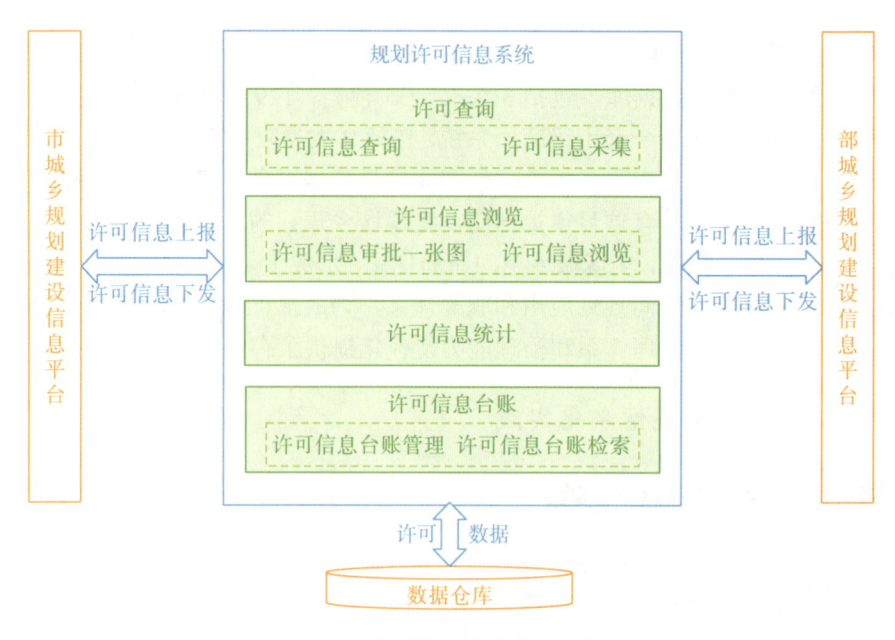

图 3-14 规划许可信息系统构架图

3) 重点项目选址系统

重大项目选址系统拟建立基于网络的 GIS 数据协同的规划选址管理和决策系统，实现规划地块信息查询功能及规划选址决策功能。

重大项目选址系统运用 GIS 技术强大的信息分析能力、图形表示能力和空间数据的管理能力，优化项目选址在土地资源上的利用，查询规划选址过程中的空间信息，对空间信息进行叠加分析以及根据缓冲条件进行缓冲区分析。

(1) 选址查询：包括按坐标方式查询、按审批案卷号查询、按地名库方式查询、按选址地块详细信息查询。

(2) 规划选址决策：符合规划分析(用地性质、功能区)、经济效益分析、环境承载力分析、公共设施分析。

(3) 选址空间信息管理：包括地块的放大、缩小、定位、测量、叠加分析、缓冲分析等 GIS 基本功能。

(4) 查询信息统计：查询结果以报表的形式进行展示。

4) 建设方案辅助审查系统

建设档案辅助审查系统拟将 CAD 格式的建设工程方案导入 GIS 数据库，转换为 GIS 格式，将其与详细规划图库叠加显示，对用地性质、绿地范围、水电气、道路宽度、周围配套环境等方面进行辅助审查，确保方案设计符合详细设计的要求。

随着系统的发展，还可以制定全省建设方案三维建模标准，包括建设方案模型数据的文件组织规则、命名规则等，对于提交了符合上述规范的建设设计方案，可将其导入系统，将拟建的建(构)筑物及其他设施的位置、高度、外观、空间形态等要素通过数据处理，建立三维仿真模型，对设计方案的建筑形态与周边环境的关系、规划控制指标的落实情况等进行全方位、立体式审查。

2. 市级城乡规划实施信息化实践

以四川省部分城市为例，部分城市根据个性化业务需求开展了城乡规划实施信息化建设工作，以支持市级城市规划实施管理工作的开展。具有代表性的有成都市、乐山市、攀枝花市、泸州市。

1)成都市建立规划政务电子信息系统

实现政务管理的精细化、高效化、规范化，降低管理成本、提高管理效能，实现对行政权力运行行为的实时监控、全程监督、预警纠错和效能评估，规范权力运行的工作流程、工作标准，提高政府工作的公信力。

(1)实现"全业务、全流程、全覆盖"目标，该系统共有七大业务板块、52个业务纳入系统运行。

(2)建立"三位一体"的统一平台，实现了包括业务办理、公文办理、信息发布、风险防控、统计分析等在内的140多项功能。

(3)按业务审批与风险防控深度融合的思路，梳理形成了200多个风险点、400多个预警规则和环节，实现了实时预警和处置的功能，建立了覆盖教育、监督、管理、预警、考核、评价"六位一体"的风险防控体系。

(4)搭建了一个基于BPM/SOA的系统架构，形成了100多个业务服务资产，实现了基于服务编排的业务流程全生命周期管理，包括快速构建和持续演进。

2)乐山市坚持十余年深耕城建档案管理信息化建设

随着城镇化的发展和城市建设的推进，昔日的城市面貌迅速改变，凸显了城市建设档案管理的重要性，城建档案在城市建设、规划和区域经济发展过程中发挥着越来越重要的作用。城市变迁的加速使得城建档案数量成倍增长、形式丰富多样，这对城建档案馆管理的手段和方式提出了新的挑战。乐山积极探索新的档案管理理念和手段，自2007年启动城市建设档案信息化建设工作以来，以住房和城乡建设部颁布的各项城建档案行业标准和业务规范为开发依据，历经近十余年发展、完善、应用，建立起了较为完善的城建档案管理信息系统，全面实现了城市建设档案信息的可视化管理、信息化利用和业务指导，涵盖了一般城建档案和声像档案的数字化管理。

(1)城建档案管理信息系统。乐山市城建档案馆坚持"以规范管理和业务需求为导向"的原则,充分梳理了自身档案管理组织机构、部门分工、工作流程和管理模式,以住房和城乡建设部颁布的各项城建档案行业标准和业务规范为设计开发依据,建立了一套适应城建档案信息化工作模式的乐山市城建档案管理信息系统。通过信息化手段,将城建档案管理业务流程固化在系统中,进一步规范了乐山城建档案管理工作流程,大大降低了由于人员变动带来的不稳定性。在系统中,档案馆可严格规范地进行档案管理工作,具体包括以下方面。

①签订责任书。为了保证档案的收集,在办理建设项目工程规划许可证时,要求建设单位必须与城建档案馆签订档案移交责任书。责任书的签订说明城建档案已经正式介入整个工程施工环节中,为后续的工作打下了良好的基础。

②任务分配。馆领导根据工程项目的规模、类型以及工作人员的业务能力,把项目分配给具体工作人员,在档案移交入馆前负责档案的业务指导、催交、预验收、办理移交手续等工作。

③业务指导。为了确保建设单位能按照城建档案管理的要求在建设过程中准确地收集、合格地整理档案,业务指导人员要定期到建设单位去实地检查和指导,并把检查和指导的情况记录在系统中。业务指导信息填写界面如图3-15所示。

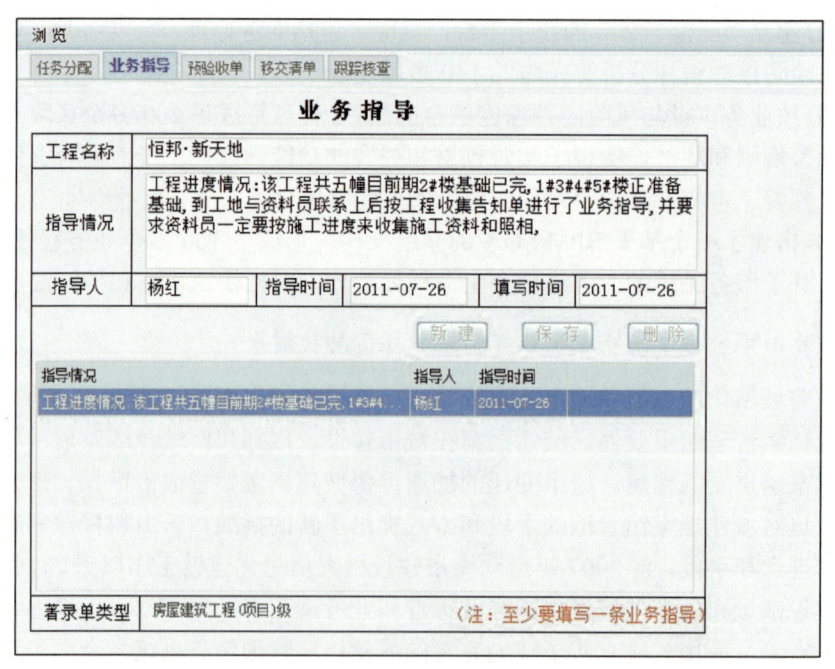

图3-15 城建档案管理信息系统的业务指导信息填写界面

④档案预验收。为了保证工程档案能够在竣工后及时、完整地移交城建档案馆,要求档案资料员在竣工验收前一个星期把工程档案交由业务指导人员对档案

进行预验收,有效控制了竣工验收后档案移交的质量,提高了工作的效率。

⑤档案接收。由于档案业务已经全程参与到了整个工程建设过程中,在竣工验收合格后,工程资料员会按照要求整理档案并移交城建档案馆,档案接收工作人员会及时清点、审查,档案符合要求后出具档案移交清单和档案原件证明。对于到期未移交的工程,将发出催交通知书。系统提供根据国家标准制定的可选性移交清单,移交完毕后,系统会生成由馆领导签发的档案审核意见书,对该工程档案情况进行认定。档案移交清单点选界面如图3-16所示。

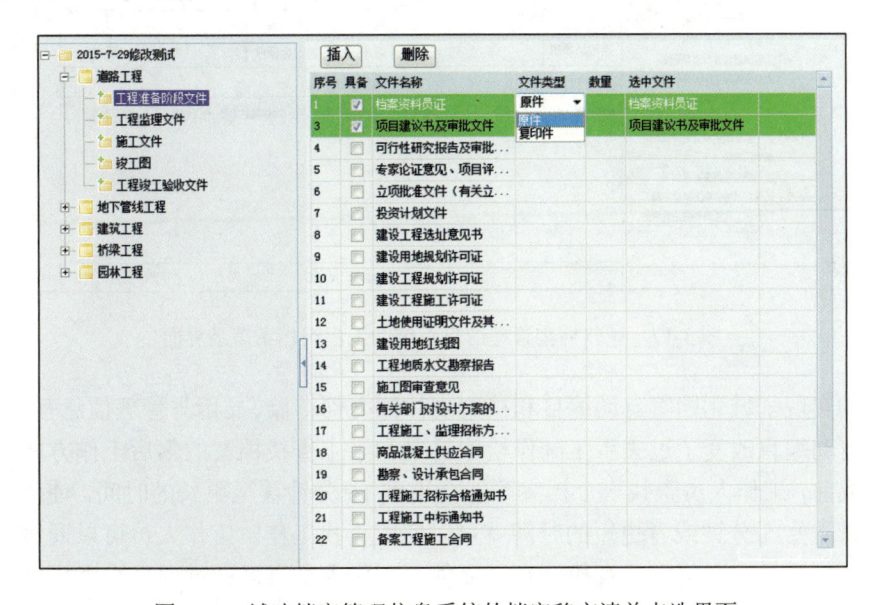

图3-16　城建档案管理信息系统的档案移交清单点选界面

⑥整理、著录。档案移交入馆后,按照《城市建设工程著录规范》《建设工程文件归档整理规范》等规范要求对其进行整理、著录,包括档案类属、档案立卷、档案电子文档、档案著录。工程级档案著录界面如图3-17所示。

⑦档案入库。档案整理著录完毕经科室领导审核后提交库房管理人员,由库房管理人员根据档案号存入对应的库房,并在系统中登记存放的位置和入库目录。

通过积极推进城建档案管理信息系统应用,乐山市极大提高了城建档案管理水平,取得了以下显著成果。

①规范了业务指导及档案接收流程,实现了城建档案管理过程中各个关键环节的集中、协调、无缝管理与动态监控,实现了建设工程的项目(工程)报建登记、档案管理业务指导、工程档案专项验收、竣工档案送审、案卷整理、档案审核、档案移交、移交档案合格证、档案入库审核、档案著录与编目排架、电子文件存放位置自动著录、档案统计、总目录与分类目录查询与编制、打印工具、档案查询检索、档案利用、档案销毁等档案管理全过程的计算机集成化管理。

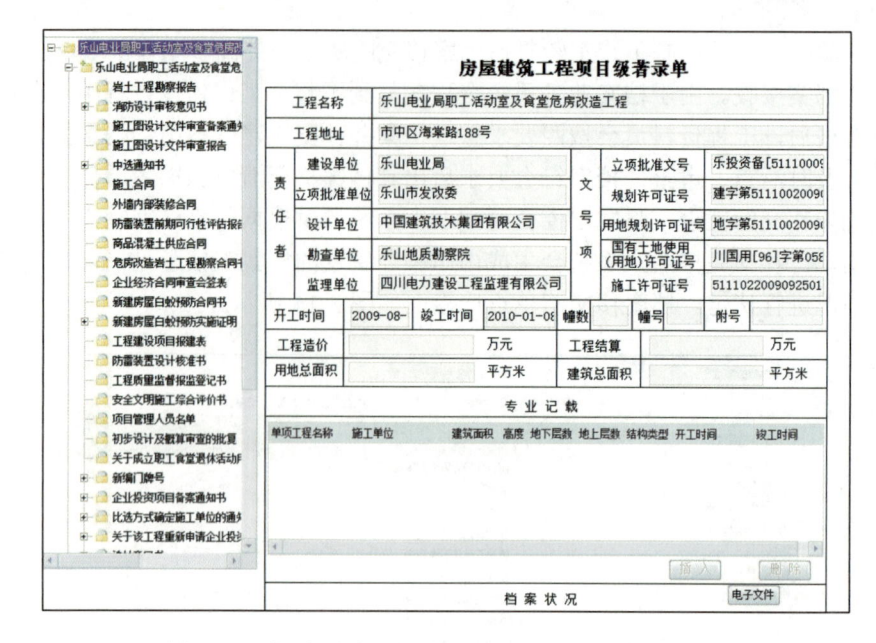

图 3-17 城建档案管理信息系统的工程级档案著录界面

②实现了城建档案自动编目和档案实体源文件存储、显示与管理信息互检索。档案自动编目改变了过去手工制作检索目录和手工查找档案的落后工作方式。系统建成前，工作人员查找一个档案可能会用到 15 分钟甚至更长的时间，使用系统后则只需要 5 分钟或者更短的时间就可以完成查找工作。工作人员可以通过定制任务编制目录，实现批量查找档案、文件。工作人员可以通过项目来查找相对应的文件电子版，如果电子文档是通过文字识别建立的，还可以通过对内容中的关键字、关键词来进行档案自动检索，或进行文件编辑，从而实现了城建档案的空间信息、属性信息、城建档案管理信息与城建档案原文件实体信息互查询，实现了城建档案信息的综合利用。

③保证了城建档案的安全性和完整性。系统采用登录用户权限管理，把不同的功能分配给不同权限的操作者，有效保证了档案的安全性；通过高度的智能识别，实现了城建档案项目级、工程级、案卷级、卷内目录、文件级及卷内电子文件浏览的集成化著录与管理，同时把这些信息和档案有机地集合在一起，提高了档案的完整性。

④实现了馆藏统计工作自动化，可按照工作阶段、办理人员姓名、工程类属进行统计。实现了档案工作自动化监管，馆领导和各科室负责人可以通过系统对工作进度随时进行查看和监督，对及时掌握工作信息和制定工作进度提供了有力的基础。

(2) 城建声像档案管理信息系统。乐山市城建档案馆将城建声像档案工作作为城市建设档案管理的重要内容，并以此作为服务城市建设发展的新突破口，为城市发展留下珍贵声像记忆。乐山市城建档案馆不断调整工作思路，拓宽城建档案信息资源领域，紧跟城市建设发展步伐，加强与各部门联系，及时、准确掌握信息，围绕市政公用建设和重点工程积极开展声像档案工作。争取专项资金，加大声像设备及经费投入，引进专业人员从事声像档案工作，并制定和完善城建声像档案管理文件，明确声像档案内容和管理要求，规范声像档案管理。

与此业务工作需求配套，档案馆对城建档案管理信息系统进行了扩展建设，设计开发了声像档案管理子系统，对声像档案进行管理，涵盖各种反映城市规划、建设、现状风貌的照片、录音、录像等多媒体资料，支持声像档案分类目录维护、档案入库、导入文件、说明信息编辑、项目级和文件级的查阅。

声像档案管理子系统的应用，极好地配合了目前乐山开展的老街老巷旧貌抢拍工作，支持抢救并保存城市建设发展历程中的各种文化，以城市建设发展为脉络，通过拍摄、收集、整理、保存城市在规划、建设的历史过程中形成的图片、录像等资料，真实记录城市建设历史面貌，反映城市发展变迁，对城市发展将产生重要的历史意义和现实价值。

在现代化优质服务理念的指导下，乐山城建主管部门还计划继续扩大信息化的应用范围，利用多种形式、多种渠道、加强档案信息化服务工作，着手扩展城建档案社会化提交子系统，旨在为广大建设单位提供更加便利的城建档案提交渠道。同时，还将逐渐建立城建档案社会化查询服务门户，变被动服务为主动服务，采取多种形式、多渠道向各个单位、各个部门以及个人提供城建档案信息服务，从而满足各个部门、各个单位对信息资源的需求，保证社会经济活动能够顺利、有序地开展。

3) 攀枝花市开展规划信息化的探索

攀枝花早在20世纪90年代就开展了规划信息化的探索，于1993年建立了早期攀枝花市规划管理信息系统。2007年5月，攀枝花市被列为2007~2008年度全国数字城市地理空间框架和地理信息公共平台建设试点城市之一，"数字攀枝花"地理信息服务平台建设项目正式立项。项目依靠国家测绘地理信息局和四川省测绘地理信息局的经费、技术和资料支持，以覆盖市域全部或部分区域的1：500、1：10000、1：50000、1：250000各种比例尺地形图和中、高分辨率航空航天影像，地质灾害图，在地下管线电子地图基础上建成基础地理信息数据库，以市规划、交通、公共安全等应用为牵引，充分运用RS、GPS、GIS和计算机网络等技术建成。此后，攀枝花市将基础空间信息应用到城市规划管理中，进一步推动了城市规划管理信息化的进步。

经过多年发展，攀枝花市规划管理信息系统利用攀枝花市基础空间信息平台提供的全市多种比例的数字地形图及总体规划图和详细规划图、综合地下管网图、数字正射影像图、数字高程模型等基础空间信息，使原有的手工纸质红线审批改变为精确的地理空间坐标红线审批。工作人员只需操作鼠标，规划项目的地理空间坐标红线就出现在电脑屏幕上。不仅避免了由于地形不准确引起的误差和手工作图的误差，还大大提高了审批的速度，为攀枝花经济社会的发展发挥了积极的作用。

攀枝花市规划管理信息系统一共包括四类项目的规划管理：房地产项目、非房地产出让土地类项目、划拨项目、临时项目。每类项目包含具体的审批事项和业务查询统计。该系统主要用于攀枝花规划主管部门对各审批事项进行窗口接件、业务审查处理和业务统计查询等工作。其中，四类项目的规划管理业务工作包含红线和验线的工作内容。

房地产项目、非房地产出让土地类项目、划拨项目、临时项目的规划管理分别包含若干审批事项。房地产项目包括核定规划条件、领取建设用地规划许可证、审批修建性详细规划和建设工程设计方案、核发建设工程规划许可证、核实规划条件、验线审批；非房地产出让土地类项目包括核定规划条件、领取建设用地规划许可证、审批修建性详细规划、审批建设工程设计方案、核发建设工程规划许可证、验线审批、核实规划条件、划拨项目；修建性详细规划包括核发选址意见书、审批建设工程设计方案、核发建设用地规划许可证、核发建设工程规划许可证、验线审批、核实规划条件；临时项目包括临时建构物定点报批。

以上四类项目的规划管理过程共含24项审批事项，其审批流程均包括窗口受理、审查、审核、审定、批准、打印和窗口办结七大环节。

(1)业务创建。窗口人员对相应项目类型的事项进行接件登记，并提交至审核人员。

(2)支持查看联动信息。在城乡规划审批过程中，各主管部门可以查看各阶段的资料，为本环节审核提供资料参考。联动信息查看界面如图3-18所示。

(3)绘制红线图。经办人在待办业务中点击项目名称或地块位置进入业务处理模块，点击红线图标签进入绘制红线界面。点击绘制红线按钮，系统自动调用GIS绘制红线功能界面。可通过以下三种方式：一是导入txt格式的坐标串文件，自动生成红线图；二是手动输入坐标值；三是通过已有线(如街道、房屋或者辅助线中的要素)构造绘制红线图(图3-19)。

(4)业务审核。各业务经办人员及相关领导对业务进行审核，并录入审核意见。

(5)综合业务查询。实现对工程规划许可证、用地规划许可证的综合查询。

(6)业务量统计。实现分地区对各类业务进行统计。

(7)用地面积统计。对房地产开发项目、非房地产开发项目、划拨项目的用地面积及占比进行统计。

(8)建筑面积统计。对房地产开发项目、非房地产开发项目、划拨项目的建筑面积及占比进行统计。

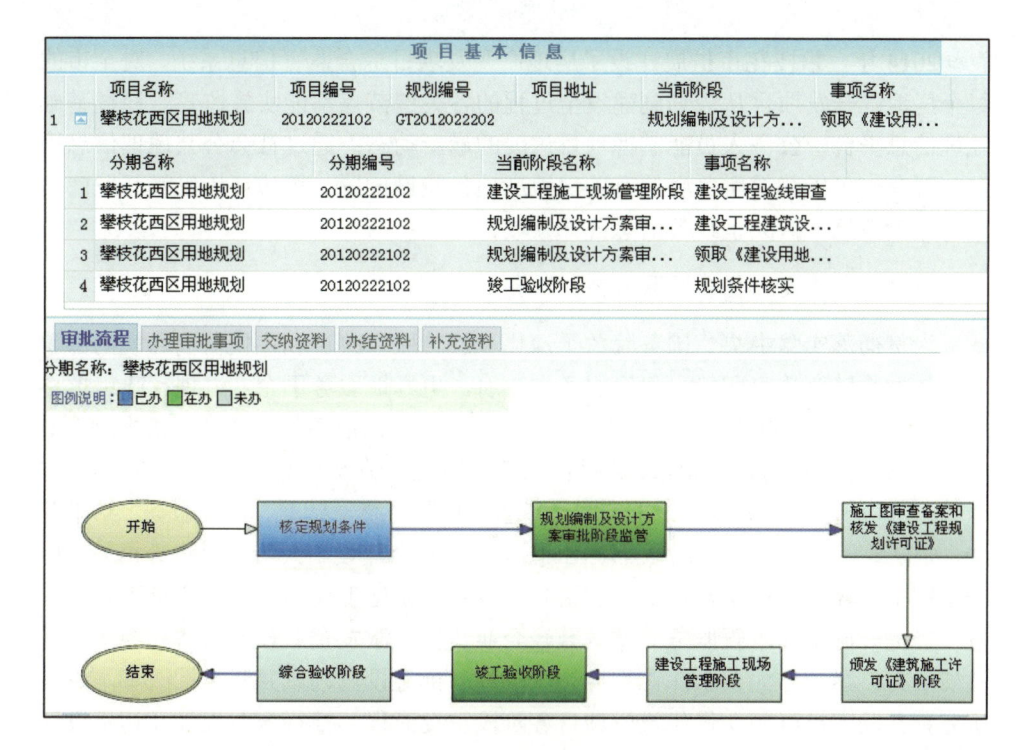

图 3-18 联动信息查看界面

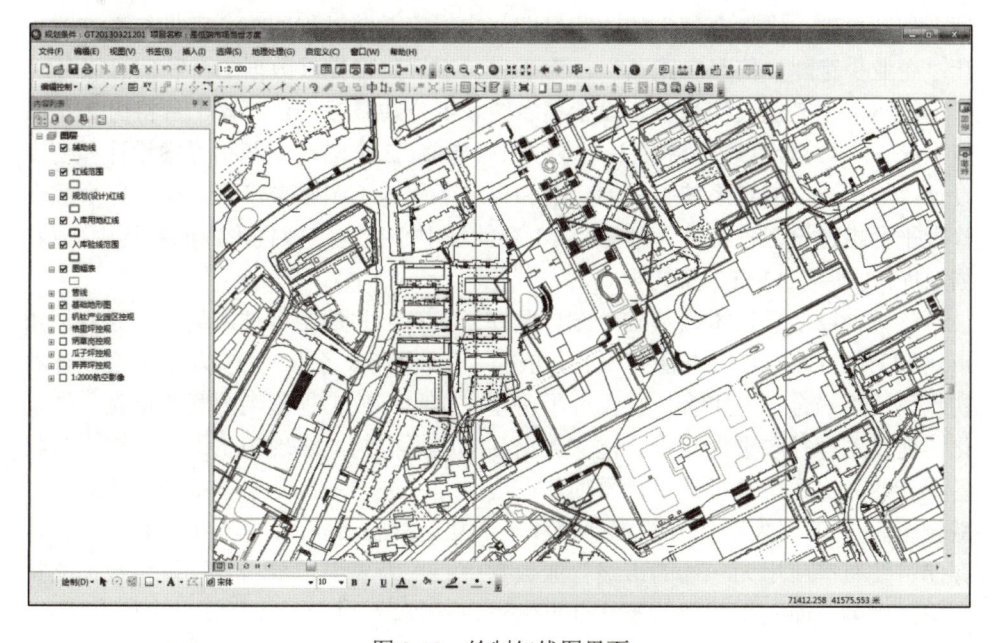

图 3-19 绘制红线图界面

2014年，攀枝花市扩展建设了房地产开发项目综合监管信息系统，对全市的每个房地产开发项目从规划到建设全过程的各关键节点都能实施监管。通过基础地理信息平台，公务人员能掌握项目进展的最新动态；通过社会公共地理信息平台，群众也可以获得所关心的有关房地产项目建设位置、周边环境以及开发商信用等相关信息，扩大了政务信息公开领域。

4) 泸州市建设工程多图联审公共服务平台

为贯彻落实党中央、国务院关于深化"放管服"改革和优化营商环境的部署要求，加快转变政府职能，建设服务型政府，更好地服务于企业办理行政审批事项，深入推进"互联网+政务"等要求，泸州市人民政府下发了《泸州市推进"最多跑一次"改革 打造最佳政务服务示范城市工作方案》（泸市府发〔2018〕34号）。文件一方面要求推进施工图联合审查，按照"统一标准、集中服务、结果互认、依法监管"原则，依托"互联网+图审"，整合建设、人防、消防等相关部门施工图审查环节，探索推行房屋建筑和市政基础设施工程施工图联合审查制度，进一步提升施工图审查服务效率，减轻企业负担，激发企业投资热情和经济社会发展活力；另一方面要求深化重点领域改革，推进投资领域并联审批改革，进一步完善并联审批机制，优化投资项目各阶段审批流程，推行方案设计和初步设计"二合一"联审，重点突破建设工程项目联合验收的难题。同时，优化现有建设工程审批流程，建立数据共享应用，进一步提升审批效率及服务，实现"简化办理、移动办理、网上办理"的改革目标。实现审批全过程留痕，审批结果透明，让"企业少跑腿、信息多跑路"，为事中、事后监管提供数据支持和信息服务。

泸州市正在建设泸州市建设工程多图联审公共服务平台，该平台将由2个联审系统、1个综合管理平台和1个数据中心构成。2个联审系统指方案设计和初步设计"二合一"审查系统、房屋建筑和市政工程施工图联合审查系统，1个综合管理平台指建设工程综合管理平台，1个数据中心指生产数据形成的数据中心（数据仓库），即"2+1+1"架构模式。

该平台以信息技术为基础，充分发挥云计算、大数据等技术优势，建立泸州市建设工程行政审批公共服务平台，依托"互联网+政务"：①实现了方案设计和初步设计"二合一"审查；②实现了房屋建筑和市政工程施工图联合审查；③优化了建设工程行政审批流程，建立数据共享应用机制，实现施工许可、竣工验收备案、商品房预售等行政审批事项的在线办理，进一步提升了审批及服务效率，减轻企业负担，激发了企业投资热情和经济社会发展活力；④建立了一个集采集、存储、发布等应用为一体的市级行业数据中心，为事中、事后监管提供数据支持和信息服务，面向相关部门及社会提供查询服务。

目前，该平台正在与四川省建筑市场监管和诚信一体化平台进行数据对接，实现市州向省厅的数据自动推送。

3.5.3 城乡规划监管信息化实践

1. 省级城乡规划监管信息化实践

部分省级城乡规划主管部门成立了遥感大数据应用工程技术研究中心，对遥感大数据的开发和应用提供了技术和理论支撑。该机构以建成产学研用"四位一体"遥感大数据协同创新及产业化基地为目标，为政府决策、企业运营、公众服务提供遥感大数据信息服务。

省级城乡规划主管部门以技术研究中心持续提供的遥感数据为基础，对省级城乡规划监管信息化系统进行了总体规划设计，包括规划信息交换系统、遥感监测系统、监督执法系统、综合展示系统，统筹整合各类规划数据，完善城乡规划信息数据库和协同管理流程，借助平台理顺规划管理体制和工作机制，编织城乡规划建设管理信息网，提升三级规划管理协同能力和城乡空间治理能力，促进规划编制、实施、监测和评估的科学化和规范化，推送规划审批"放、管、服"改革，实现管理、审批和监督全过程的动态跟踪和实时监控，提高规划行政管理效率和水平。

1）规划信息交换系统

规划信息交换系统拟实现横向数据交换、纵向数据交换的功能。功能模块如下。

（1）横向数据交换。自然资源部的组建，有助于进一步消除横向数据交换的壁垒，实现从城乡规划主管部门到国土、林业以及农业主管部门等组织机构的数据交换，以国土资源调查、房产监测、精准农业、林业遥感等遥感政务应用为主要内容建立横向数据交换机制，包括土地利用动态遥感监测资源共享、土地确权、地质调查与资源勘查、遥感数据包资源、保障房监测以及其他遥感政务应用资源。

（2）纵向数据交换。实现省、市、县三级数据交换，包括数据接收、数据上报和数据下发。

①数据接收：上级主管部门接收下级主管部门提交的城乡规划资料，汇总形成省域城镇体系规划成果、省域规划许可信息、省域城镇体系规划实施评估成果等。

②数据上报：下级主管部门向上级主管部门提交城市总体规划成果、规划许可信息、遥感核查结果以及城市总体规划实施评估成果、核查成果库等。

③数据下发：上级主管部门向下级主管部门分发城市总规审查意见、遥感核查和督查任务以及专题数据采集要求。

2）规划遥感监测系统

规划遥感监测系统拟实现基于多期遥感影像的变化图斑提取，对省、市、县主管部门的核查任务进行对比分析，以实现对疑似违法违规图斑、重点图斑的查处督察。该系统包括以下功能模块。

(1)变化图斑提取功能：包括变化图斑分区管理、变化图斑识别管理、涉强图斑识别管理、图斑识别监测报告管理等模块。

(2)核查任务管理功能：包括核查任务生成与分发管理、核查任务进度管理以及核查任务复核管理。

(3)移动督查功能：该功能采用移动版督查软件，基于移动终端设备，实现核查任务现场督查功能。

(4)重点图斑管理功能：包括严重图斑定性模块、重点图斑管控模块。

(5)督办案件管理功能：包括恶劣图斑定性模块、督办案件管控模块。

(6)专题分析功能：基于变化图斑数据和违法违规查处数据，按不同分析主题，形成专题数据统计结果。

3)监督执法系统

为改善城乡规划执法机制效率不高、各部门协同作业困难、卫星遥感监测图（简称卫片）审核耗时长等问题，设计了监督执法子平台。监督执法工作可分为卫片检查和日常巡查两项重要的工作。违建执法仪兼具卫片检查和日常巡查功能，进行日常巡查工作，通过调取API的形式进行卫片检查、变化图斑检查、已有规划数据检查，执法完成后，通过现场取证将执法结果以文字描述、照片、音频、视频的方式回传至上级单位，从而实现监督执法工作。

监督执法系统包括统计分析、执法信息处理和移动执法三个子系统。

(1)统计分析子系统。对上报和处理过的信息进行统计分析，对信息进行按部门、按信息类型或者按处理情况分析。该系统包括原始影像统计分析、建筑变化图斑统计分析、规划用地分析。

(2)执法信息处理子系统。该系统执法信息进行分配传达，同时提供入库统计和报表分析功能辅助决策。功能包括数据共享、数据更新和数据服务，主要包括疑似图斑下发、遥感监测执法事项传达、各地执法文件交换、数据入库统计、报表分析等功能。

(3)移动执法子系统。通过集卫星导航、地理信息系统、空间数据分析和测量功能于一身的手持终端，协助完成卫片检查与巡查任务等执法督查工作。

4)综合展示系统

规划设计了综合展示系统，包括大屏展示、工作电脑展示以及App展示三种模式，实现数据动态更新、多频道分类、多终端操控联动、数据实时推送等功能。

(1)大屏展示。大屏展示可自动推送并展示最新遥感/地理信息数据，通过"实时直播"的方式自动更新遥感集市中的最新数据和产品，并以三维立体的方式将最震撼的效果展现给用户。软件同时提供移动端、球屏端、手势端等多种互动方法,将用户代入虚拟现实的世界中,形成高度互动的场景体验。

①基于 B/S 架构的数据动态更新机制。系统基于 IE 浏览器的插件开发,可以通过 IE 浏览器在线浏览使用;以其浏览器-服务器的架构模式,结合遥感集市数据中心,实现遥感二维、三维数据实时推送更新,达到"有数据即显示"的效果。

②多频道分类。打造国内首个遥感类型频道,界面以电视频道风格类型设计,用户可以根据兴趣选择不同的频道及相应频道列表数据,具有大众型友好界面和丰富的搜索订制功能等特点。

③多终端操控、联动。该系统具备浏览器端、移动控制端、手势控制端。浏览器端是软件的主要对外窗口,移动控制端使用 Wi-Fi 连接浏览器端以控制其频道按钮选择和三维实时联动,手势控制端以其新颖手势体感方式来实时联动浏览器端。

(2)工作电脑展示。电脑端构建城乡规划综合服务平台门户网站,结合城乡规划遥感空间信息的需求,基于面向空间信息的虚拟化、云存储、大数据、并行计算等云计算技术及海量遥感空间信息数据的采集和生产技术,通过整合遥感数据、基础设施和遥感应用软件资源,每天实时更新区域内卫星影像数据,提供卫星遥感影像数据浏览、在线使用等数据服务。同时,作为政府对外服务的窗口,支持其他政务系统的无缝接入,提高了政府在行政、服务和管理方面的效率,积极推动政府优化办公流程和机构的精简等工作。政务门户网站能够为社会公众提供更快捷、更优质的多元化服务,可以加强政府和社会公众对各权力机构业务运行的监管,并可以实现政府相关信息和业务处理流程的公开化。建设省遥感监测平台后,政府的业务流程通过电子平台自动实现,其处理过程、处理的时间、处理的结果、处理的依据对上级领导、相关公众、政府工作人员而言都是可知的,从而减少了传统政务过程中可能的暗箱操作,实现了政务的公开化、透明化。

作为城乡规划建设管理信息平台的服务窗口,网站实现的功能分为基础功能、主要功能和延伸功能。基础功能包括信息导航功能、信息服务功能、数据搜索与查询功能、安全保障功能;主要功能包括确保入口唯一性和信息权威性的功能、多渠道的链接引导功能、网上办事功能、用户分类管理功能、用户反馈信息和处理的功能、展现电子政务水平的功能;延伸功能包括与更多的政府网站及政府部门资源整合的功能、提供真正个性化服务的功能。

(3)App 展示。该系统基于各种终端的多源卫星服务技术,实现卫星遥感信息在计算机、平板电脑、手机、展示屏等不同终端的服务,按照用户的需求,提供日常化、持续性、主动式的遥感数据服务支撑,提供高质量影像查看、标绘、收藏及分享。

App 作为轻量级遥感应用,用户可随时随地获取基于多源卫星影像提取的覆盖住建、国土等行业的多种遥感专题,专业定制规范的综合分析报告。

2. 市级城乡规划监管信息化实践

2018年9月，内江市测绘地理信息局(市城乡规划局)的"天地图·内江年度更新"项目通过验收。"天地图·内江年度更新"项目是"2017年度数字内江地理信息公共平台更新"项目的子项目，由自然资源部下属四川基础地理信息中心承担建设。该项目的建设，进一步丰富了数字内江地理信息公共平台的地理信息资源，提高了平台数据的现势性，展示了内江市重点区域的真三维场景，提升了在线地理信息服务能力，可为政府宏观决策、应急管理、社会公益等提供及时的地理信息公共服务。

第4章 建筑市场信息化

4.1 建筑市场信息化范围

建筑市场是固定资产投资转化为建筑产品的交易场所，是建设工程项目立项后，参与土木工程、建筑工程、线路管道和设备安装工程以及装修工程活动的各方进行勘察、设计、施工、监理、重要材料和相关设备采购等业务的发包、承包以及中介服务的交易行为和场所。

从建筑市场的概念和特点来看，建筑市场包含建设项目、从业企业、从业人员，其中从业人员包括管理人员等具备执业资格的从业人员和建筑工人。为了保证建设工程的质量安全，作为住房建设事业的统筹协调及监管部门，建设行业行政主管部门承担监督管理建筑市场、规范市场各方主体行为的责任。因此，建设行业行政主管部门应在建设项目的生命周期管理中，对参建项目的从业企业以及从业人员的资质进行严格的审查和监管，对施工现场的建筑工人实行实名制管理，并根据相关法律法规和标准，在建设项目实施过程中对从业企业及从业人员的市场行为进行动态监管。

遵循建筑市场相关法律法规、规范性文件和标准，通过推进建筑市场信息化建设，为建筑行业主管部门提供现代化的监管工具，是提高建筑市场监管工作效率和水平的重要手段。建筑市场信息化管理是为建筑市场监管工作服务的技术手段，必须搞清楚建筑市场管理的内容和范围，围绕建筑市场监管工作的组织机构、职能权限、监管内容、监管依据、监管流程等业务管理需求来实现。在开展建筑市场信息化工作的过程中，全面、深入、持续地分析建筑市场监管中的管理需求以及面临的问题，是确定信息化开展方向、设计信息化框架的前提和基础，必须坚持以管理需求驱动信息化建设，边建设、边完善、边运用，结合监管实际需求开展建筑市场信息化工作。

建设项目、从业企业、从业人员是整个建筑市场中三个不可或缺的因素，特别是建筑工人，其数量较多，且流动性较大，对建筑工人的管理方式和对其他从业人员的不尽相同。因此，本书针对建筑工人管理信息化要求、策略以及实践单独进行阐述。建设项目、从业企业、从业人员关系如图4-1所示。

每个建设项目从招投标到竣工的各个阶段均要纳入行政审批和监管，参与建设项目的各类从业企业及企业的从业人员采用资格准入机制，只有符合要求的从业企业和从业人员，才能依法参与建设项目的各个阶段。在从业企业参建工程项目过程中,主管部门必须对其进行监管,确保从业企业具备符合条件的从业人员,包括人员的资格类别、资格级别、数量。在参与项目建设过程中,从业企业和从业人员产生的各类市场行为要纳入监管,根据相关法律法规对其市场行为进行诚信评分,监管的结果将作为从业企业和从业人员的资格升级等业务办理的审批标准之一。建筑工人群体比较特殊,流动性较大,要逐步推行实名制管理,这样既能及时掌握施工项目的情况、施工现场人员流动和工资发放等相关信息,又能规范施工企业劳动用工行为,并且还能及时处理工资纠纷,为信访部门解决农民工相关信访问题提供有效依据。

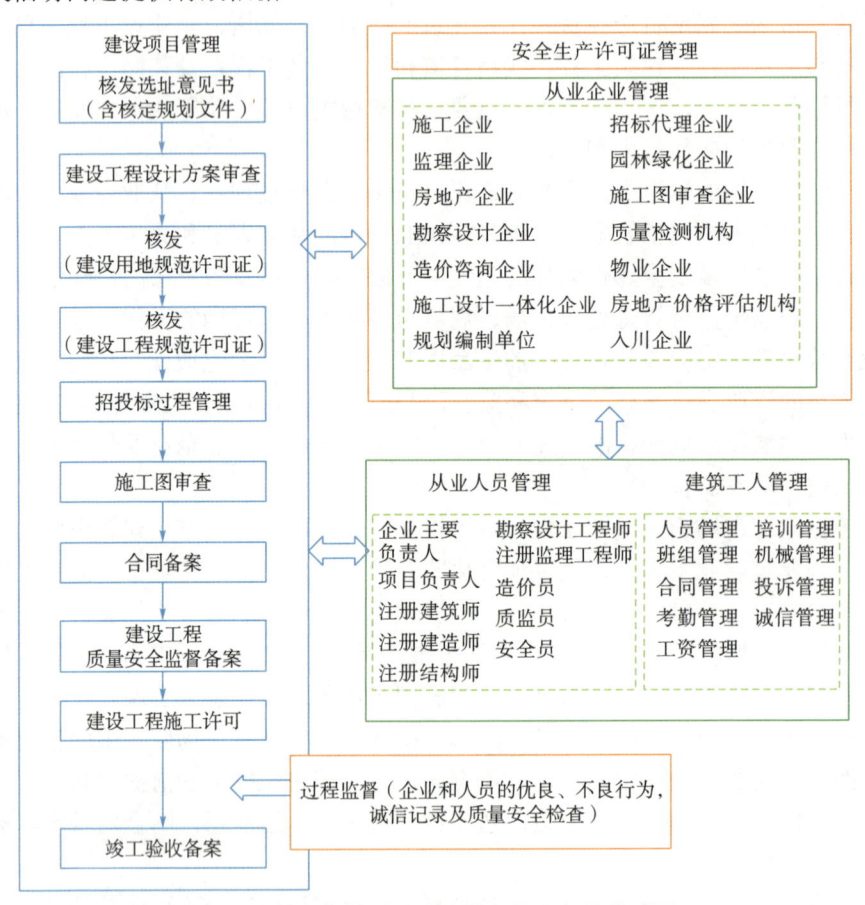

图 4-1　建设项目、从业企业、从业人员关系图

4.2　建筑市场信息化要求

落实全国工程质量治理两年行动、加快推进建筑市场监管与诚信信息基础数据库建设,各省需建立省级建筑市场监管一体化平台,实现对建筑市场三要素,

即建设项目、从业企业、从业人员(管理人员、建设工人)进行统一管理,并实现与住房和城乡建设部中央数据库实时互联互通。通过建筑工人实名制信息化建设,落实劳务实名制管理和建设建筑工人实名制体系,规范施工企业劳动用工行为,保护企业和工人的合法权益,促进建筑业健康发展。

4.2.1 从业企业管理信息化要求

从业企业作为建设责任主体,在建筑市场信息化发展过程中扮演着重要角色。《中华人民共和国建筑法》第十三条中要求从事建筑活动的建筑施工企业、勘察单位、设计单位和工程监理单位,按照其拥有的注册资本、专业技术人员、技术装备和已完成的建筑工程业绩等资质条件,划分为不同的资质等级,经资质审查合格,取得相应等级的资质证书后,方可在其资质等级许可的范围内从事建筑活动。2010年8月13日,住房和城乡建设部制定并下发《关于加强建筑市场资质资格动态监管完善企业和人员准入清出制度的指导意见》的通知(建市[2010]128号),提出加大对资质资格申报弄虚作假查处力度和加强建筑市场动态监管,在管理过程中,各级住建主管部门应加强对资质资格审批情况的监督管理,省级住建主管部门要对所属设区市住建主管部门资质、资格审批情况开展检查、抽查,实现逐级管理,全面加强建筑市场资质审查监管。2018年9月12日,住房和城乡建设部发布了《关于建设工程企业资质统一实行电子化申报和审批的通知》,决定自2019年1月1日起对建设工程企业资质统一实行电子化申报和审批。工程企业资质办理事项包括工程勘察资质、工程设计资质、建筑业企业资质、工程监理企业资质(含涉及公路、铁路、水运、水利、信息产业、民航、海洋、航空航天等领域建设工程企业资质)的新申请、升级、增项、重新核定事项。实行电子化申报和审批后,住房和城乡建设部将不再受理上述事项纸质申报材料。

从业企业信息化主要是指通过信息化手段将各类企业资质和相关信息进行统一管理,主要内容如下。

(1)推进企业资质办理信息化。企业的资质管理是建筑市场监管的重要事项,也是企业从事建筑活动资质审查的必要条件,这就要求住建主管部门严格监管资质办理情况。为了更好地监管建筑市场、管理从业企业资质,要利用信息化手段将各类企业的资质办理进行全流程化管理,实现对企业资质办理的有效监管和实时监督。

(2)推进企业资质电子化申报和审批。建设工程企业资质实行电子化申报和审批,减少企业重复办理资质申请事项,这要求企业信息在省域范围内省、市、县三级主管部门之间、省级住建主管部门与住房和城乡建设部之间实现数据交换和共享,通过数据交换共享,规范行政权力透明运行,提高公共服务的供给效率和质量。

(3)推进省域企业登记信息化。省级住建主管部门对所辖省外建筑企业实行统一信息报送管理,管理省外建筑企业的基本信息和项目人员信息,各级住房城乡建设主管部门不得重复登记,同时加强对项目登记后履约行为的监管以及对省外建筑企业进入省域承揽业务的诚信管理。

4.2.2 从业人员管理信息化要求

专业人员执业资格制度是我国建筑领域的一项重要制度,它的建立与实施对我国建筑市场适应市场经济体制、规范市场管理、提高建设投资的经济效益、保证工程建设质量安全起着非常重要的作用。

从业人员主要包括5类。

(1)注册类人员:包括注册建造师、注册建筑师、注册城市规划师、勘察设计注册工程师、监理工程师、注册造价工程师、房地产估价师。

(2)住建领域专业人员:包括施工员、安全员、质量员、材料员、资料员、预算员、标准员、劳务员、机械员。

(3)安全管理人员:包括施工单位主要负责人、项目负责人、专职安全生产管理人员。

(4)建筑工程初、中、高级专业技术人员。

(5)建筑工人。

建筑市场从业人员的信息化要求主要是通过应用信息化系统对各类注册人员的考试、注册、执业、变更注册、继续教育进行监督管理,以及对专业技术人员的培训、考核和管理。管理工作主要包括:初始注册、增项注册、变更注册、续期注册、注销注册、重新注册、信息变更管理、资格申报、执业企业变更、证书换证、证书注销、继续教育管理、考试管理、职称管理、建筑工人职业培训与技能鉴定。

4.2.3 建设项目管理信息化要求

2016年8月,《住房和城乡建设部关于印发2016—2020年建筑业信息化发展纲要的通知》(建质函〔2016〕183号)中将行业监管与服务信息化作为信息化发展目标之一,提出深化行业诚信管理信息化,研究建立基于互联网的建筑企业、从业人员基本信息及诚信信息的共享模式与方法,完善行业诚信管理信息系统,实现企业、从业人员诚信信息和项目信息的集成化信息服务。

为贯彻落实《国务院办公厅关于促进建筑业持续健康发展的意见》(国办发〔2017〕19号)和《国务院办公厅关于印发进一步深化"互联网+政务服务"推进政务服务"一网、一门、一次"改革实施方案的通知》(国办发〔2018〕45号),

加快推进建筑市场监管信息归集共享，提高全国建筑市场监管公共服务平台基础数据的及时性、准确性和完整性，住房和城乡建设部对《全国建筑市场监管与诚信信息系统基础数据库数据标准(试行)》(建市〔2014〕108号)部分内容进行了修订，形成《全国建筑市场监管公共服务平台工程项目信息数据标准》，并于2018年12月印发。新标准以《全国建筑市场监管与诚信信息系统基础数据库数据标准(试行)》制定的数据标准为基础，从以下三个方面进行了修订：①以问题和需求为导向，根据各地建筑市场监管"一体化"工作平台实际运行情况，对数据标准进行了完善，如增加了单体工程、专业技术人员、项目技术指标等信息；②以整合共享为目标，打通建筑市场和施工现场监管各业务系统数据，有效实现建筑市场与施工现场监管"两场联动"，为此增加了工程造价、质量监督、安全监督及施工现场管理等信息；③进一步落实工程项目信息归集监管责任，提高数据质量。

为贯彻《住房和城乡建设部办公厅关于支持民营建筑企业发展的通知》(建办市〔2019〕8号)，省级主管部门下发了关于促进民营建筑企业健康发展的实施意见，要求减轻企业负担，逐步改变单一锁证、押证等静态监管方式，积极运用信息化手段，强化事中监管，动态核查现场施工企业项目管理人员和监理机构人员配备、变更和到位履职行为。

建设工程项目信息化管理应遵循相应的管理规定和数据标准，按照属地化管理制度，对工程建设项目管理和实施过程中的参与方，包括各级建设主管部门和责任主体进行管理。责任主体是指建设单位、施工单位、勘察单位、设计单位、监理单位、造价咨询企业、审图机构等。建设工程项目监管过程，就是将项目监管作为主线，对建设工程从规划到竣工验收的全过程进行监管，将责任主体纳入项目监管过程中，且各责任主体全面参与。

建设项目应事先由各参与方进行项目管理信息的填报、审查、汇总、共享以及跟踪管理，从而加强建设工程质量、安全、进度以及环境方面的综合监控管理。因此，建设工程项目信息化监管应满足"全业务覆盖、全主体参与、多数据来源、多展示方式"的要求。

4.2.4 建筑工人管理信息化要求

为规范建筑市场劳务用工秩序，加强建筑劳务用工管理，维护建筑施工企业和劳务作业人员的合法权益，保障工程质量和安全生产，促进建筑业健康发展，根据《国务院办公厅关于促进建筑业持续健康发展的意见》(国办发〔2017〕19号)和《住房和城乡建设部关于进一步加强和完善建筑劳务管理工作的指导意见》(建市〔2014〕112号)等文件精神，省级住建主管部门应使用"互联网+物联网"思路建立省域建筑工人管理服务信息平台，与住房和城乡建设部全国建筑工人管理服务信息平台无缝对接，对省域内的建筑劳务用工情况进行监督管理，促进健全建筑劳务用工市场的规范。

2017年8月，劳动和社会保障部(现人力资源和社会保障部)办公厅印发《治欠保支三年行动计划(2017—2019)》的通知(人社厅发〔2017〕80号)，提出在工程建设领域，全面实行农民工实名制管理制度，实行农民工工资与其他工程款分账管理制度；2018年底前，实名制管理覆盖率达到70%，农民工工资专用账户管理制度覆盖率达到80%；到2019年底基本实现全覆盖。

住房和城乡建设部于2017年11月发布《关于培育新时期建筑产业工人队伍的指导意见(征求意见稿)》(建办市函〔2017〕763号)，提出"全面推行实名制管理"：要求对进入施工现场的建筑工人实行实名制管理，记录建筑工人的身份信息、培训情况、职业技能、从业记录等信息；各地要建立地区实名制管理平台；强化实名制数据应用，将实名制管理与企业诚信体系、市场准入、评优评先、欠薪处理等相结合；建立全国建筑工人管理服务信息平台，到2020年实现全国建筑工人实名制全覆盖。

为贯彻落实《国务院办公厅关于促进建筑业持续健康发展的意见》(国办发〔2017〕19号)文件精神，改革建筑劳务用工制度，2018年5月9日，住房和城乡建设部建筑市场监管司发布了《建筑工人实名制管理办法(征求意见稿)》及《全国建筑工人管理服务信息平台数据标准(征求意见稿)》，进一步推进了落实劳务实名制管理和建设建筑工人实名制体系，为做好建筑工人管理服务信息平台建设工作提供了数据规范。2019年2月17日，住房和城乡建设部与人力资源和社会保障部联合发布了《关于印发建筑工人实名制管理办法(试行)的通知》，住房和城乡建设部与人力资源和社会保障部负责组织实施全国建筑工人管理服务信息平台的规划、建设和管理，制定全国建筑工人管理服务信息平台数据标准，各地方主管部门负责落实执行，建筑企业负责通过信息化手段将相关数据实时、准确、完整地上传至相关部门的建筑工人实名制管理平台。

4.3　建筑市场信息化架构

省域建筑市场信息平台从实质上来讲也是一套信息系统，其总体结构符合信息系统的一般性特征，架构设计不仅要满足建筑市场监管的需要，同时需设计数据交换平台，实现与住房和城乡建设部中央数据库实时互联互通。信息平台是由多个层级组成的复合系统，从最基础的硬件设备到用户最终使用的系统之间需要很多的层级和组成部分，这些组成部分之间互相依赖、互相配合，形成一个密不可分的整体系统。

省域建筑市场信息化平台的总体架构如图4-2所示。

第4章 建筑市场信息化

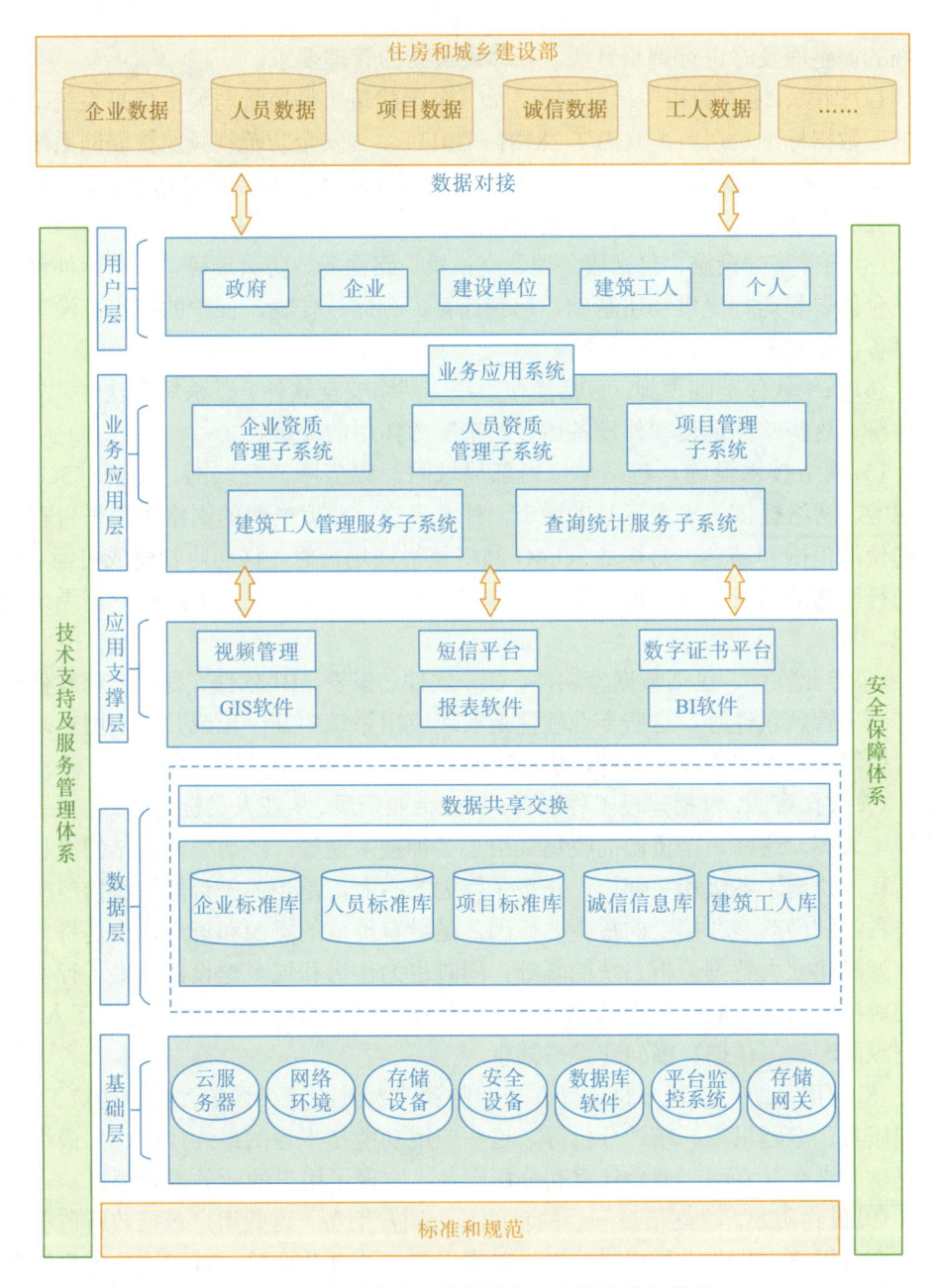

图 4-2 省域建筑市场信息化平台的总体架构图

省域建筑市场信息化平台的总体架构各部分详细内容如下。

(1) 国家、地方的相关法律法规，如《中华人民共和国城乡规划法》《中华人民共和国建筑法》《四川省城乡规划条例》《四川省建筑管理条例》等，这些是平台建设的需求大纲，系统建设必须遵从这些法律法规的要求，而且要随着法律法规的调整而及时进行调整升级，以体现最新的管理要求。

(2)国家、地方的相关标准规范，如《全国建筑市场监管与诚信信息系统基础数据库数据标准(试行)》(GB/T 28181—2011)、《安全防范视频监控联网系统信息传输、交换、控制技术要求》及《建筑工程施工现场视频监控技术规范》(JGJ/T 292—2012)等，这是平台建设的技术导则。

(3)硬件基础设施，包括服务器、交换机、路由器、防火墙等，这些硬件设备为平台部署和运行提供物质基础，起到计算、存储、传输、保护的作用，没有这些设备，信息平台将是空中楼阁。

(4)系统软件基础设施，包括操作系统、网络安全软件、查杀病毒软件、热备软件等，这些软件是让硬件设备运行起来发挥作用的关键。

(5)网络技术设施，包括单位内部局域网、政务网、互联网、专网、3G/4G网络等。网络提供了平台运行的通道，种类多样、速度畅快的网络将使平台有更广的使用范围和场合，尤其是3G/4G网络使得现场监管、移动监管变成可能。随着光纤网络的普及，高清视频监控也将推广开来，真正实现足不出户一览无余的梦想。

(6)专业软件，包括数据库软件、GIS软件、报表、BI软件、视频管理软件、数字证书管理软件等，这些专业软件是实现应用系统中某一项或几项应用功能的后台引擎，基于这些专业软件，实现应用功能将起到事半功倍的效果。

(7)数据资源，包括建设工程项目、从业企业资质、从业人员资格、诚信记录、建筑工人等，这些数据资源的收集采用了多种技术途径，经历了十多年的漫长时间历程，协调了各级相关部门，花费了巨大的心血，是当前平台能广泛推广应用并被各级部门欢迎和接受的最主要原因，是最有价值的资源和资产，也是将来数据挖掘和建立大数据分析系统的基础，同时也为住房和城乡建设部提供了行业数据的对接，实现了建筑市场的建设项目、从业企业、从业人员(包含建筑工人)的数据纵向汇聚与传递、横向交换与共享。

(8)应用系统，包括项目监管、企业监管、人员监管、诚信管理、建筑工人、地图服务、专题报表、统计分析等，这些应用功能是平台的最终体现，为最终用户提供前端交互界面、后台计算和分析服务，实现了用户的业务需求逻辑。

(9)最终用户，建立信息平台的目的是为用户服务，这些用户包括政府监管人员、企业用户、从业人员用户、建设单位用户、社会公众等，有了这些用户的参与，才能为系统提供绵绵不绝的信息来源，动态地更新数据，同时已有数据才能为用户提供服务，发挥价值，形成良性循环。

4.4 建筑市场信息化策略

4.4.1 从业企业管理信息化策略

1. 目标分析

住建主管部门作为建设行业的主管部门，负责建筑市场的监督与管理工作，建筑从业企业在建筑市场中扮演重要角色，从业企业信息化也成为各省建筑业市场信息化的重要组成部分。

建筑行业企业资质包括建筑企业、工程监理、房地产开发、工程勘察、工程设计、质量检测机构、工程造价咨询、施工图审查、房地产估价、城乡规划编制。其中，2017年12月28日，住房和城乡建设部办公厅发布了《关于取消工程建设项目招标代理机构资格认定 加强事中事后监管的通知》，各住建主管部门不再受理项目招标代理机构资格认定申请，停止项目招标代理机构资格审批；2018年2月12日，第37次住房和城乡建设部常务会议审议通过《住房和城乡建设部关于废止〈工程建设项目招标代理机构资格认定办法〉的决定》；2018年3月22日住房和城乡建设部办公厅发布了关于废止《建设部关于印发〈工程建设项目招标代理机构资格认定办法实施意见〉的通知》的通知。从业企业的管理应与国家政策文件相适应，对涉及的招标代理机构资质办理事项逐步停止办理。

从业企业资质办理涉及县、市、省级住房城乡建设行政审批管理部门，其负责管辖区域内企业资质办理事项的受理、审查、公示和决定。针对企业资质类型和级别不同，各级行政审批管理部门负责事项和重点不同，要按照行政区划的级别将企业资质办理事项以层级化形式管理起来，在达到企业资质办理公平公正要求的同时，提升企业资质办理事项审批效率和质量。建筑行业和工程建设项目规模的不断扩大、施工技术与安全质量的要求不断提高，对从业企业从事建筑活动时应具备相应的资质条件提出了更加严格的要求，住建主管部门必须加大对从业企业资质办理情况及相关信息的监管力度，保障建筑市场的安全与质量。

2. 业务分析

目前，建筑施工、工程监理、造价咨询、物业管理、房地产开发、房地产评估、工程勘察、工程设计等各类企业都应具有国家规定的建筑行业企业资质。建筑行业企业资质是企业从事建筑活动的资格证明，通过资质管理的过程，保证施工的安全和质量。从业企业信息化的主要内容是对各类建筑企业资质认定相关事项进行信息化和流程化管理，为住建主管部门提供企业资质申请审批和监管的工具。从事建筑活动的企业包含建筑企业、勘察企业、设计企业、监理企业、施工图审查机构、规划编制单位、工程造价咨询单位、房地产开发企业、房地产评估机构、城市燃气经营企业、装配式建筑生产企业、质量检测机构、物业服务企业、项目管理企业等，各类企业申请资质认定业务包括新办核定、重新核定、增项申请、主项升级、资质升级、延续申请、换证申请、企业改制、合并吸收、资质注销、变更申请、增加副本、证书挂失、遗失补办、复业申请、监督复查、备案及其他事项。

建设行业从业企业资质管理采用行政许可审批方式，在管理模式上要遵循《中华人民共和国行政许可法》的相关规定，在许可审批中要遵循相应的法律法规和管理标准。在组织关系上，从业企业采取企业注册归属地管理方式，分为省直属企业、市州企业和区县(扩权县)企业。管理部门按照住房和城乡建设部、省级部门以及省级下属的各级住建主管部门的上下级关系进行垂直管理，采用三级审批管理模式：①县级住建主管部门审批；②市级住建主管部门审批(含扩权县主管部门审批)；③省级住建主管部门审批。建筑业从业企业的资质三级审批管理模式如图 4-3 所示。

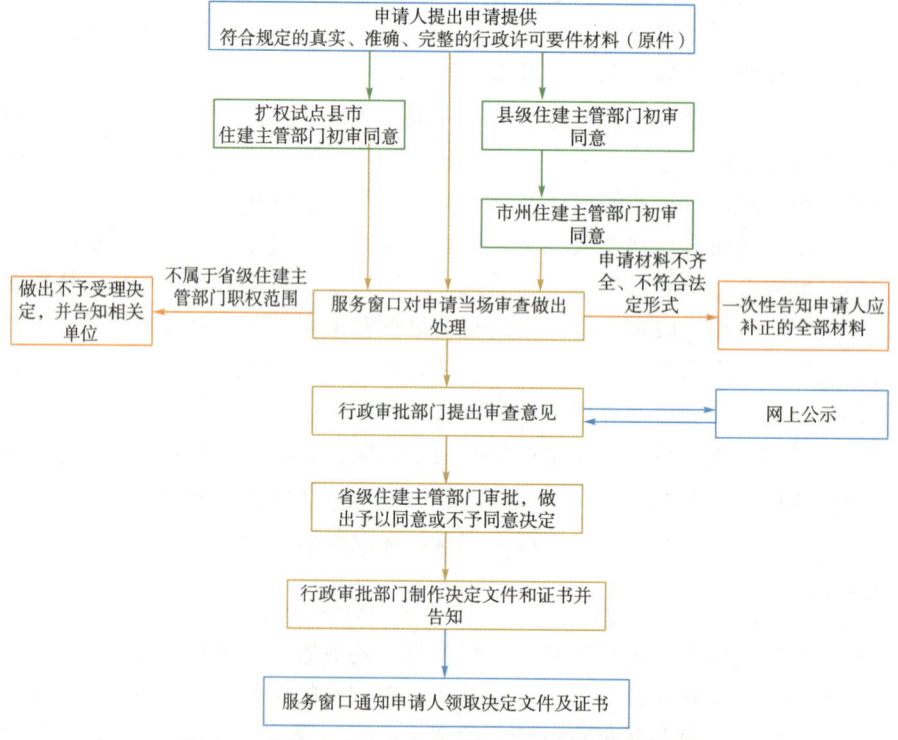

图 4-3 建筑业从业企业的资质三级审批管理模式图

1) 申报

从业企业根据申报事项填报业务信息，同时需要上传纸质申请材料扫描件。

根据企业类型和申报资质项、级别不同，填报的资格申请内容也不同。以建筑业企业资质、工程勘察资质、工程设计资质、工程监理企业资质的新办核定事项为例，其填报内容包含企业基本信息(企业名称、注册地址、详细地址、营业执照注册号、从业人员状况、生产经营状况等)、企业负责人、专业技术负责人、企业简介、组织机构框架图、注册人员、职称人员、现场管理人员、技术工人、主要工程业绩、主要仪器设备等，同时需要上传营业执照扫描件、企业法人证件、财务报告、社保缴纳明细、工程业绩等相关证明附件。

2)初审

按照企业资质管理权属关系进行申报事项初审，各县级住建主管部门初审所属从业企业填报的资格申请材料，市级住建主管部门对县级住建主管部门初审通过的申请材料进行审核，扩权县住建主管部门对所属企业填报的资格申请材料进行初审。

3)审查

行政审批相关部门依次对资格申请事项进行审查。

4)公示

在承诺时限内将审核意见在住建主管部门网站、政务服务网站上公示。

5)决定

公示期结束后，在住建主管部门网站、政务服务网站上发布建设类企业行政许可审批决定的通告。

此外，省级住建主管部门还需要对省外进入本行政区域的企业进行监管。以四川省为例，在四川省从事建筑活动的企业需在四川省住房城乡和建设厅进行入川登记，入川企业主要有监理企业、施工企业、招标企业、造价企业、工程勘察、工程设计等，对入川企业的管理内容主要包括以下几点。

(1)入川登记。入川企业依法进行信息登记后，方可参与建筑市场活动。省级住建主管部门负责对入川企业进行信息审查和市场行为的监督管理，市州、县(市、区)住建主管部门负责对本辖区入川企业的市场行为的监督管理。

(2)备案变更。入川企业的分支机构地址、名称、负责人等的信息发生变更，需要进行信息变更的业务办理。主管部门按照相关规定进行审批程序核定。

(3)监督复查。根据相关规定，各级主管部门每年需要对入川企业资质进行一次重点监督复查工作，主要是对上一年度各企业的不良行为等15项监督内容进行复查，省级住建主管部门对各地上报的重点监督复查企业进行抽查和统一公示、公告。对于监督复查企业要进行动态管理。

从业企业和入川企业的信息化管理，应满足图4-4所示的流程要求。

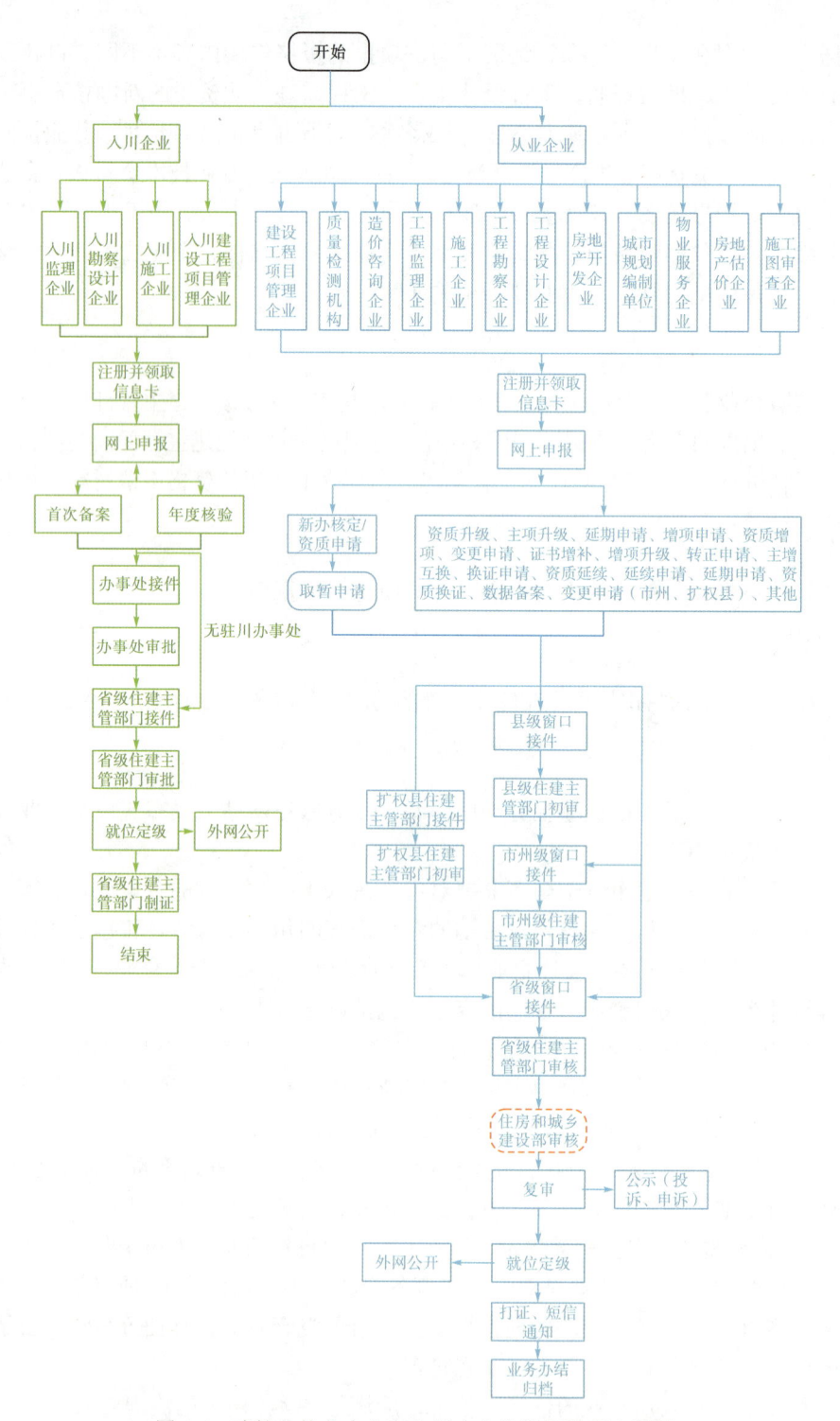

图 4-4　建筑业从业企业和入川企业信息化管理流程图

3. 用户分析

建筑市场信息化系统成果主要为两种类型用户提供服务。

(1) 住建主管部门：包含省级住建主管部门、市级和县级住建主管部门。

(2) 从事建筑类活动的企业：包含建筑业企业、勘察企业、设计企业、监理企业、施工图审查机构、工程造价咨询单位、房地产开发企业、房地产评估机构、城市燃气经营企业、装配式建筑生产企业、质量检测机构、物业服务企业、规划编制单位、项目管理企业等。

4.4.2 从业人员管理信息化策略

1. 目标分析

从业人员是组成建筑市场重要的、不可或缺的因素之一，建筑市场采用严格的从业人员市场准入制度。市场准入制度是国家和政府准许公民和法人进入市场，从事商品生产经营活动的各种条件和程序规则的制度和规范的总称。

注册人员实行注册执业管理制度，经过注册后方可从事相应的执业活动。通常情况下，取得资格证书并受聘于一个建设工程勘察、设计、施工、监理、招标代理、造价咨询等单位的人员，应当通过聘用单位向单位工商注册所在地的省、自治区、直辖市人民政府住建主管部门提出注册申请，由省、自治区、直辖市人民政府住建主管部门初审，住房和城乡建设部审批；其中涉及有关部门的专业注册工程师的注册，由住房和城乡建设部和有关部门审批。

注册人员的证书一般都是有有效期的，因此除了初始注册，还有证书的延续注册和变更注册。注册初审机关应当自受理申请之日起 5 日内审查完毕，并将申请材料和初审意见报注册机关。注册机关应当自受理之日起 10 日内做出决定。

注册人员执业需严格按照注册工程师的管理规定执行，并且在每一注册期内应达到住房和城乡建设部规定的本专业继续教育要求。继续教育作为注册工程师逾期初始注册、延续注册和重新申请注册的条件。

2010 年 8 月 13 日，住房和城乡建设部制定并下发《关于加强建筑市场资质资格动态监管完善企业和人员准入清出制度的指导意见的通知》(建市〔2010〕128号)。该指导意见提出，完善我国建筑市场监管体系；严格市场准入，着力解决企业、从业人员市场清出机制不健全的问题；实行市场准入清出与工程质量安全、诚信体系建设相结合，形成各部门监管合力；实现资质资格许可、动态监管、信用管理等各环节的联动；保障建设工程质量安全，维护统一、规范、公开、有序的建筑市场秩序，促进建筑业健康协调可持续发展。

对建筑市场从业人员的监管主要是对各类注册人员的考试、注册、执业、变更注册、继续教育进行监督管理，对专业技术人员进行培训、考核和管理工作。管理工作主要包括：初始注册、增项注册、变更注册、续期注册、注销注册、重新注册、信息变更管理、资格申报、执业企业变更、证书换证、证书注销、继续教育管理、考试管理、职称管理。

该指导意见还提出要加快建立和完善建设工程企业、注册人员、工程项目和质量安全事故基础数据库，最大程度利用各地现有信息化建设成果，健全数据采集、报送、发布制度，统一数据标准，实现注册人员、企业、工程项目和质量安全事故数据库之间的动态关联，实行住房和城乡建设部数据库与省级住建主管部门数据库数据信息的同步共享；要为监管机构对建设工程企业、注册人员市场准入和清出提供全面、准确、动态的基础数据，为政府部门制定政策提供科学、客观的依据，为社会公众提供真实、便捷的信息查询服务。

2. 业务分析

改革开放 40 多年来，我国建筑市场开放程度不断提高，推动了建筑业持续发展，为促进国民经济发展发挥了重要作用。据统计，2018 年我国建筑业总产值为 23.5 万亿元，同比增长 9.9%；完成竣工产值 12.1 万亿元，同比增长 3.42%；签订合同总额为 49.4 万亿元，同比增长 12.49%，其中新签合同额为 27.3 万亿元，同比增长 7.14%；房屋施工面积为 140.89 亿平方米，同比增长 6.96%；完成房屋竣工面积 41.35 亿平方米，同比下降 1.33%；实现利润 8104 亿元，同比增长 8.17%。截至 2018 年底，全国有施工活动的建筑业企业达 95400 个，同比增长 8.34%；从业人数为 5563.30 万人，同比增长 0.48%；按建筑业总产值计算的劳动生产率为 37.3 万元/人，同比增长 7.40%。

目前，建筑市场仍存在一些不容忽视的问题：各类注册人员分布不均衡，部分地区注册人员与企业数量、建设规模不匹配；工程转包、违法分包、工程结算纠纷、拖欠农民工工资以及质量安全事故等问题屡有发生；建筑市场监管体系不健全，市场清出机制不完善，"重准入、轻监管"的现象依然存在。这些问题严重影响了建筑市场秩序和建筑业的健康发展，必须认真解决。

为解决存在的问题，需加快完善我国从业人员监管体系，严格市场准入，着力解决从业人员市场清出机制不健全的问题；实行市场准入清出与工程质量安全、诚信体系建设相结合，形成各部门监管合力；实现资质资格许可、动态监管、信用管理等各环节的联动；保障建设工程质量安全，维护统一、规范、公开、有序的建筑市场秩序，促进建筑业健康协调可持续发展。因此，通过信息化技术建立对从业人员的监管平台，既满足政府部门的监管需要，同时也加强了人员网上办事的便利性。

住房和城乡建设部负责建立注册人员中央数据库，制定统一的数据标准、数据交换标准，统一数据信息采集、报送标准，制定数据库运行、维护的相关管理制度，建立相关管理程序。省级住建主管部门应当建立和完善本地区统一的注册人员数据库，按照住房和城乡建设部的工作部署和要求，采集、报送各类数据信息，实现与全国中央数据库对接，及省际数据库之间互通共享。

建立人员综合管理平台，关联企业和项目信息。通过信息化平台开展初始注册、增项注册、变更注册、续期注册、注销注册、重新注册、信息变更管理、资格申报、执业企业变更、证书换证、证书注销、继续教育管理、考试管理、职称管理等管理工作。建立人员信用档案，关联人员基本信息、职称证书、资格证书、从业企业、项目经历等数据；支持企业对人员进行调动，并由企业注册地所在主管部门进行审核监管；支持各类注册人员的考试、注册、执业、变更注册、继续教育和监督管理，对专业技术人员进行培训、考核和管理工作。

建立个人办事平台，实现办理进度和消息全掌握。支持从业人员对其个人基本信息、证书信息、工作经历、教育信息等进行备案，并支持相关电子材料上传，通过主管部门审查后，纳入个人信用档案，所有入库信用档案可在办理业务时进行调用；个人也可通过办事平台，对个人的基本信息、证书信息、工作经历、教育信息以及办理事项进度进行查询，及时掌握办理动态。

建立人员综合评价分析机制，建立行业分析平台和功能，结合地图平台对从业人员的培训教育、资质分布情况、业绩情况等进行综合分析和可视化展示，满足行业管理数据分析的需要。

3. 用户分析

从业人员管理信息化主要为四类用户服务。

(1)所有从业人员，包含注册类人员，住建领域专业人员，安管人员，建筑工程初、中、高级专业技术人员，建筑工人等，按照资格管理办法的不同，进行资格证书申请和继续教育培训。

(2)住建主管部门，负责对从业人员的资格管理、继续教育管理、考试管理、职称管理工作进行监管和监督检查。

(3)省级住建主管部门，负责对二级注册证书进行资格审批和监督工作。

(4)住房和城乡建设部，负责对一级注册证书进行资格审批和监督工作。

4.4.3 建设项目管理信息化策略

1. 目标分析

根据《国务院办公厅关于开展工程建设项目审批制度改革试点的通知》（国办发〔2018〕33号）文件要求，全面深入贯彻党的十九大和中共十九届二中、三中全会精神，以习近平新时代中国特色社会主义思想为指导，按照党中央、国务院关于深化"放管服"改革和优化营商环境的部署要求，以推进政府治理体系和治理能力现代化为目标,对工程建设项目审批制度进行全流程、全覆盖改革,努力构建科学、便捷、高效的工程建设项目审批和管理体系。

为贯彻落实党中央、国务院关于深化"放管服"改革和优化营商环境的工作部署,推动政府职能转向减审批、强监管、优服务,提高工程建设项目审批的效率和质量,各省应加强工程建设项目审批相关信息系统平台的建设及完善工作,构建以工程建设项目流程管理为核心的协同办公平台,实现工程建设项目全过程管理信息化,形成省域内工程建设从业企业、从业人员、工程项目、诚信信息四大数据库,覆盖省、市、县三级建筑市场的日常监管。各级住建主管部门要指导和服务建筑市场有关主体及时通过一体化平台办理招投标备案、合同备案、施工图审查、质量安全监督、施工许可、竣工验收各环节业务,防止业务办理与平台使用分离,强化工程项目监管。

2. 业务分析

经过对建设工程项目管理现行模式、机制和流程的研究,可将项目管理分为七个阶段。

第一阶段为招投标阶段,分步骤对建设工程的勘察、设计、施工、监理进行招投标工作,确定符合要求的从业企业,并落实关键岗位人员,确保各方主体及责任人按照规定签署"两书",通过合同备案后的资料作为后期阶段监管各方主体及责任人到位的依据和标准。

第二阶段为建筑设计方案和初步设计审批阶段,在建筑设计方案中落实出让土地各项规划指标,确保建筑设计方案满足主管部门审批通过的规划条件,确保拟建项目总平面布置、相邻关系、建筑立面、建筑设计满足城市规划、国家规范和有关规定。

第三阶段为施工图审查、备案和核发建设工程规划许可证阶段,在施工图设计文件中,落实出让土地各项规划指标,确保施工图设计文件满足主管部门审定的建筑设计方案,确保结构安全、强制性规范条文、建筑节能、无障碍设计的执行。

第四阶段为颁发建筑施工许可证阶段,组织施工许可证前置条件事项的各项审批,包括质量安全监督许可和质量监督许可,确保按时、足额缴纳各种费用,确保安全文明施工,确保施工质量,确保新型墙材、建筑节能技术的推广应用,确保建筑行业正常秩序。

第五阶段为建设工程施工现场监管阶段,启动并开展施工现场联动监管,确保审定的施工图设计文件在施工过程中得到严格执行,各项规划指标在项目实体施工过程中得到贯彻和执行。

第六阶段为竣工验收阶段,严格、全面核实各项规划指标执行情况、配套公共建筑设施建设情况、建筑质量安全情况、节能材料节能措施的使用和执行情况、严格照图施工情况。

第七阶段为竣工验收阶段，组织相关单位、部门对建设工程交付使用前情况进行竣工验收，确保顺利交付使用和社区管理。

从以上七个阶段的工作内容可以看出，第一至第三阶段是逐步对规划指标进行核实和细化的过程，第四和第五阶段是在项目工程建设过程中确保规划指标的落实执行，第六和第七阶段是对已完成的建设工程项目进行规划指标的核实和验收的过程。

这七个阶段贯穿每个建设工程项目的始终。建设工程项目的监管应将此七个阶段作为项目监管的主线。针对这七个阶段，应建立省域内建设工程项目全过程监管信息平台，对建设工程项目各个关键节点进行监管，对这七个阶段中各项行政审批事项、重要管理工作的前置条件、审核结果、办理结果进行管理，实现建设工程项目全过程信息共享，实现省、市、县三级主管部门联动管理信息共享，提高建设工程项目管理效率，对项目过程进行规范性监管，对五方主体进行全过程监控管理。这七个阶段中涉及的主要业务流程如下。

(1) 招标控制价备案。建设单位进行招标控制价备案申请，上报至主管部门，主管部门可查询并对其进行审核。

(2) 中标备案。实现工程项目的施工、监理、勘察、设计(房屋建筑工程/市政基础设施/岩土工程勘察)的中标备案登记管理，中标备案通过审批后，由主管部门出具中标备案通知书。

(3) 合同备案。企业签订合同后，进行合同备案申请，上报至主管部门，主管部门可查询并对其进行接件、复审。

(4) 质监备案。各责任主体可以进行业务查询、业务上报，主管部门可以对企业上报内容进行查询并对其进行接件、初审、复审。

(5) 安监备案。各责任主体可以进行业务查询、业务上报，主管部门可以对企业上报内容进行查询并对其进行接件、初审、复审。

(6) 勘察业务。勘察业务由建设单位、勘察单位、勘察劳务单位、施工图审查机构协作进行，且最终形成的勘察文件由施工图审查机构向项目属地主管部门进行备案。

(7) 施工图设计。施工图设计业务由建设单位、设计单位、施工图审查机构协作进行，且最终形成的设计文件由施工图审查机构向项目属地主管部门进行备案。

(8) 施工许可。实现对施工许可初次、延期、变更业务的管理，实现施工许可证的网上申报和核发，支持施工许可证的延期办理、五方主体负责人员的变更办理。

(9) 起重设备。支持设备基本信息、安装和拆卸备案申请、查询和审批，对起重机械设备运行数据进行实时采集、实时监控及实时报警，对特种人员进行管理。辅助质量安全监督站、项目部和产权单位，监测现场起重机械设备的运行状态，预防安全事故发生。

(10) 质安检查。监督机构应当委派 2 名及以上监督人员按照监督计划对工程项目施工现场进行随机抽查。监督人员进入工程项目施工现场抽查，并填写《施工安全监督抽查记录》。检查主要分为：①责任主体行为监督，包括建设、勘察、设计、施工、监理单位安全行为检查；②工程实体监督，主要包括日常巡查、重点抽查、专项检查、评价检查、动态管理。

(11) 安全自评。施工单位可在线多次填写安全自评表，填写完成后提交至主管部门；主管部门可查询企业每次的各项自评分数，同时可进行评分，并填写主管部门处理意见，企业可查看主管部门给予的处理意见。主管部门进行安全评定可放在现场监管的安全评定模块下。建设项目管理安全自评业务包括安全自评、综合自评。施工单位按照《建筑施工安全检查标准》（JGJ 59—2011）的相关规定和标准，实现施工单位网上进行工程安全自评，自评结果上报属地监督机构，监督机构进行安全评定。竣工验收备案前，施工单位在网上进行安全综合自评，自评结果上报属地监督机构，监督机构对建设工程进行施工安全综合评价，并生成单位工程安全文明施工综合评价书，建设单位可据此申办竣工验收备案。

(12) 竣工结算。建设单位进行竣工结算申请，上报至主管部门，主管部门可查询并对其进行审核。

(13) 竣工验收备案。企业进行竣工备案申请。企业上报竣工验收备案相关信息后，主管部门可查询并对其进行接件、初审、复审。在建设项目全业务管理过程中，应满足全主体参与的需求，各级主管单位（审批部门、监管部门、执法部门）、责任主体（建设单位、施工单位、勘察单位、设计单位、监理单位、造价咨询企业、审图机构等）各方全面参与到监管过程中，责任主体按照相关管理制度完成各自的申报、填报、监理工作，主管单位完成项目的分级审批、监督、管理、执法监察。建设工程项目业务过程中各主体参与情况如图 4-5 所示。

3. 用户分析

省域建设项目管理信息化成果应主要为两种类型用户提供服务。

(1) 主管部门。省级住房城乡建设主管部门对市级实施建筑项目管理工作进行指导和监督，市级住房城乡建设主管部门对本行政区域的县级住房城乡建设主管部门、建筑企业的项目管理的情况进行监督检查。

(2) 建筑业企业。建设单位、造价咨询企业、施工单位、监理单位、勘察单位、设计单位、审图机构等进行项目的业务填报及查询。

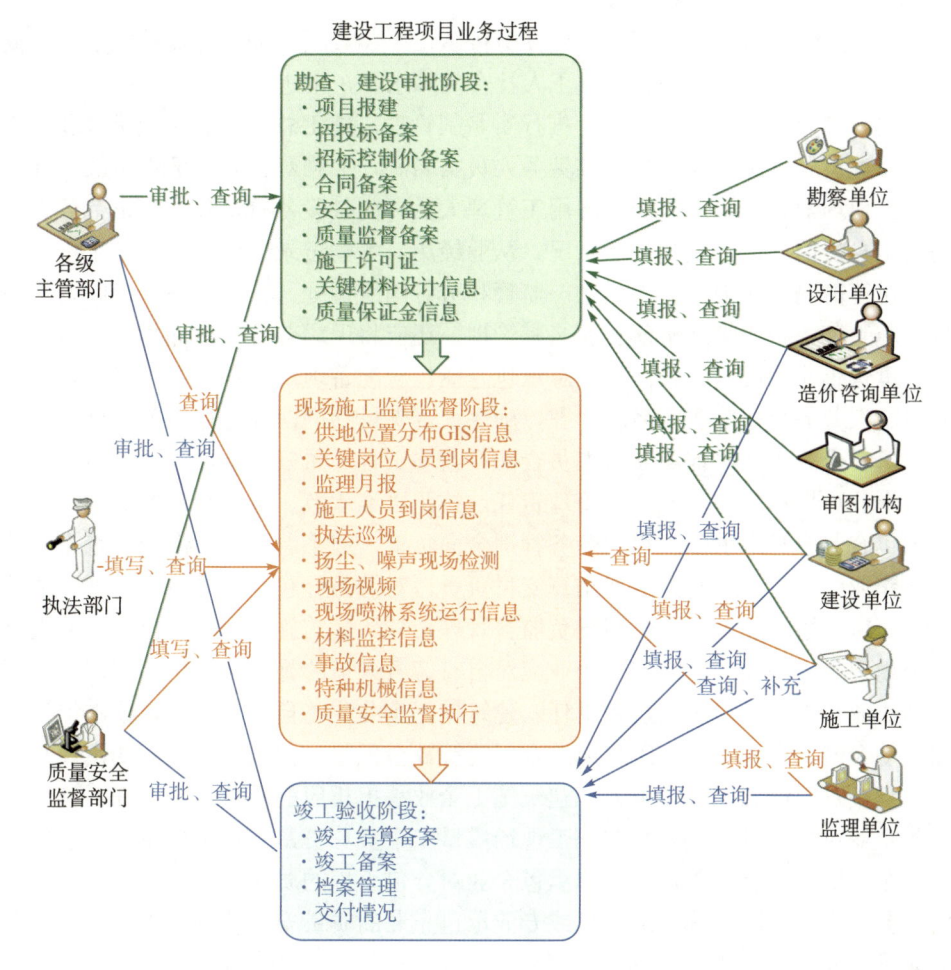

图 4-5 建设工程项目业务过程中各主体参与情况

4.4.4 建筑工人管理信息化策略

1. 目标分析

根据《国务院办公厅关于促进建筑业持续健康发展的意见》(国办发〔2017〕19 号)和《住房和城乡建设部关于进一步加强和完善建筑劳务管理工作的指导意见》(建市〔2014〕112 号)的文件精神,加强建筑劳务用工管理,进一步落实建筑施工企业在队伍培育、权益保护、质量安全等方面的责任,保障劳务人员合法权益,构建起有利于形成建筑产业工人队伍的长效机制,提高工程质量水平,促进建筑业健康发展。建筑工人信息化建设的目标是利用计算机和信息网络技术,建立配套制度,改革行业监管模式,规范行业管理和从业人员行为。建立建筑工人实名制管理体系,实现建筑工人实名制管理、施工现场监管;进一步规范建筑市场各方主体和从业人员行为；提高劳务队伍整体素质，加大职业技能培训，提高农民工持证上岗率，提高建筑工人社会保障水平，推进建筑工人职业化。

倡导多元化建筑用工方式，推行实名制管理。施工总承包、专业承包和施工劳务等建筑施工企业要严格落实劳务人员实名制，加强对自有劳务人员的管理，在施工现场配备专职或兼职劳务用工管理人员和门禁设备等，负责登记劳务人员的基本身份信息、培训和技能状况、从业经历、考勤记录、诚信信息、工资结算及支付等情况，加强劳务人员动态监管和劳务纠纷调处。实行劳务分包的工程项目，施工劳务企业除严格落实实名制管理，还应将现场劳务人员的相关资料报施工总承包企业核实、备查；施工总承包企业也应配备现场专职劳务用工管理人员监督施工劳务企业落实实名制管理，确保工资支付到位，并留存相关资料。

落实企业责任，保障劳务人员合法权益与工程质量安全。施工总承包、专业承包企业承担相应的劳务用工管理责任。按照"谁承包、谁负责"的原则，施工总承包企业应对所承包工程的劳务管理全面负责。施工总承包、专业承包企业将劳务作业分包时，应对劳务费结算支付负责，对劳务分包企业的日常管理、劳务作业、用工情况、工资支付情况负监督管理责任。建筑施工企业对自有劳务人员承担用工主体责任。建筑施工企业应对自有劳务人员的施工现场用工管理、持证上岗作业和工资发放承担直接责任。建筑施工企业应与自有劳务人员依法签订书面劳动合同，办理工伤、医疗或综合保险等社会保险，并按劳动合同约定及时将工资直接发放给劳务人员本人。建筑施工企业承担相应的质量安全责任。施工总承包企业对所承包工程项目的施工现场质量安全负总责，专业承包企业对承包的专业工程质量安全负责，施工总承包企业对分包工程的质量安全承担连带责任。施工劳务企业应服从施工总承包或专业承包企业的质量安全管理，组织合格的劳务人员完成施工作业。

加大监管力度，规范劳务用工管理。落实劳务人员实名制管理各项要求，积极推行信息化管理方式，将劳务人员的基本身份信息、培训和技能状况、从业经历和诚信信息等内容纳入信息化管理范畴，逐步实现不同项目、企业、地域劳务人员信息的共享和互通。有条件的地区，可探索推进劳务人员的诚信信息管理，对发生违法违规行为以及引发群体性事件的责任人，记录其不良行为并予以通报。加大企业违法违规行为的查处力度。各地住建主管部门应加大对转包、违法分包等违法违规行为以及不执行实名制管理和持证上岗制度、拖欠劳务费或劳务人员工资、引发群体性讨薪事件等不良行为的查处力度，并将查处结果予以通报，录入企业信用档案。进一步加快施工劳务企业信用体系建设，将其不良行为统一纳入全国建筑市场监管与诚信信息发布平台，向社会公布。

加强政策引导与扶持，夯实行业发展基础。加强劳务分包计价管理。实时跟踪劳务市场价格信息，做好建筑工种和实物工程量人工成本信息的测算发布工作，引导建筑施工企业合理确定劳务分包费用，避免因盲目低价竞争和计费方式不合理引发合同纠纷。做好引导和服务工作。搭建建筑劳务供需平台，提供建筑劳务供求信息，加强培训工作指导，整合培训资源，推动各类培训机构建设。推进建筑劳务基地化建设。完善建筑劳务输出人员的跟踪服务，推进建筑劳务人员组织化输出。

通过建立省域内建筑工人信息化平台，实现全域实名信息统一采集、统一记录、统一管理、统一反馈以及全流程监督等功能，使其既是信息采集分析的平台，又能为跨地区、跨部门、跨层级"监管"服务提供有力支撑，更能发挥"大脑"作用，为优化管理手段和辅助领导决策提供更强大的数据服务支撑。建筑工人信息化平台可供省级、市级、县级主管部门及企业使用，从而有效地避免了重复建设和信息孤岛问题，节约了建设成本，提高了信息化建设资金的应用效率，最大限度地整合行业信息化资源。

省域建筑工人信息化平台的建立和运行，将有助于推进建筑劳务用工制度改革，规范建筑市场用工秩序，加强建筑用工管理，维护建筑企业和建筑工人的合法权益，加快培育新时期建筑产业工人队伍，推动建筑业实现高质量发展，有利于降低行政成本，提高监管能力和公共服务水平。

2. 业务分析

建筑工人实名制管理是近两年建筑市场信息化发展的新方向、新要求。以四川省为例，全省建筑行业信息化管理起步较早，但随着全省建设行业实名制管理要求的进一步落实，目前各级各部门分头建设严重、地区差异明显、应用深度不足、信息共享难度大等问题逐步凸显。主要体现在三个方面。

(1) 建筑劳务用工实名制管理地区发展不平衡，缺乏统一平台支撑。省内部分地区根据自身情况对实名制进行管理，侧重点各不相同，分头自建，地区差异明显，很多地区甚至还没有使用信息化方式对实名制进行管理。在实名制管理工作上，缺乏全省统一的应用平台使用、缺乏服务信息共享支撑，各地部门间政务服务数据互联互通困难，实名信息处于分散割据的碎片化状态。

(2) 缺乏全省统一的标准体系。标准化是推进"互联网+"的基础和主线，实名制管理需要依托互联网实现实名信息的有效传递和主管部门的监管。亟须通过省域实名制管理平台的建设，形成全省统一的实名制标准体系，建设建筑劳务用工实名制数据库，实现实名信息、考勤信息、进退场管理、劳动合同、社保材料、工资发放、职业培训等要素和内容的统一，为实现信息共享和监管，提供产品化、标准化和精细化服务奠定基础。

(3) 关键保障技术缺乏全省统一支撑，一体化实名制体系难以构建。部分涉及电子政务、信息技术、安全保障方面的法律法规和标准规范过于宏观，缺乏配套的实施指南，实际操作难度较大，无法满足当前实名制管理可持续发展的需要，亟须通过省实名制管理平台的建设，推动"互联网+"统一支撑技术体系的完善。

推动统一身份认证、统一电子印章、统一电子证照库等支撑平台建设，促进云计算、大数据、物联网、移动互联网等在政务服务中的应用，不断提升网上政务服务便利化、个性化、智慧化。

省域建筑工人信息化管理平台应包括以下内容。

(1) 全省建筑工人管理平台。全省建筑工人管理平台由省平台、市县平台、建筑企业实名制管理信息系统和建筑工人个人移动客户端等组成，各级各类建筑工人实名制管理信息系统应统一使用省级住建主管部门发布的数据标准和接口标准，实现全省范围内数据实时共享。

(2) 市县建筑工人管理平台。各市、县住建主管部门应建立建筑工人管理平台，也可以使用由省级住建主管部门提供的市、县建筑工人管理服务信息平台。市县建筑工人管理平台包含施工现场建筑工程机械登记管理和建筑工人基本信息、从业记录、职业技能培训与鉴定管理、建筑工人变动状态监控、投诉处理、不良行为记录、诚信评价、统计分析等方面的信息。

(3) 建筑工人实名制管理系统。建筑用工企业可以根据数据标准建立建筑工人实名制管理系统，也可以直接应用住建主管部门提供的系统进行实名信息采集和数据录入。承包企业在施工现场应以第二代身份证为基础核实采集本项目建筑工人基本信息，记录人员技能安全培育情况、出勤、完工数量质量和诚信评价等信息。承包企业应及时对施工现场建筑工程机械使用情况进行登记。鼓励社会各方开发符合数据标准的建筑工人移动客户端，向建筑工人推送相关信息。

(4) 施工现场管理信息化采集设备。承包企业在工程项目部应配备建筑工人实名制管理所必要的硬件设施设备。有条件实施封闭式管理的工程项目，应设立施工现场进出场门禁系统，鼓励采用生物识别技术进行电子打卡；不具备封闭式管理条件的工程项目，鼓励采用移动定位、电子围栏等技术实施考勤管理。承包企业应在施工现场显著位置设置建筑工人维权告示牌，公开相关信息，保障建筑工人合法权益。

3. 用户分析

省域建设项目管理信息化成果应主要为两种类型用户提供服务。

(1) 主管部门。省级住建主管部门对市级实施建筑工人实名制管理工作进行指导和监督，市级住建主管部门对本行政区域内县级住建主管部门、建筑企业和施工现场建筑工人实名制管理的情况进行监督检查。

(2) 建筑业企业。承包企业在施工现场以第二代身份证为基础核实采集本项目建筑工人基本信息，记录人员技能安全培训情况、出勤、完工数量质量和诚信评价等信息，并对施工现场建筑工程机械使用情况进行登记；建设单位、工程监理企业基于平台，对建筑工人实名制信息进行监督。

4.5 建筑市场信息化实践

4.5.1 从业企业管理信息化实践

近年，各省住建主管部门采取了一系列措施，加大对信息化建设的投资，且已具备较完善的从业企业信息化监管机制，对从业企业信息化管理取得显著的成效。当然，随着建筑行业和工程建设项目规模的不断扩大和发展，施工技术与质量的要求不断提高，对建筑业信息化管理的技术与难度也逐步加深，在未来的建筑市场信息化监管方面，还需步履不停地创新和建设。

以四川省为例，四川省住房和城乡建设厅按照国务院、住房和城乡建设部及省委省政府的要求，结合实际开发了四川省住房城乡建设电子政务平台，通过十多年系统化的管理，加强了对建筑行业的企业资质管理，已逐渐规范了建筑业市场，维护了从事建筑业活动企业的合法权益。

四川省住房城乡建设电子政务平台包括全省住建系统各专业资质和人员资格网上申报审批，可实现全省住房城乡建设系统 12 类企业资质、10 类入川企业信息登记等行政许可事项和公共服务事项的网上办理，建筑施工、工程监理、造价咨询、物业管理、房地产开发、房地产评估、工程勘察、工程设计、城乡规划编制单位等企业资质和安全生产许可证等 12 类业务的电子化申报。网上办事公开透明、规范运行，方便了群众办事，提高了行政审批效能，实现了行政权力在网上依法规范公开运行。

（1）资质办理。不同类型企业资质办理事项不同，企业根据办理资质类型填报资质申请表，填报内容包含资质信息、基本信息、企业负责人信息、业绩信息等，同时需要上传电子材料。建筑业从业企业资质办理页面如图 4-6 所示。

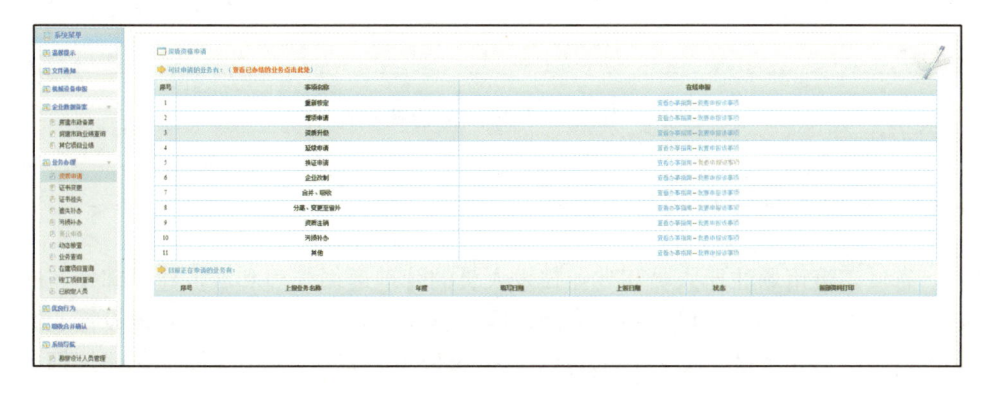

图 4-6　建筑业从业企业资质办理页面

(2)主管受理。住房城乡建设主管部门对从业企业上报的资质办理业务进行受理。主管部门受理从业企业资质的页面如图4-7所示。

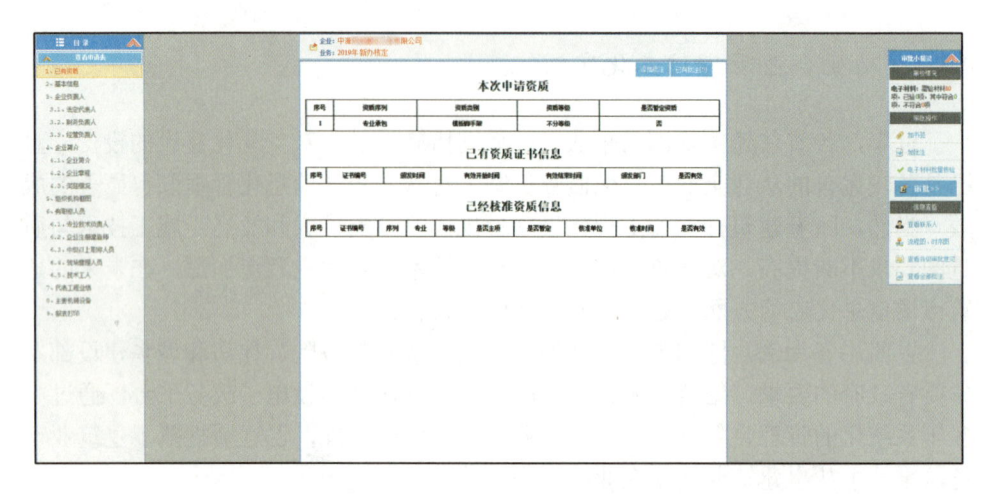

图 4-7　主管部门受理从业企业资质页面

(3)业务审查。主管部门对已受理通过的资质申请业务进行审查。审查从业企业资质页面如图4-8所示。

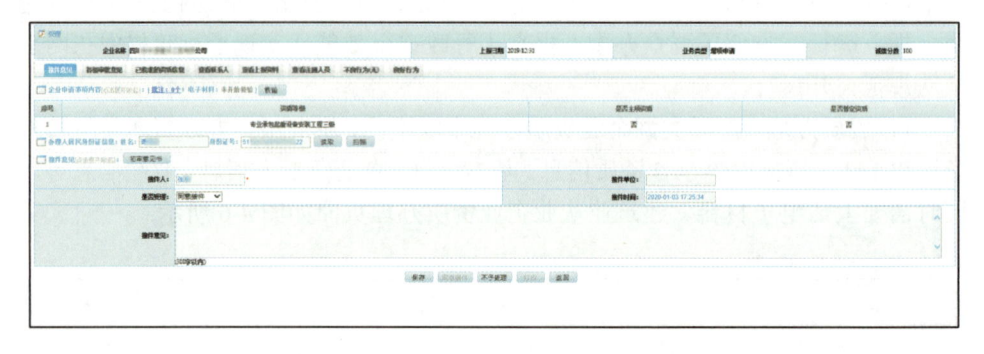

图 4-8　主管部门审查从业企业资质页面

4.5.2　从业人员管理信息化实践

省域建筑市场注册人员和专业技术人员的管理遵循住房和城乡建设部发布的政策及相关通知办法。以四川省为例,四川省住房和城乡建设厅负责建设行业的人员资格培训和考试,以及证书发放,人员类型主要有注册建造师、注册建筑师、注册结构工程师、注册造价师、注册监理工程师、安管人员、特种作业人员、专业技术人员等。

(1) 注册管理。人员的注册均由申请人自行申请并上报至企业，企业收到所有人员的申请后，统一报主管部门审核。从业人员注册页面如图 4-9 所示，主管部门审核页面如图 4-10 所示。

图 4-9　从业人员注册页面

图 4-10　主管部门审核从业人员的注册申请

(2) 继续教育。由主管部门开设培训班级，人员报名参加培训，最后统一进行考试，考试合格者发放证书。系统支持查询继续教育开设班级情况，进行继续教育成绩审核，查询继续教育证书。

4.5.3　建设项目管理信息化实践

建设项目的管理遵循属地化管理原则。以四川省为例，全省在开展建设项目管理信息化实践的过程中，既充分考虑了全省统一规划实施，满足了全省基本信息化的需求，又充分体现了市级单位的个性化管理要求。

1. 省级建设项目管理信息化实践

四川省高度重视全省住建系统信息化建设，始终坚持以规划为引领、以需求为导向、以标准为依据、以应用为驱动，经过平台建设、深化应用、数据汇聚和数据挖掘分析等阶段的发展，走出了一条以统一标准和统一平台为基础，以网上办事促进基础数据收集，以信息化服务推进信息系统深化应用的信息化建设之路，先后有25个省市到四川考察住房和城乡建设信息化工作，有3个信息化项目获得四川省科学技术进步二等奖、3个信息化项目获得国家级、部级科学技术奖，受到省委、省政府领导的表扬和肯定。

建成的四川省工程建设领域项目信息和诚信信息共享专栏，实现了全省工程项目、从业企业、从业人员和信用信息的实时纵向汇聚与传递、横向交换与共享，建筑市场信息化成效显著。截至2019年底，建成200多个项目信息和信用信息公开共享专栏，实现全省21个市（州）、183县（市、区）项目信息和信用信息共享，向社会公开工程项目、从业企业和从业人员及其信用等信息2000多万条。在全国第一个建成省级建筑市场监管与诚信信息一体化工作平台，实现了"数据一个库、监管一张网、管理一条线、呈现一张图"。全省住建系统通过该平台，动态核查了5925家建筑业企业，办理工程建设项目37.6万个，集聚了8.1万多家从业企业、370余万名从业人员、31万余条市场行业信息。由省市共建的德阳建设管理一体化平台，实现"两场"联动一体化、信息采集格式化、事项处理程序化、系统集成模块化、流程控制自动化、管理工具表单化，形成了建筑市场信息化监管新模式。

四川省住房和城乡建设厅门户网站群按照《国家政府网站发展指引》（国办发〔2017〕47号）文件的精神，结合省厅门户网站群的实际需求，认真落实党中央、国务院决策部署，统筹推进"五位一体"总体布局和协调推进"四个全面"战略布局，牢固树立和贯彻落实创新、协调、绿色、开放、共享的发展理念；按照建设法治政府、创新政府、廉洁政府和服务型政府的要求，适应人民期待和需求，打通信息壁垒，推动政务信息资源共享，不断提升网上履职能力和服务水平。四川省住房和城乡建设厅门户网站主页如图4-11所示。

四川省建筑市场监管与诚信一体化工作平台（以下简称一体化工作平台）对建设工程从项目报建到竣工的全业务过程进行管理，主要用于进行建设项目招标投标、招标控制价备案、合同备案、施工许可证、停复工管理、事故上报管理、竣工结算备案、竣工验收备案等事项的办理和管理工作。企业完成各自的申报、填报、监理工作，主管部门完成项目的审批、监督、管理、执法监察。在项目管理过程中，实现了共享从业企业和从业人员信息，确保了信息的统一，便于审查和管理；同时利用企业和人员参与项目的信息，实现施工企业项目负责人和监理企业总监理工程师等主管人员在线压证，从根本上解决了人证不一致的问题。

第4章 建筑市场信息化

图4-11 四川省住房和城乡建设厅门户网站主页

1)施工许可证业务填报

项目、企业、人员数据共享后,在填报业务的时候可确保工程项目信息一致。施工许可业务工程简要说明填报界面如图4-12所示。

项目、企业、人员数据共享后,企业和人员数据也只能通过共享数据库获取,这样一来就避免了基本信息、资质信息、人员证书信息的错填或者误填的情况发生。施工许可业务参建单位填报界面如图4-13所示。

填报完数据后,上报审查,企业在系统中直接打印申报表,然后交由主管部门审查。

项目、企业、人员数据共享后,实现了对主要参建人员的锁定,因此主管部门在审查时,可以查看多个项目中是否有人员同时参与的情况。

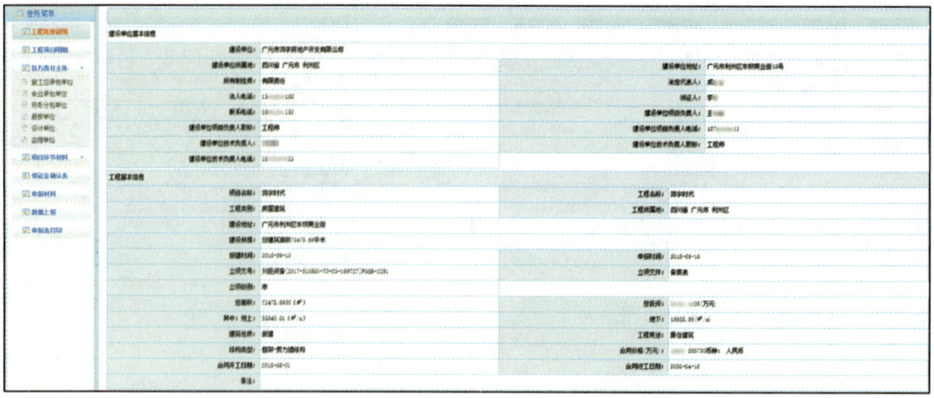

图 4-12　施工许可业务工程简要说明填报界面

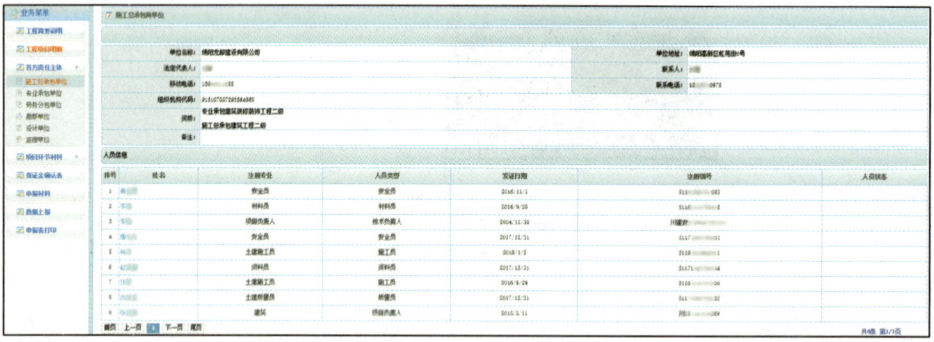

图 4-13　施工许可业务参建单位填报界面

2) 人员采集

主管部门对项目人员进行头像采集，支持将身份证照片与采集的人像进行比对，并可查询相关信息。

3) 质安检查双随机

监督机构按照"双随机"模式，委派 2 名及以上监督人员按照监督计划对工程项目施工现场进行随机抽查。监督人员进入工程项目施工现场抽查，并填写《施工安全监督抽查记录》。检查主要分为：①责任主体行为监督，包括建设、勘察、设计、施工、监理单位安全行为检查；②工程实体监督，主要包括日常巡查、重点抽查、专项检查、评价检查、动态管理。监督机构质安检查填报界面如图 4-14 所示。

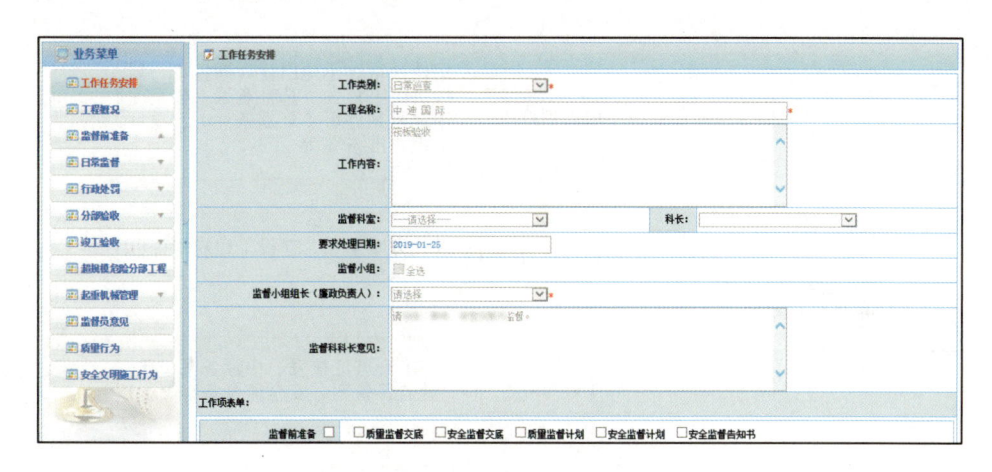

图 4-14　监督机构质安检查填报界面

4)施工现场视频监控

目前随着信息化的发展，很多施工现场也采取安装摄像头的方式进行实时监控，真正实现事故早发现，保障施工安全。

视频监控需在施工现场安装前端一体化网络视频监控设备，并通过网络进行数据传输。通过使用施工现场视频监控，可加强施工现场安全防护管理，保证建筑材料及设备的财产安全，实时监测施工现场安全生产措施的落实情况，对施工操作工作面上的各安全要素，如塔吊、施工电梯、中小型施工机械、安全网、外脚手架、临时用电线路架设、基坑防护、边坡支护，以及施工人员安全帽佩戴等实施有效监控，随时将上述各类信息提供给相关单位监督管理，及时消除施工安全隐患。

5)塔机监控

通过对起重设备的产权备案、现场运行和统计，实现对塔机整个生命过程的实时记录，以及运行情况的实时监控，为各操作人员提供有效保障，帮助责任单位实时高效地进行动态化管理，同时也为主管部门监管提供了强有力的手段。

2. 市级建设项目信息化实践

成都市是四川省建设项目信息化实践的典型代表。成都市作为工程建设项目审批制度改革试点城市，全面贯彻党的十九大和中共十九届二中、三中、四中全会精神，以习近平新时代中国特色社会主义思想为指导，按照党中央、国务院关于深化"放管服"改革和优化营商环境的部署要求，于 2018 年 5 月全面展开工程建设项目审批制度改革试点的工作。

此项改革优化了审批阶段，将工程建设项目审批流程划分为立项用地规划许可、工程建设许可、施工许可、竣工验收等四个阶段，如图 4-15 所示。

将工程建设项目审批流程划分为:
- 立项用地规划许可 — 用地预审、土地出让合同签订、划拨决定书核发、选址意见书核发、用地规划许可（规划条件）、项目审批核准备案等
- 工程建设许可 — 设计方案审查、建设工程规划许可证核发等
- 施工许可 — 施工许可证核发、中标备案、质量监督备案、安全监督备案等
- 竣工验收 — 竣工验收质量监督、规划、消防、人防、国安等专项验收竣工验收备案等

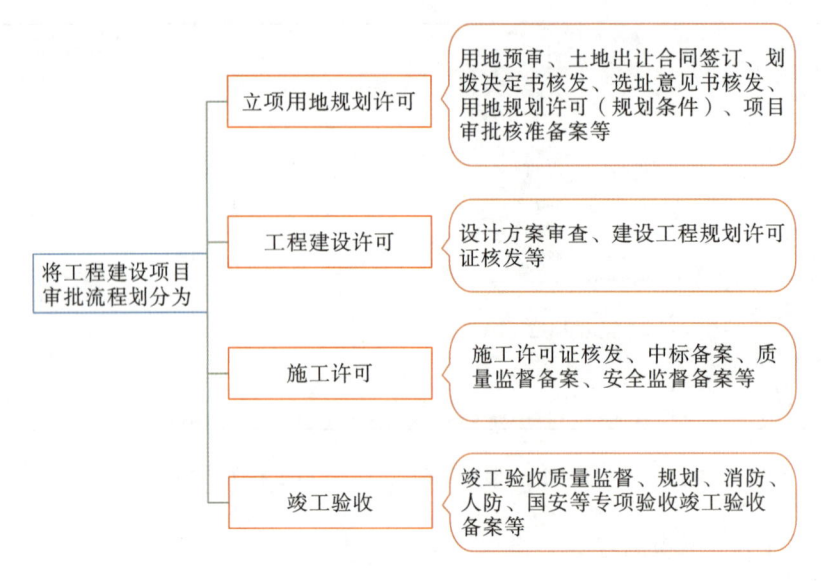

图 4-15 工程建设项目审批阶段

按照"一家牵头，分类受理，统筹协调，并联审批，限时办结，集中回复，成果共享"的原则，成都市分别确定了每个并联审批阶段的牵头部门，如图 4-16 所示。成都市对原有的规划许可的审批方式进行了改革：原来多部门独立审查设计方案的意见是规划审批前置要件，建设单位要跑很多部门办理手续。现全部改为由规划部门牵头征求相关部门和单位意见，牵头出具审查结果，各部门依据法律法规要求，落实审批及监管工作。

- 立项用地规划许可 — 国土部门牵头
- 工程建设许可 — 规划部门牵头
- 施工许可 — 住建部门牵头
- 竣工验收 — 住建部门牵头

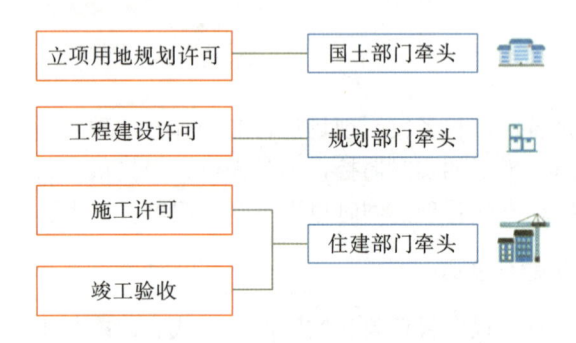

图 4-16 并联审批阶段牵头部门

按照《成都市工程建设项目审批制度改革试点方案》的总体要求，以提高办事群众和企业获得感为根本，按照"全流程、全覆盖"的要求，紧紧围绕完善"五个一"审批体系和实施"减放并转调"各项具体措施，统一审批流程、精简审批环节、完善审批体系、强化监督管理，审批事项、环节、要件和时间减少了一半，

到 2018 年底,工程建设项目从立项到竣工验收全流程总用时控制在 120 个工作日以内,2019 年 6 月底前将进一步优化提升至 90 个工作日以内,大幅度降低企业审批成本。

(1) 分类型控制流程用时,如图 4-17 所示。

2018年底
- 一般政府投资项目审批总用时控制在 120 个工作日以内
- 一般社会投资项目控制在 110 个工作日以内
- 小型社会投资项目控制在 90 个工作日以内
- 园区内工业、仓储及生产配套设施项目控制在 80 个工作日以内

2019年6月底
- 一般政府投资项目审批总用时控制在 90 个工作日以内
- 一般社会投资项目控制在 80 个工作日以内
- 小型社会投资项目控制在 70 个工作日以内
- 园区内工业、仓储及生产配套设施项目控制在 60 个工作日以内

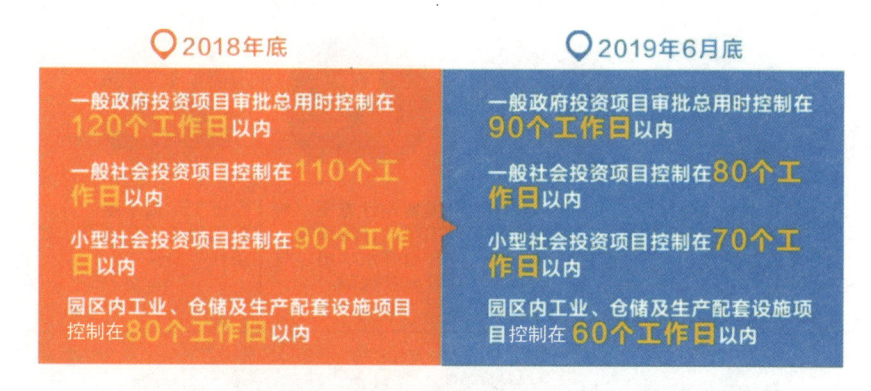

图 4-17　各类型控制流程用时

(2) 明确各阶段审批用时,如图 4-18 所示。

13个工作日以内	18个工作日以内（含规委会审议用时）	3个工作日以内	6个工作日以内
项目立项用地规划许可阶段	工程建设许可阶段	施工许可阶段	竣工验收阶段

图 4-18　各阶段审批用时

(3) 规范中介服务和市政公用服务用时。2018 年底,将工程建设项目审批过程中涉及的施工图设计文件审查、竣工测绘等中介服务和供水、供电、燃气等市政公用服务总用时控制在 80 个工作日内;2019 年 6 月底,力争进一步压减至 50 个工作日以内。与此同时,全面细化流程,按照"一份蓝图、一个系统、一个窗口、一张表单、一套机制"的工作要求,进一步精简审批环节:精简审批事项和条件,合并各并联部门的审批事项,建立市、县两级施工许可监督管理联动机制,下放审批权限,转变管理方式,调整审批时序,推行告知承诺制;并联了 11 家部门,实现建设单位"只进一道门,只跑一次路";清理和优化各并联部门需要的审查要件,将原 11 个部门的 11 份申请表单合并为 1 份,39 份前置要件精减到 21 份,该环节 11 个部门并联审批总时限明确为 18 个工作日。另外,贯彻"互联网+政务服务"的理念,全面推行网上审批。通过"一窗受理",在成都市工程建设

项目审批管理平台上完成收件、发件和数据共享，努力构建科学、便捷、高效的工程建设许可管理体系。

(4) 试行"承诺制"。在工业园区和其他风险可控区域试行"承诺制"，如图 4-19 所示。

图 4-19 承诺制内容

(5) 审批事项"全覆盖"。联合 16 个行政主管部门将涉及审批的 28 个中介服务事项和水、电、气、通信等市政公用服务事项全部纳入行业监管，服务机构进入"网上中介超市"，出台管理办法，明确办事流程、服务标准，实行信用管理，纳入市场监管，如图 4-20 所示。

图 4-20 审批事项"全覆盖"

(6) 推行电子审图。创新施工图审查方式，建立成都市数字化施工图审查系统平台，实行电子审图，探索取消施工图设计文件的行政审查，由各行业管理部门

第 4 章　建筑市场信息化

直接认可审图机构审查意见，加强事中事后监管，为企业降低审批成本。电子审图的作用如图 4-21 所示。

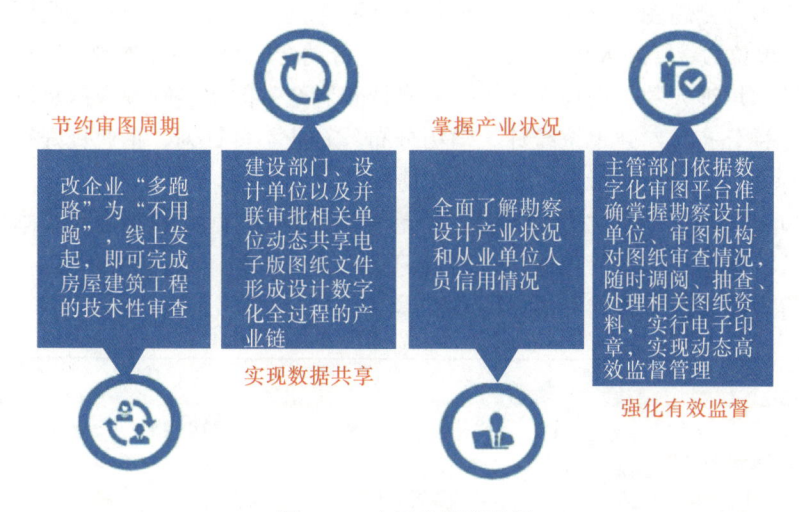

节约审图周期
改企业"多跑路"为"不用跑"，线上发起，即可完成房屋建筑工程的技术性审查

实现数据共享
建设部门、设计单位以及并联审批相关单位动态共享电子版图纸文件形成设计数字化全过程的产业链

掌握产业状况
全面了解勘察设计产业状况和从业单位人员信用情况

强化有效监督
主管部门依据数字化审图平台准确掌握勘察设计单位、审图机构对图纸审查情况，随时调阅、抽查、处理相关图纸资料，实行电子印章，实现动态高效监督管理

图 4-21　电子审图的作用

4.5.4　建筑工人管理信息化实践

1. 省级建筑工人信息化实践

各省级主管部门建立了建筑工人管理服务信息平台，逐步规范建筑市场用工秩序，加强建筑用工管理，维护建筑施工企业和建筑作业人员的合法权益，保障工程质量和安全生产，促进建筑业健康发展。

1）编制建筑工人实名制信息平台的试行标准

根据住房城乡建设部《建筑工人实名制管理办法（征求意见稿）》及《全国建筑工人管理服务信息平台数据标准（征求意见稿）》要求，各省应加强全省建筑工人管理服务信息平台规划、建设，全面推行建筑工人实名制管理，根据已有信息化工作基础及实际情况，需编制建筑工人实名制基础信息数据标准、建筑工人管理服务信息平台建设技术导则和建筑工人管理服务信息平台数据共享交换接口标准，以规范、加快推进建筑工人管理服务信息平台建设。

2）建立建筑工人管理服务信息平台

根据"互联网+政务服务"工作方案要求，建筑工人管理服务信息平台基于省一体化平台体系和基础进行建设。

省级主管部门对建筑工人实名制各项工作的进度进行监督管理，包含对建筑工人基本信息、从业记录、职业技能培训与鉴定管理、建筑工人变动状态监控、投诉处理、不良行为记录、诚信评价、统计分析等方面信息的管理。

(1)提供省级统计桌面。实现省级主管部门一目了然掌握省域的实名制项目情况，支持多种专题图、分布图的可视化统计和查询，支持查看全省各区域的项目数、参建单位数、管理人员数、在册工人数、劳动合同数、考勤次数、工资单数、工资人数、培训人数、培训人次等，并支持查看全省的实名制预警信息以及年龄分布、工种分布、参建单位统计、学历分布、企业不良行为、企业良好行为、人员不良行为、人员良好行为、工资清欠情况等。

(2)项目信息。实现省级主管部门查看省域的项目信息，包括项目基本信息及参建单位、建筑工人、管理人员、培训记录、合同信息、专户银行、工资单、考勤信息等。项目信息查询界面如图 4-22 所示。

图 4-22　建筑工人管理服务信息平台项目信息查询界面

(3)参建单位。实现省级主管部门查看省域的参建单位信息，包括参建单位基本信息、资质信息、项目经历、班组信息、工人信息、奖励记录、不良行为等。参建单位查询界面如图 4-23 所示。

图 4-23　建筑工人管理服务信息平台参建单位查询界面

(4) 工人信息。实现省级主管部门查看省域的建筑工人信息，包括建筑工人基本信息、证书信息、从业记录、培训记录、刷卡记录、投诉处理、奖励记录、不良行为、评价信息等。工人信息查询界面如图 4-24 所示。

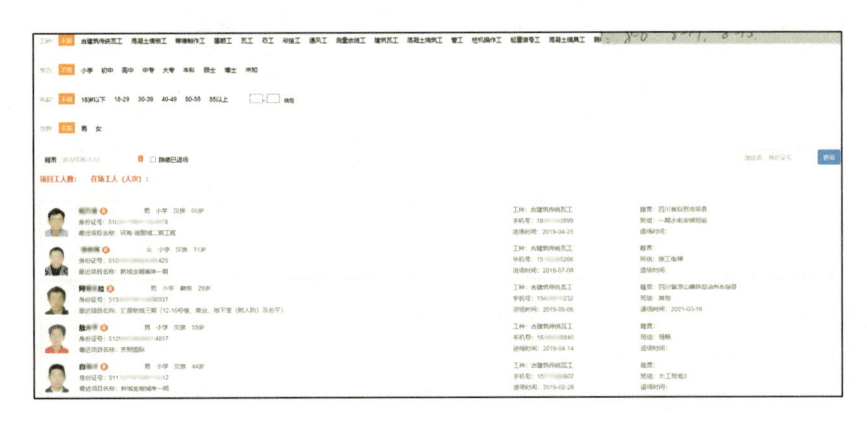

图 4-24　建筑工人管理服务信息平台工人信息查询界面

(5) 班组信息。实现省级主管部门查看省域的班组信息，包括班组基本信息、班组成员、班组评价、奖励记录等。

3) 建立了建筑工人实名制管理系统

建筑工人实名制管理系统为建筑用工企业提供实名制服务，该系统通过省级建筑工人管理服务信息平台提供的开放式服务接口进行实名认证、数据上报，具有建筑用工企业进行信息采集和实名认证申请、项目管理、培训管理、工资发放管理、诚信管理、投诉处理、施工现场工程机械登记等功能。

(1) 项目申报。实现建筑用工企业进行实名制项目申报，包括填报项目信息、参建单位信息、采集和考勤设备等。项目申报界面如图 4-25 所示。

(2) 人员管理。实现建筑用工企业对建筑工人的基本信息、评价信息等进行管理。

(3) 班组管理。实现建筑用工企业对建筑工人班组的基本信息、班组成员、班组评价等信息进行管理。

(4) 考勤管理。实现建筑用工企业对建筑工人的进出时间、进出次数等进行管理。

(5) 合同管理。实现建筑用工企业对建筑工人的合同信息进行管理，包括合同期限类型、结算方式、单价、工作内容、工作职责、工时制度等。

(6) 工资管理。实现建筑用工企业对班组的工资单信息进行管理，包括建筑工人的信息、应发工资、实发工资、出勤天数、银行发放日期、发放状态等。

(7) 培训管理。实现建筑用工企业对建筑工人的培训信息进行管理，包括课程名称、培训类型、培训人、培训时长、培训简述、参训人等。

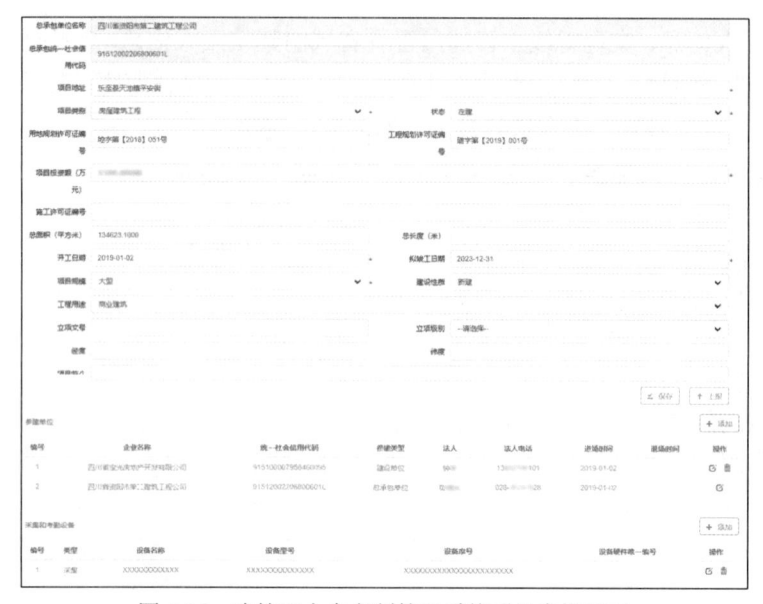

图 4-25　建筑工人实名制管理系统项目申报界面

4) 与全国建筑工人管理服务数据建立了交换平台

按照全国建筑工人管理服务信息平台提供的数据标准和管理办法建立数据交换平台，结合各省的管理方式对数据进行整理和实时共享上传，实现与住房和城乡建设部平台的无缝连接。

5) 建立了开放式数据接口服务平台

按照各省建筑工人实名制基础信息数据标准，为各市级实名制系统提供数据接口服务平台，为建筑工人实名制信息管理系统和建筑工人个人 App 提供实名认证接口服务。

接口日志：通过日志记录接入信息的情况，实时掌握数据对接情况。接口日志查询界面如图 4-26 所示。

图 4-26　实名制数据接入接口日志查询界面

2. 市级建筑工人信息化实践

基于一体化平台为各市县级主管部门提供公共的管理服务信息基础平台。通过省市共建方式，解决了农民工工资拖欠问题，促进了建筑业转型升级和高质量发展，实现了实名制项目管理、人员管理、考勤管理、工资管理等，逐步推行了建筑行业"实名制+大数据"管理及劳务用工管理智慧化。

系统的建立推动了项目监管、工人监管、工资监管、诚信评价等各项实名制工作的开展。市县级主管部门按照逐级上报的方式向上级主管部门进行数据共享，各地采用属地化管理对项目和工人进行管理和服务。系统提供针对市级的统计功能，对市级行政区划内的已实名项目、参建单位梳理、在册工人数、劳务合同签订人数、在场工人数、日累计进场数、现场人员类型分布、项目银行开通专户等进行统计。

建筑工人管理服务信息平台（市级）统计界面如图 4-27 所示。

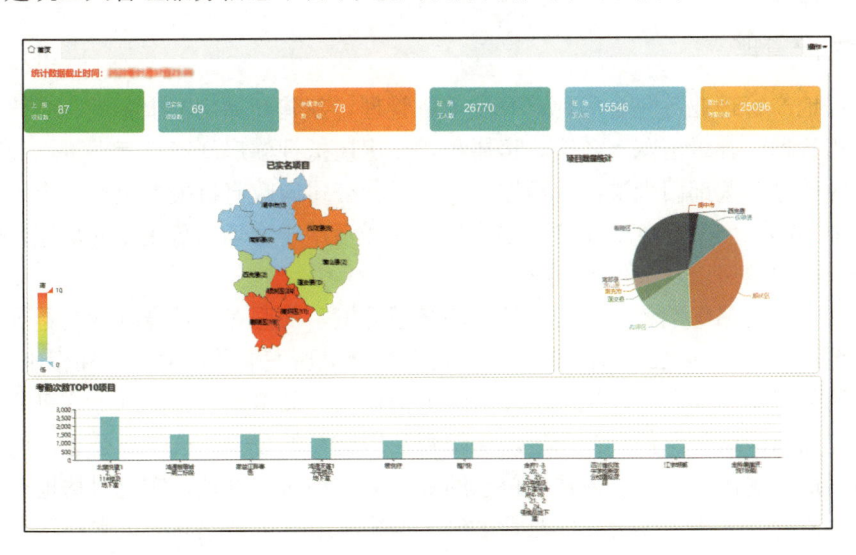

图 4-27 建筑工人管理服务信息平台（市级）统计界面

第 5 章　住房管理信息化

5.1　住房管理信息化范围

住房管理的主要内容包含房地产管理、保障性住房管理和农村住房管理。为保障和改善中低收入群众最基本的住房需求，实现房地产市场总量基本平衡、结构基本合理、价格基本稳定，促进房地产业发展与当地经济和社会发展相协调、与相关产业相协调，必须全面、及时、准确地掌握房地产、保障性住房和农村住房基本情况及相关信息。

1. 房地产管理

房地产管理业务包含房地产开发项目管理、新建商品房网上备案、新建商品房预售管理、存量房网上备案、房屋租赁、房屋抵押、房产产权管理等。商品房是指经政府有关部门批准，由房地产开发经营公司向政府机关单位租用土地使用权期限 40 年、50 年、70 年开发的房屋，建成后用于市场出售出租的房屋，包括住宅、商业用房以及其他建筑物。

加大对商品房销售、租赁、抵押的管理力度，加强对房地产行业的指导，加快房地产行业信息化的步骤，是推进房地产行业健康发展的必要条件和根本保障。建设商品房管理信息化，规范商品房网上销售及商品房销售合同网上联机备案行为，提高商品房房源信息透明度，保障商品房交易的公开、公平和公正，同时通过对房地产房源信息、个人住房信息的数据共享和统一管理，实现对房地产市场信息化监管，为房管部门提供监管工作，维护房地产市场交易的正常秩序。

2. 保障性住房管理

保障性住房是指政府为中低收入住房困难家庭所提供的限定标准、限定价格或租金的住房，一般由廉租住房、经济适用住房、政策性租赁住房、定向安置房等构成。保障性住房关系民生、惠及百姓，是我国历届中央政府的工作重心之一。党中央历来重视解决城市居民住房问题。自党的十七大提出"要努力实现全体人民住有所居"的目标以来，国家大规模启动实施保障性安居工程，通过推进保障性住房建设、各类棚户区改造等，加快解决群众住房困难问题。

大力推进包括保障房和各类棚户区改造在内的保障性安居工程建设，同步加强房地产市场宏观调控，是促进房地产业持续健康发展的根本保证。建设住房保障信息化，有利于全面掌握和了解中低收入住房困难群体的居住需求、住房水平和拥有住房情况，科学分析住房保障市场形势和发展态势，科学规划保障性安居工程建设，增强宏观调控的科学性、预见性和有效性，也为政策实施提供保障。

3. 农村住房管理

农村住房是农民生产生活必备的基本条件，要规范农村住房建设，落实农房安全选址，确保农房质量安全，提高农房抵御自然灾害能力，以切实改善农村人居环境。农村住房管理内容将在第 6 章中进行详细说明。

全面建设住房管理信息化，是为落实国家房地产市场调控和履行政府住房保障职责、促进房地产业平稳健康发展服务。重点要实现商品房管理信息化，提升主管部门对商品房销售的管理水平，提高商品房销售管理的规范性、科学性和准确性，同时保障商品房销售的合法性和质量，提高主管部门对项目开发、销售情况的掌握能力；实现保障性住房管理信息化，建立健全公开透明的保障性住房分配制度和退出机制，确保保障性住房分配公平公正、管理科学有序；实现房地产市场监管信息化，全面掌握个人住房权属情况，以实施差别化住房信贷、税收政策和住房限购措施，遏制投机投资性购房，合理引导住房需求服务，加强房地产市场监测和行业监管，为主管部门制定相关政策、加强宏观调控提供科学的数据保障。

5.2 住房管理信息化要求

5.2.1 商品房管理信息化要求

《城市商品房预售管理办法》于 1994 年 11 月 1 日经第 17 次建设部常务会议通过，1995 年 11 月 1 日起施行。2004 年 7 月 13 日经建设部第 41 次常务会议讨论通过《建设部关于修改〈城市商品房预售管理办法〉的决定》，其中第六条修改为："商品房预售实行许可制度。开发企业进行商品房预售，应当向房地产管理部门申请预售许可，取得《商品房预售许可证》。未取得《商品房预售许可证》的，不得进行商品房预售。"自此，各省级住建主管部门逐渐加大对《商品房预售许可证》的办理和销售市场的监管力度。以四川省为例，2010 年四川省人民政府发布《关于进一步贯彻落实房地产市场调控政策的通知》，通知中强调加大房地产交易市场监管力度，各级住建主管部门要会同有关部门建立房地产市场动态监管制度，开展商品住房销售现场的日常巡查和实地检查，在商品住房预售环节及时发现并查处捂盘惜售、囤积房源、虚假宣传、哄抬房价等违法违规行为。2018 年 8 月 14 日，四川省人民政府办公厅发布《关于进一步做好当前房地产市场调控工作的通知》（川办发〔2018〕62 号），通知要求强化住房预售管理，各地要加快完善商品住房预售资金监管制度，确保预售资金用于商品住房项目工程建设。

随着我国房地产业的迅速发展，房产管理体制改革不断深化，城市建设、房地产管理等各方面的信息急剧增加，采用传统的管理方法已难以适应经济发展的需要，房产管理信息化已成为政府依法行政、提高效率、规范行政行为的重要基础。利用信息化手段，建立和完善统一的省域商品房信息化管理平台，深化新建商品房网上备案、商品房预售等管理信息系统建设，建立和完善新建商品房预售许可制度，推进新建商品房网上备案信息化，加强市（州）、县（市、区）的商品房预售许可、合同备案信息等商品房信息的整合。通过将各市级、区县的商品房信息进行统一管理，建立商品房监测、监管等信息的整合和共享机制，完善省、市、县三级商品房信息数据库，实现新建商品房预售和销售全过程信息化管理，全面掌握省域范围内商品房动态信息，为落实国家房地产市场调控职责、监管房地产市场和宏观调控提供决策依据，同时为促进房地产业平稳健康发展服务。

5.2.2 房地产市场监管信息化要求

随着我国社会主义市场经济的不断发展，房地产市场也得到了快速发展，并在一定程度上关系着我国经济的健康稳定增长。从当前我国房地产市场的发展状况来看，普遍存在房价居高不下、开发过快的问题，这在一定程度上影响着房地产行业的健康稳定发展。因此，对于政府部门而言，进一步加强对房地产市场的监管和管理，对房地产市场的长远发展有着极其重要的意义。

2007 年，住房和城乡建设部发布了《房地产市场信息系统技术规范》，这是第一个住建行业的国家级行业标准，2008 年发布了《房屋登记办法》，2012 年发布了《房地产登记技术规程》及《房地产市场基础信息数据标准》两个行业标准。2013 年 2 月 26 日，国务院办公厅印发《关于继续做好房地产市场调控工作的通知》（国办发〔2013〕17 号），通知明确提出，要加强市场监管和预期管理，各地区要大力推进城镇个人住房信息系统建设，完善管理制度，所有地级以上城市原则上要实现联网。

为贯彻落实《国务院办公厅关于继续做好房地产市场调控工作的通知》（国办发〔2013〕17 号）要求，进一步加强监管能力，提高服务水平，促进房地产市场平稳健康发展，各省住建主管部门按照省政府关于做好房地产市场监管工作的指示，加大房地产市场监管信息化建设的投资力度，为各级领导和主管部门掌握房地产市场信息，开展房地产市场决策、调控提供信息化支持。房地产市场监管信息化要求如下。

(1) 推进个人住房信息管理信息化。全面整合和规范各项房产业务数据，各省建立个人住房信息数据库，完善省、市、县三级个人住房信息网络和数据，实现省域范围内各市级个人住房信息管理的全省联网，全面掌握个人住房基础信息及动态变化情况，为实施房地产市场宏观调控政策提供准确决策依据。

(2) 推进房地产市场监管信息化。通过建设房地产市场监管信息化，进一步整合市级、县级的房屋转让、抵押、租赁等房屋交易基础数据信息，提高房地产市场监测、分析水平，提升市场监管和调控质量。运用大数据技术，结合互联网行业信息进行分析和预测，联通房地产企业的数据，整体把控区域房地产市场情况。推动市级、县级一体化的房地产市场信用体系建设，完善信用信息管理办法，建立守信激励和失信惩戒的机制，将信用信息应用于其他部门的业务。

5.2.3 保障性住房管理信息化要求

2011年，国务院常务会议提出加强保障性住房管理，健全准入退出机制，切实做到公开、公平、公正，加大保障性安居工程建设力度，落实住房保障和稳定房价工作的约谈问责机制，实现"住有所居"的社会目标。《廉租住房保障办法》(9部委162号令)、《城市低收入家庭住房保障统计报表制度》(建保〔2008〕79号)、《关于加强廉租住房质量管理的通知》(建保〔2008〕62号)、《关于印发〈经济适用住房管理办法〉的通知》(建住房〔2007〕258号)、《财政部关于印发〈廉租住房保障资金管理办法〉的通知》(财综〔2007〕64号)、《国务院关于解决城市低收入家庭住房困难的若干意见》(国发〔2007〕24号)、《住房和城乡建设部关于印发'城镇廉租住房工作规划管理实施办法'的通知》(建住房〔2006〕204号)等政策法规和文件精神都要求各地政府建设管理部门要充分认识住房保障建设的重大意义，积极保证国家各项政策法规的顺利落实。各省委、省政府高度重视中央指示，积极开展工作部署，制定工作重点和奋斗目标，结合各省住房城乡建设信息化的现状，通过推进保障性住房管理信息化建设来保证此项工作的顺利开展。

保障性住房不仅能有效解决中低收入人群的住房问题，也是对商品房市场的有效补充和房地产市场宏观调控措施的重要组成部分，因此也需要将保障性住房信息的监管全面纳入房地产市场信息监管体系，全面采集对房地产市场信息的各类影响因子。因此，保障性住房管理信息化的建设是全面贯彻落实国务院、住房和城乡建设部及省委、省政府的总体部署和工作要求，也是增强各省住房和城乡建设市场监管能力和提高工作效率的重要举措。

基于现有住房保障工作信息化条件，规范"同一事项、统一标准、同一编码"，涵盖棚户区改造、公租房分配管理等所有住房保障范围，归集包括项目名称、项目位置和坐标、项目总套数、项目楼盘表(包含楼栋数、每栋单位数和套数)、每套公租房分配入住情况等基本信息。基于云GIS技术，逐步建立省域住房保障在线监管，更好地落实对省域内住房保障工作的监督、监管、考核，实现省、市、县三级互联的住房保障业务协同管理和监测。

5.3 住房管理信息化架构

省域住房管理信息化建设按照"统一规划、分步实施、适用适度"的原则和"有计划、分步骤、可执行"的方式建设。有效利用各市(州)房地产市场信息平台的建设成果，充分整合各地房地产市场基础数据，形成省域统一的房地产市场信息综合管理平台，以较低的投入实现省域范围内房地产市场监管效能的最大化。省域住房管理信息化架构图如图 5-1 所示。

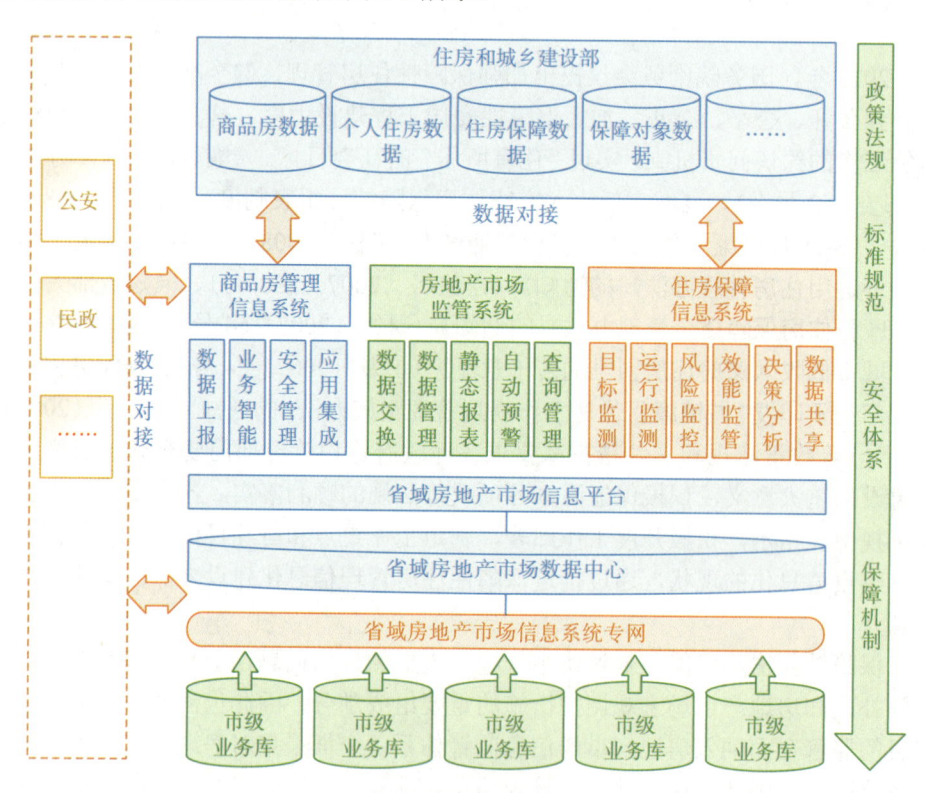

图 5-1　住房管理信息化架构图

以建立省、市两级联网的省域住房信息系统网络和省域数据中心为基础，带动以区市房地产信息系统为中心的辖区内原有系统的整合，全面掌握住房基础信息和动态变化信息，着力构建一个与省域范围内经济社会发展相适应，实时综合、信息安全、协调配合、规范有序的省域房地产市场和住房保障监管分析平台。纵向上设计并预留与住房和城乡建设部的接口，实现数据交换共享和互联互通，满足房地产市场信息和住房保障信息全国规范统一的要求；横向上考虑与民政、公安等相关部门进行数据共享并预留接口，实现个人房产信息和人口信息共享，全面推进个人住房信息共享，并通过个人住房信息共享，为推行廉政建设提供参考依据。

(1) 商品房管理信息系统。实现新建商品房预售许可、商品房现售备案、合同备案等的申报和监管，整合各市级商品房源信息，全面监管商品房销售情况，促进房地产市场的健康发展。

(2) 住房保障信息系统。将城市保障房信息纳入管理，建立省域保障性住房信息数据库，包括保障房对象准入登记信息、保障房建设项目管理信息、配给信息、配后管理信息，并利用项目位置、保障对象分配住房前后的地址等与空间有关的信息，实现城市保障房台账数据库与地图的挂接，实现全市城市保障房信息图形化管理。

(3) 房地产市场监管系统。实现对各地房地产市场信息的全面动态监督，提高监管质量和效率，促进房地产市场的健康发展，保证市场运作的合法性、合规性和安全性，保障房地产市场各方的合法权益。

5.4 住房管理信息化策略

5.4.1 商品房管理信息化策略

1. 目标分析

商品房管理信息化建设是利用现代信息技术，通过收集、分析、发布房地产市场信息对市场运行实施动态监测，科学评价和判断市场形势与发展趋势，正确引导市场理性投资和消费，发现问题并及时采取相应宏观调控措施的一项基础性工作。随着城市社会经济发展和体制改革的不断深入，商品房管理信息化的重点正在从传统的产权交易登记发证，向为城市管理、社会治理、决策服务方向发展。

1) 正确认识商品房信息化建设的重要性，加强商品房销售管理工作

《关于调整住房供应结构稳定住房价格的意见》(国办发〔2006〕37号)中明确指出："城市人民政府要抓紧开展住房状况调查，全面掌握当地住房总量、结构、居住条件、消费特征等信息，建立健全房地产市场信息系统和信息发布制度，增强房地产市场信息透明度。要完善市场监测分析机制，定期公布市场供求和房价情况，全面、及时、准确地发布市场供求信息。"商品房网上备案是国家、省、市落实房地产宏观调控政策中的一项重要措施，是加强商品房销售管理工作的需要。

2) 认真落实商品房信息化建设工作，引导和促进房地产业持续稳定健康发展

房地产业是各省重要支柱产业，在国民经济中占有重要地位。引导和促进房地产业持续稳定健康地发展，是保持经济平稳较快增长的需要，同时也是满足广大群众不断变化的住房需求的需要。商品房管理信息化建设是利用现代化的网络优势和先进信息化技术，结合政府、开发企业和住房消费者需求，建立方便和快捷的互动，增强市场信息的透明度，有利于更好地规范房地产市场。

2. 业务分析

根据《城市商品房预售管理办法》第八条，商品房预售许可依照下列程序办理。

(1) 受理。开发企业按本办法第七条的规定提交有关材料。材料齐全的，房地产管理部门应当当场出具受理通知书；材料不齐的，应当当场或者 5 日内一次性书面告知需要补充的材料。

(2) 审核。房地产管理部门对开发企业提供的有关材料是否符合法定条件进行审核。开发企业对所提交材料实质内容的真实性负责。

(3) 许可。经审查，开发企业的申请符合法定条件的，房地产管理部门应当在受理之日起 10 日内，依法做出准予预售的行政许可书面决定，发送开发企业，并自做出决定之日起 10 日内向开发企业颁发、送达《商品房预售许可证》。经审查，开发企业的申请不符合法定条件的，房地产管理部门应当在受理之日起 10 日内，依法做出不予许可的书面决定。书面决定应当说明理由，告知开发企业享有依法申请行政复议或者提起行政诉讼的权利并送达开发企业。商品房预售许可决定书、不予商品房预售许可决定书应当加盖房地产管理部门的行政许可专用印章，《商品房预售许可证》应当加盖房地产管理部门的印章。

(4) 公示。房地产管理部门做出的准予商品房预售许可的决定，应当予以公开，公众有权查阅。

商品房信息化主要内容有：商品房预售许可、商品房现售备案、商品房单体工程、商品房现状、商品房合同备案、商品房买卖合同中买受人等信息。

1) 商品房预售许可管理

商品房预售是指房地产开发企业将正在建设中的商品房预告出售给买受人，并由买受人支付定金或者房价款的行为。商品房预售需具备的条件有：①已交付全部土地使用权出让金，取得土地使用权证书；②持有建设工程规划许可证和施工许可证；③按提供预售的商品房计算，投入开发建设的资金达到工程建设总投资的 25%以上，并已经确定施工进度和竣工交付日期；④多层建筑已完成主体结构的 1/3 以上；⑤高层建筑已完成地面以下的主体工程；⑥已取得《商

品房预售许可证》。商品房预售许可管理的内容主要是对预售许可证的申请、审批、发证进行信息化和全流程化管理，同时实现预售方案备案，确保一房一价。由房地产开发企业向管辖范围内的住建主管部门提出申请并提交相关材料，住建主管部门依次进行审核和现场勘查，并做出行政许可决定，准予许可的，于法定时间内向申请人颁发许可证书。此外，需要暂停预售许可证或变更预售许可证的范围、使用期限时，可以提起预售许可证变更申请。

2) 商品房现售备案

商品房现售是指房地产开发企业将竣工验收合格的商品房出售给买受人，并由买受人支付房价款的行为。商品房现售备案需具备的条件有：①现售商品房的房地产开发企业应当具有企业法人营业执照和房地产开发企业资质证书；②取得土地使用权证书或者使用土地的批准文件；③持有建设工程规划许可证和施工许可证；④已通过竣工验收；⑤拆迁安置已经落实；⑥供水、供电、燃气、通信等配套基础设施具备交付使用条件，其他配套基础设施和公共设施具备交付使用条件或已确定施工进度和交付日期；⑦物业管理方案已经落实。商品房现售备案主要内容是针对现售商品房项目的申请、审批及现售备案进行信息化和全流程化管理，同时实现商品房销售方案备案，保障一房一价。

3) 商品房合同备案

商品房合同备案的内容包括预售合同备案和现售合同备案。房地产开发企业将尚未建成或者已经竣工的房屋向社会销售，在与承购人签订《商品房买卖合同》后，由地产开发企业向项目管辖范围的房产交易管理部门申请办理商品房销售合同备案手续。同时，当合同内容有变更时，可以提起合同变更申请，进一步规范商品房预(销)售管理，维护房屋交易双方的合法权益，提高商品房预(销)售透明度。

3. 用户分析

商品房管理信息化成果主要为两种类型用户提供服务。

(1) 主管部门。省级住建主管部门可对全省商品房预售许可、现售备案、合同备案等信息进行审查，同时可以对商品房销售情况进行监管；市级住建主管部门对全市商品房预售许可、现售备案、合同备案等信息进行审查，同时可以对商品房销售情况进行监管；县级住建主管部门可对行政管辖区域内预售许可、现售备案、合同备案等信息进行审查。

(2) 房地产企业。房地产企业可申请商品房预售许可，办理新建商品房预售合同和销售合同备案等。

5.4.2 房地产市场监管信息化策略

1. 目标分析

房地产业连续多年保持了持续稳定健康的发展势头，对经济和社会各方面影响越来越大，已成为重要支柱产业。加强省域房地产市场信息化建设是建立健全房地产市场监管体系、促进省域房地产市场平稳健康发展的重要举措，是房地产管理部门改进工作方法、提高公共服务能力、做好社会管理创新的重要途径。省域房地产市场监管信息化建设要按照"统一规划、统一标准、分步实施、分级建设、互联互通、信息共享"的原则，以房地产业务管理电子化为平台，以数据标准化为基础，以建立房地产信息网络为手段，建立多层次、科学规范的房地产市场监管体系，实现房地产信息资源共享，为政府、社会和企业服务。

(1) 实现房地产市场交易信息化监管。建设房地产市场监管信息化，将房地产市场信息有机整合起来，形成全面反映各地房地产市场运行状况的信息化成果，实现对房地产市场的及时监控、房地产交易与权属登记的一体化管理、房地产交易信息的统计和分析，以全面提高房地产管理部门对房地产市场的监控水平和为群众购房、交易登记提供服务的水平。

(2) 实现房地产市场监管预警和决策分析。房地产管理部门通过房地产市场监管信息化建设成果全面客观地反映本地房地产市场运行状况，通过数据分析和历史比较，及时发现市场运行中存在的问题，准确判断市场发展趋势，为房地产管理部门提供决策分析依据。

2. 业务分析

房地产市场监管内容包含个人住房信息管理和房地产市场信息监管。

1) 个人住房信息管理

通过商品房管理信息化和保障性住房管理信息化的建设和成果应用，收集和获取商品房和保障性住房个人信息，实现省域个人住房信息化联网，逐步形成省域范围内统一的个人住房信息基础数据库，实时掌握省域范围内个人住房基础信息及动态变化情况，实现个人住房信息的共享与查询、统计与分析，为规范房地产市场秩序、促进房地产行业健康发展提供数据支持。

个人住房信息管理与房地产市场信息监督息息相关，具有相同的数据基础和相近的表现形式，二者是相辅相成的关系。个人住房信息管理强调部、省、市三级联动和住房信息汇总整合，为房地产市场监管提供数据支撑。个人住房信息管理信息化建设的具体内容包括三点。

(1) 依托省域电子政务外网，建成覆盖省、市、县三级住房城乡建设管理部门互联互通的网络及硬件平台。

(2)制定个人住房信息系统数据标准,建立省域个人住房管理信息平台。

(3)建立省域统一的个人住房信息数据库。

2)房地产市场信息监管

房地产市场信息监管基于各地房地产管理平台,将省域范围内各市州房地产交易和权属登记等信息进行整合和归集,将各市州商品房备案、二手房交易等信息通过数据挖掘与关系分析,实时采集、查询和分析处理房地产业务数据,实现对房地产市场信息的全面、及时、有效监督,提高监管质量水平和效率,促进省域房地产市场健康发展,保障省房地产市场运作的合法性、合规性、安全性,保障房地产市场各方的合法权益。房地产市场信息监管主要内容包括四点。

(1)数据交换。基于省域各市(州)建立的以房地产交易登记发证管理为核心的房地产管理平台,收集和整合各市(州)房地产管理平台数据成果,并将数据推送至省域房地产市场监管信息平台,满足省、市房地产信息互联互通,实现数据共享。

(2)预警管理。通过数据交换对房地产信息实现动态更新,并依据房地产交易信息,设立房地产市场监管预警指标,对商品房预售许可证办理、商品房销售备案、合同备案等信息进行监管和预警,通过信息化技术手段能及时将预警信息自动上报到上级监管部门,实现对房地产市场信息的动态监管。

(3)数据上报。实时或定时收集业务系统数据,生成报表并进行数据上报。

(4)与住房保障系统的数据共享。依托省域房地产管理信息平台,实现省域内房地产信息的互联互通、信息共享,为省域保障性住房管理信息系统提供最新的住房信息(包括低收入家庭、住房保障计划及落实情况、保障对象、保障房源等)。通过平台数据互联互通,以及与税务、国土、金融等部门信息的互联互通,提供完善的对保障性住房的申请、审核、轮候、保障等的全程监管。

3. 用户分析

房地产市场监管信息化成果主要为三种类型用户提供服务。

(1)省级住建主管部门。可对全省保障性住房项目、新建商品房项目、个人住房信息等进行监管,保障房地产市场各方的合法权益。

(2)市级住房和城乡建设主管部门。可对全市保障性住房项目、新建商品房项目、个人住房信息等进行监管。

(3)县级住房和城乡建设主管部门。对行政区域内的保障性住房项目、新建商品房项目、个人住房信息等进行监管。

5.4.3 保障性住房管理信息化策略

1. 目标分析

住房问题是重要的民生问题,有效保护个人住房需求事关群众的切身利益和社会的和谐稳定。为解决公众在满足合理住房消费需求时所面临的巨大困难,住建主管部门需要提高宏观调控能力、市场监管能力、公共服务能力,加快建立住房保障体系,着力解决中低收入家庭住房困难问题。

住房保障信息化管理可支撑保障性安居工程有效供给,加强配置过程监督,提高保障住房保障能力业务目标的实现,通过全面掌握保障性住房真实、完整、清晰、及时的动态信息,对保障性住房相关联的人、房、资金、制度等对象进行监管分析,对保障建设项目资源配置进行有效监控,为决策支持提供依据,为保障性住房政策制定提供数据支持,为保障性住房规划提供业务支撑。

2013年3月1日,住房和城乡建设部发布和实施《住房保障信息系统技术规范》(CJJ/T 196—2012)行业标准,各省应依照该标准,遵循省域范围保障性安居工程信息上报要求,创新思路,结合管理区域实际情况,充分利用现有的基础空间数据资源、住房保障项目规划编制资料等,通过互联网、移动技术与省域统一空间信息服务平台(如各级"天地图"节点)结合,创新城市保障性住房的信息采集、管理手段,实现基于互联网的市、县两级信息采集上报和共享体系,更好地开展省域城市保障房建设的计划、实施和监督工作,掌握省域范围内城市住房保障建设的动态,加强对城市保障房建设的指导和监管工作。

根据住房保障业务的特点和目标,开展住房保障信息化建设的主要目标如下。

(1)准确掌握城镇低收入居民拥有的住房情况,及时了解低收入居民的居住水平,进而对保障性住房的市场形势进行科学分析,及时发现并解决住房保障工作中出现的新情况和新问题。

(2)优化业务办理流程,提升办事效率,提高群众满意度。

(3)实现业务办理全过程记录,从而有利于开展过程监督和申请的审批查重。

(4)方便快捷地对摇号、选房等结果进行展示,有助于实现政务公开透明。

2. 业务分析

保障性住房管理内容包括保障性住房对象准入登记信息,保障性住房建设项目管理信息、配给信息、配后管理信息等。通过建设保障性住房管理信息化,将城市保障性住房信息纳入管理,建立省域保障性住房信息数据库,对城市保障房从计划下达、项目建设到分配进行统一信息管理,同时建立基于省域基础空间信息的城乡住房分布库、分配专题地图库,实现保障房台账数据库与地图的挂接,实现省域城市保障房信息图形化管理,各个业务之间互相配合,形成城市保障住房项目数据、保障对象数据的关联管理。

1) 建设项目计划管理

(1) 年度建设计划管理。支持省级住房保障管理部门对年度住房保障项目建设计划进行管理，包括规划编号、城镇人均可支配收入、市场平均租金、城镇人口、城镇户均家庭人数、城镇户籍人口数、城镇施工住宅房屋建筑面积、城镇施工住宅套数、城镇新开工住宅房屋建筑面积、城镇新开工住宅套数、城镇竣工住宅建筑面积、城镇竣工住宅套数、城镇住宅建设完成投资、城镇住宅建设土地供应面积。

(2) 年度计划建设项目填报。支持各市、县根据各市、县实际情况，对本市、县年度计划建设项目进行填报申请。填报的项目信息包括项目名称、项目类别、项目建设方式、施工房屋建筑面积、施工住宅建筑面积、施工住宅套数、新开工房屋建筑面积、竣工房屋建筑面积、竣工住宅套数、土地供应面积、投资额。

(3) 年度计划审批汇总。支持省域内按照行政区划对保障房建设计划进行汇总和审核，按照各区县上报年度计划进行汇总，市级住房保障管理部门可对各区县计划进行审核，省级住房保障管理部门可对各市州计划进行审核，作为建设项目执行信息依据。

2) 建设项目管理

(1) 建设项目基本信息管理。由区县填写、编辑、维护建设项目的基本信息，包括项目名称、投资额、五方责任主体信息等。区县填报项目的详细楼栋信息，包括楼栋编号、层数，以及所含的房屋编号、户型、建筑面积。

(2) 建设进度区县月报。各区县定期填报保障性住房的开工、建设、竣工情况，区县填报该项目的信息包含新开工套数、新开工面积、基本建成套数、基本建成面积、竣工套数、竣工面积、完成投资等。

(3) 资金使用月报。由区县对上级资金下达、国开行贷款资金发放及使用情况进行填报，包括申请到位及过审资金的使用情况、总体资金使用情况。

(4) 省域内月报自动汇总查询。实现区县、市级、省级主管部门按照行政区划对城镇保障性住房管理信息数据进行逐级汇总统计。市级主管部门自动汇总各区县数据并可进行核实和修正，省级主管部门自动汇总各市州数据并进行核实。

(5) 省域内自动汇总台账。区县、市级、省级主管部门按照行政区划形成相应的台账，包括危旧房棚户区改造新开工项目台账、政府投资公租房项目台账等。

3) 监督管理

保障性住房管理信息化用于住房保障管理部门对保障性住房的投诉、抽查信息进行管理。

(1) 投诉管理。由省级、市级住房保障管理部门记录接到保障性住房的有关投诉、调查和处理情况。

(2) 现场督察抽查管理。各级住房保障管理部门对保障性住房项目进行现场勘查和督查，并对现场督查情况进行记录，形成督察意见。区县根据本辖区项目的督察意见，对工作进行改进并上报工作落实情况。

4) 对象调查

采集的保障对象信息包含保障对象的个人基本信息、住房情况等，并对保障对象的信息进行现场调查，形成调查报告。

5) 准入登记管理

将保障对象和支持对象信息的填报、审核、批准登记进行全流程化管理。住房保障管理部门对保障对象信息进行登记，并经过审核和公示后，准予登记或不予登记，并形成登记通知书。准入登记办理业务如下。

(1) 接受申请。填报保障对象和支持对象申请信息，并出具身份证、户口簿、申请表、单位和个人出具的证明材料等。

(2) 审核。核查指派、核查结果信息维护和核查结论认定。

(3) 公示。记录公示申请、审核等信息，记录公示无异议信息或异议不成立信息。

(4) 登记。确定准予登记或不予登记。

6) 配给管理

对保障性住房的配售、配租、住房补贴信息进行填报管理。

(1) 配售信息管理。对保障对象的选房结果进行记录，以及记录保障对象购房签约登记的合同信息。

(2) 配租管理。对保障对象的选房结果进行记录，以及记录保障对象配租合同信息，包括合同签署、续签、终止。

(3) 住房补贴管理。填写记录补贴合同的签署、续签、终止及补贴资金应发、实发的信息。

(4) 资金补贴管理。填写记录给支持对象的补贴资金的发放和领取信息。

7) 配后管理

配后管理对保障性住房的房源退回、再上市交易管理、入住管理、腾退管理、租金收缴及配住年审管理信息进行填报管理。

(1) 房源退回。根据实际情况，将由于各种原因需要退回的房源进行标记，并将退回的房源纳入可分配房源库中。

(2)配售住房再上市交易管理。由区县对已配售且需要再上市交易的政策性住房进行登记,并记录政府是否优先回购。

(3)入住管理。对保障对象入住信息进行记录。

(4)腾退管理。对不符合或自愿申请退出配租保障方式的保障对象,记录住房腾退信息。

(5)租金收缴。对实行配租保障方式的保障对象,记录房屋租金的收缴信息。

(6)配住年审管理。对保障对象资格和条件进行年度审核。

3. 用户分析

保障性住房管理信息化成果主要为三种类型用户提供服务。

(1)省级住建主管部门。可对省域范围内城市保障房数据进行管理、查询、统计,也可对下级上报的数据进行核实修改。

(2)市级住建主管部门。可对管辖范围内城市保障房数据进行管理、查询、统计,也可对下级上报的数据进行核实修改。

(3)县级住建主管部门。作为基础数据采集、上报的客户端,可按照行政区域查看和编辑本区域的城乡住房基础数据。

5.5 住房管理信息化实践

5.5.1 商品房管理信息化实践

1. 房屋交易与不动产数据对接模型

为指导各市做好房屋交易与不动产数据对接工作,省级住建主管部门应建立全省统一的房屋交易与不动产数据对接模型,指导各地开展工作,如图 5-2 所示。

房屋交易与不动产数据对接采用中间库加接口调用的方式实现,通过房屋代码与不动产单元号,实现房屋基础数据的互联互用,在每个业务环节共享数据,确保交易安全和不动产登记安全。

(1)调整业务系统内容。根据不动产登记工作要求,全面调整房地产市场平台建设内容,建成楼盘表管理、新建商品房销售管理、存量房转让管理、房屋抵押管理、房屋租赁管理、房屋面积管理、房屋交易与产权档案管理、政策性住房产权与上市交易管理等子系统。

(2)突出房屋及测绘成果管理。为在源头上确保房屋交易安全,开展了房产测量与楼盘表及面积管理一体化平台试点工作,实现了交易与登记的实时对接。

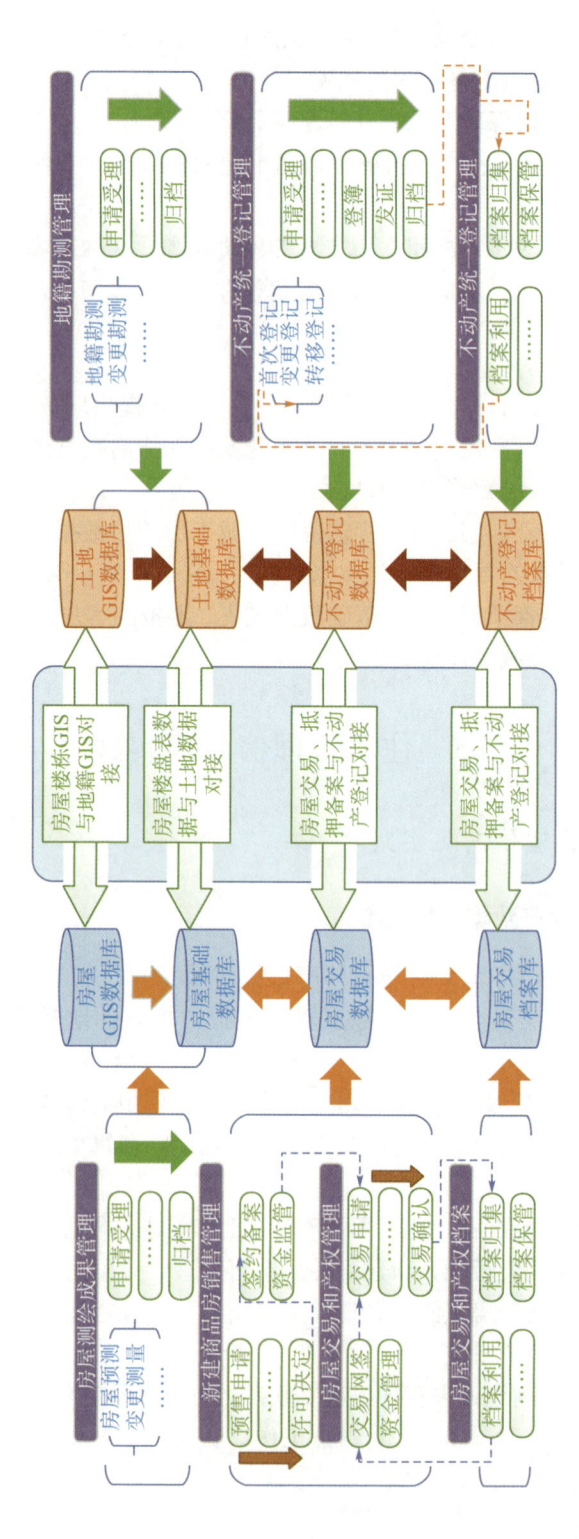

图 5-2 房屋交易与不动产数据对接模型图

(3)提升房屋交易服务水平。通过打造网上政务服务大厅,实现各类交易服务的网上办理。

2. 市级商品住房购房登记摇号管理系统

为了贯彻落实国务院关于进一步完善房地产市场调控政策的要求,市级主管部门应完善商品住房开盘销售采用公证摇号排序选房的相关政策,根据通知,棚改货币化安置住户、刚需家庭、普通家庭一次只能参与一个商品住房项目购房登记、公证摇号、排序选房,在该项目公证摇号选房结束后未能购房的,方可参与下一个商品住房项目购房登记,在此期间不能通过变换登记购房人的方式参与其他商品住房项目购房登记。成都市商品住房购房登记摇号管理系统如图5-3所示。

图 5-3　成都市商品住房购房登记摇号管理系统

5.5.2　房地产市场监管信息化实践

1. 个人住房信息系统

省(区、市)应建立个人住房信息集中管理系统,实现全省、市两级个人住房信息系统的省域联网,建立省域个人住房信息系统基础数据库,全面掌握个人住房的基础信息及动态变化情况,实现省域住房信息共享和查询,并在此基础上进行统计、分析,为宏观调控提供数据支持。

省域个人住房信息系统从数据、业务、应用和安全四个方面出发,采用信息化技术手段将个人住房信息进行集中管理,实现个人住房信息汇总和监管。

(1)数据管理。全面整合和规范各项房产业务数据,实现交易管理、权属登记、档案管理、网上签约、资金监管、测绘管理等业务数据的规范化管理。

(2) 业务智能。将个人住房数据进行清理、集成、转换、规约等预处理，形成个人住房数据库。针对不同的分析目的和分析要求，通过查询(任意查询、专题查询、异地查询)、报表、统计、时序分析、空间分析等方式，可从多角度、多层面对全省房地产市场运行情况进行综合分析。

(3) 应用集成。用于不同系统间的数据共享与交换，采用 XML 数据传输格式，提供数据发送和数据接收服务，实现不同业务系统间分布、异构数据的传输、汇总。

(4) 安全管理。提供身份认证、日志管理、实时备份恢复等安全防护功能，实现全省个人住房基础数据的安全可靠。

2. 房地产市场信息监管系统

省域房地产市场信息监管系统以各市级房地产管理信息系统为基础，将各个城市商品房备案、二手房交易等数据全面、完整地同步到省级房地产市场信息监管系统中，通过数据挖掘与关联分析，实现了对房地产业务数据的实时采集、查询和分析处理，促进了房地产市场平稳快速健康发展。

省域房地产市场监管信息平台实现对各市级房地产市场信息的全面动态监督，提高了监管质量和效率，促进了房地产市场的健康发展，保证了市场运作的合法性、合规性和安全性，保障了房地产市场各方的合法权益。同时，还实现了对市级业务数据的容灾备份，当市级遇到地震、火灾、水灾、计算机病毒破坏、黑客攻击等灾害，导致业务系统数据丢失时，省级数据中心可以及时将数据恢复到市级业务系统，以保证市级业务数据的安全。

(1) 可实现对新建商品房销售运行情况进行监管，对各市级新建商品房销售面积及房屋类型等情况进行监管，如图 5-4 所示。

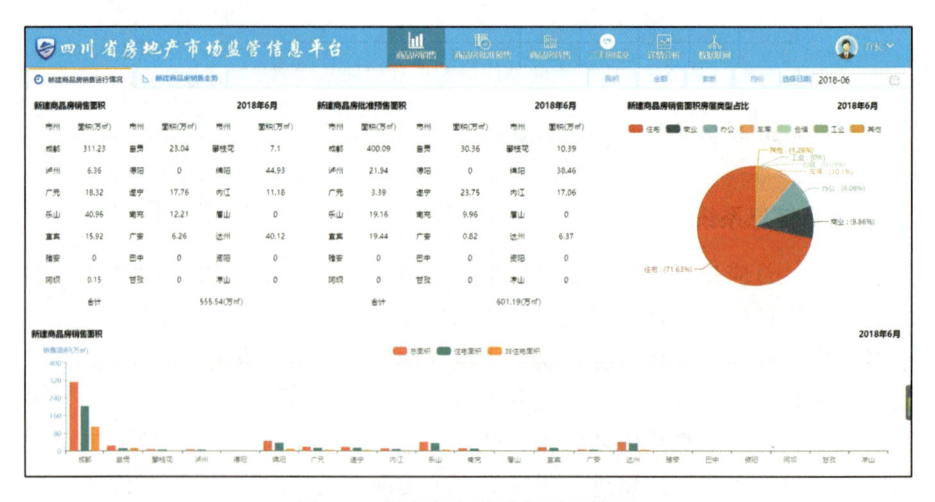

图 5-4　新建商品房销售运行情况

第 5 章　住房管理信息化

(2)可实现对新建商品房销售走势进行监管,对各市级新建商品房销售面积走势数据进行监督,如图 5-5 所示。

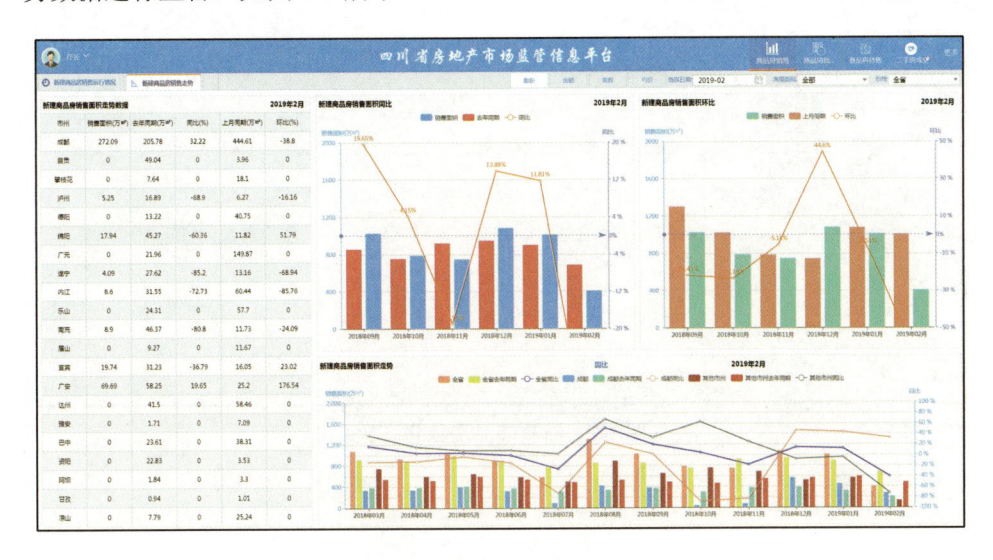

图 5-5　新建商品房销售走势

(3)可实现对各市级新建商品房销售面积进行汇总统计,同时对各市级各房屋类型销售情况进行监管,如图 5-6 所示。

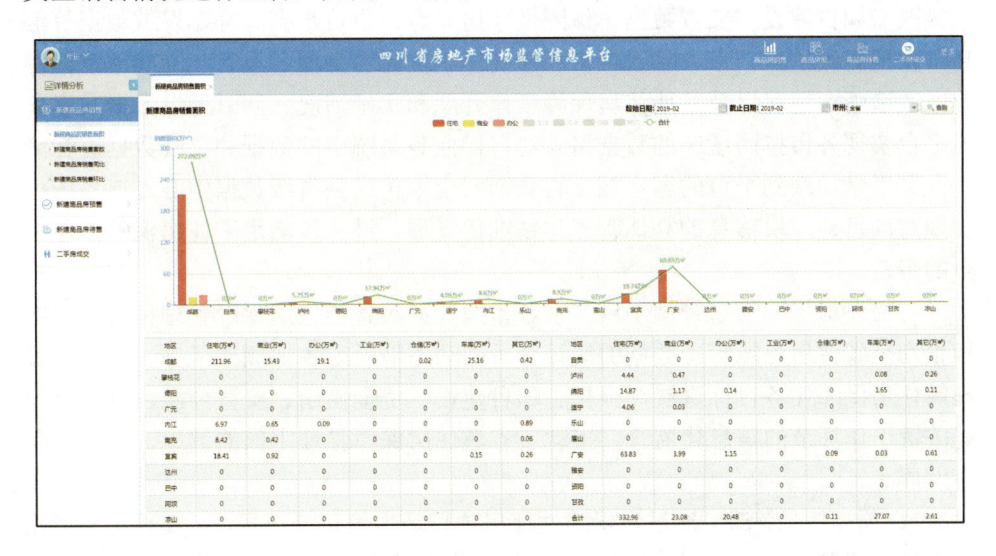

图 5-6　新建商品房销售面积

(4)可实现对市级新建商品房销售面积与上月同期数据进行对比分析,如图 5-7 所示。

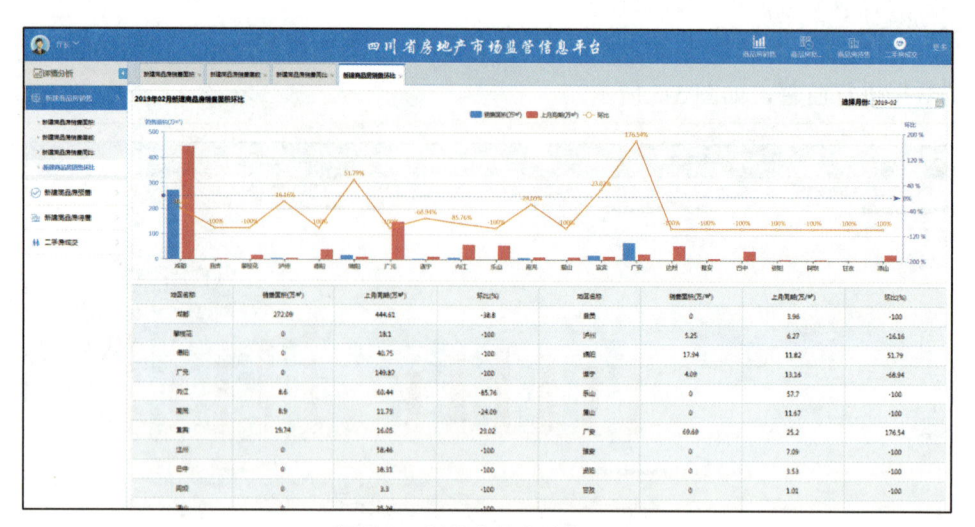

图 5-7　新建商品房销售环比

5.5.3　保障性住房管理信息化实践

1. 省域住房保障监管系统

省域住房保障监管系统包括省级棚户区改造及其他保障管理工作的在线数据申报平台和数据共享交换平台建设，通过信息化方式实现全省域城市在线填报棚户区改造项目建设与安置数据、保障性住房安置与租赁数据、补贴发放数据等信息，保证省级单位，市、县级城市相关责任单位能够全面、及时、准确地掌握棚户区改造落实情况以及其他住房保障工作开展和实施情况。同时通过数据共享交换平台实现各市按照统一的数据格式对自己业务系统中的数据和离线数据进行清理，并增量加载到平台的客户端，将数据安全地传送到省级数据中心。该系统可实现对项目、地块信息的立体管理与精细化管理，进一步满足了住房保障工作重点的覆盖。

省级住房保障信息管理平台实现各市级、县级各类住房保障管理信息的在线填报和全省住房保障管理数据的统计分析，动态地反映各地棚改任务、公租房管理等住房保障任务目标进展，强化了项目建设、资金使用、安置分配、重大事项等关键工作环节的信息化监管，推动了省域住房保障管理工作的健康、快速、有序发展。

(1)项目信息管理。通过对保障性住房项目基本信息的填报，可实现对保障性住房项目信息的统一管理，住建主管部门能快速获取保障性住房项目情况，提高项目管控的效率和质量，如图 5-8 所示。

(2)项目计划管理。可实现省级住建主管部门对年度棚改计划和公租房计划的管理，如图 5-9 所示。

第 5 章　住房管理信息化

(3) 项目年度管理。可实现棚改项目年度计划信息管理，并对棚改项目拆迁、建设和投资进度进行统一管理；实现公租房项目年度计划信息管理，包括对公租房项目建设、投资、审计整改、分配计划进度进行管理。实现实时监控保障性住房项目的建设进度和资金情况，使各级住建主管部门能在第一时间了解保障房项目实施情况，如图 5-10～图 5-12 所示。

图 5-8　项目信息管理功能

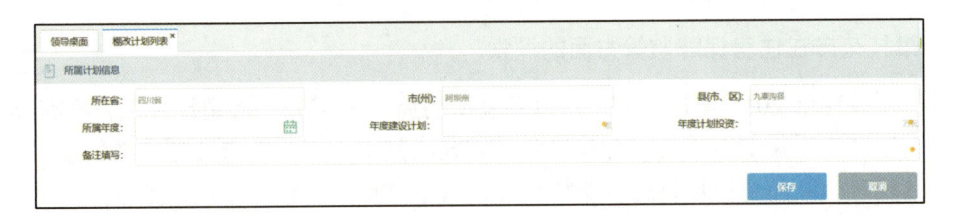

图 5-9　项目计划管理功能

图 5-10　拆迁进度情况

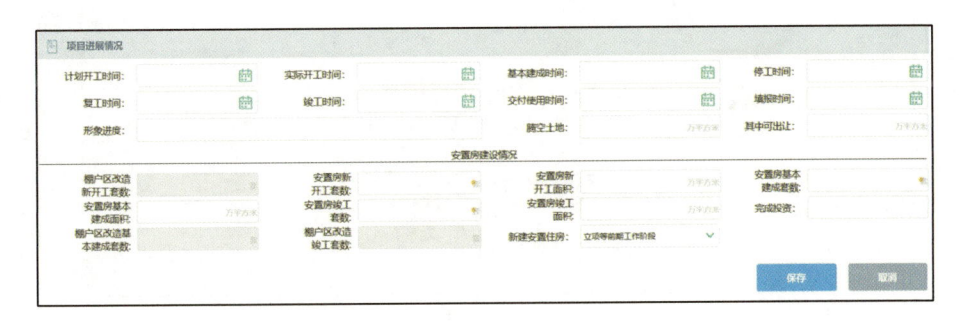

图 5-11　建设进度情况

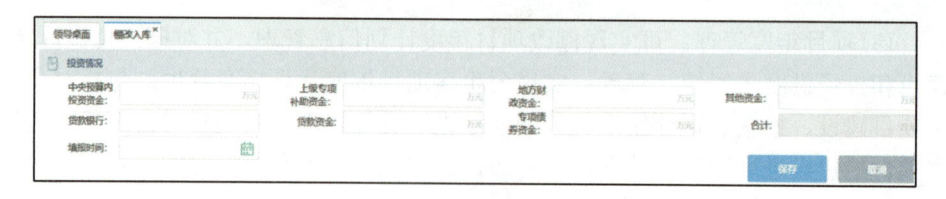

图 5-12 投资进度情况

（4）房源管理。建立了覆盖全省的房源信息库，支持将指定的保障房项目信息导入标准房源清单，形成保障房房源楼盘表信息，同时依据房源信息的关联人员信息形成人员信息库，为保障房监管提供基础信息依据。

（5）保障性住房可视化展示。实现将保障性住房项目点位坐标和区域范围与基础地图关联，展示项目信息中已标注的项目点位和项目区域，将坐标信息与项目信息绑定，形成保障性住房分布图，支持对全省保障性项目区域的查询。

（6）租赁补贴管理。汇集各地区保障性住房租赁补贴的发放情况，监督租赁补贴资金到位情况，及时发现可能出现的违规现象。

2. 攀枝花市在住房保障监管方面的探索

攀枝花市 2017 年拥有棚户区以及老旧房屋 7 万多户，改造涉及项目约有 94 个。通过货币化安置或者综合整治两种方式，其中大部分改造计划涉及的市民将通过现有的商品房产项目进行购房选择。对于住房管理部门来说，推进、管理棚户区改造的实施是迫在眉睫的工作重心，因此攀枝花市规划局对棚户区改造户的安置和空间位置信息进行了摸底和空间化建库工作，通过攀枝花市基础地理信息库显示中心城区棚户区的空间位置与棚户区的概况，可反映出棚户区改造的概况和进程，为住房保障工作监管提供了一个可视化渠道，如图 5-13 所示。

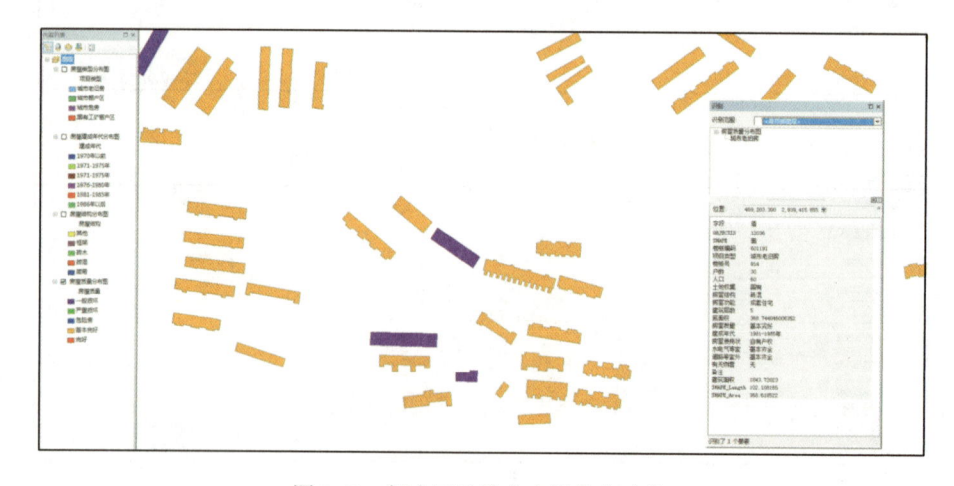

图 5-13 棚户区改造户安置分布功能

第 6 章　城乡管理信息化

6.1　城乡管理信息化范围

改革开放以来,我国城镇化快速发展,城市规模不断扩大,建设水平逐步提高,保障城市健康运行的任务日益繁重,加强和改善城乡管理的需求日益迫切,城乡管理工作的地位和作用日益突出。

统筹城乡发展是科学发展观中五个统筹(统筹区域发展、统筹城乡发展、统筹经济社会发展、统筹人与自然和谐发展、统筹国内发展与对外开放)中的一项内容。"城乡统筹"从字面上解释是"城""乡",在一定的时代背景中互动发展,以实现"城""乡"发展双赢为目的,充分发挥工业对农业的支持和反哺作用、城市对农村的辐射和带动作用,建立以工促农、以城带乡的长效机制,促进城乡协调发展。

省域城乡管理工作包括:农村住房建设、农村危房改造以及农房产权产籍管理;城镇建设、村镇建设、环境综合治理、市政公用事业、环卫事业的发展战略、中长期规划、产业政策、技术标准制定并监督实施;城市、建制镇的供水、排水、节水、燃气、热力、市政设施(城市道路、桥梁、河道、路灯等)、市容环境卫生、垃圾处理、防汛排涝、城市雕塑的监督管理;城镇污水处理设施和管网配套建设及营运监督管理;城镇市容环境综合治理工作。

经济、社会的发展变化,必然影响城乡管理理念、方法和体制建设。按照我国推进城镇化建设的发展规划,在日新月异的城市发展中要求城市管理必须与时俱进,适应时代变革,提高科学化、信息化、现代化水平。城乡管理信息化的目标就是要通过加快信息技术与行业监管和服务的深度融合,推进协同共享和互联互通,实现全省城乡管理信息化系统整合、协同、集约化发展。统筹跨部门、跨层级、跨区域的重大应用,在共享协同前提下统筹部署应用系统,支持跨部门、跨区域的业务协同和信息资源共享。

省域城乡管理信息化工作范围较为广泛,各省根据自身情况在逐步进行信息化探索实践工作。以四川省为例,目前四川省城乡管理信息化工作主要是在城乡环境综合治理、城镇污水处理设施及管网配套建设管理、农村住房管理(包括农村土坯房、新农村规划建设和农村危房改造)等方面做了探索和研究。本章即以四川省为例对省域城乡管理信息化研究和实践情况进行阐述。

6.2 城乡管理信息化要求

6.2.1 城乡环境综合治理信息化要求

随着经济社会发展，人们对环境的要求越来越高。当物质条件改善达到一定程度时，人们更加注重健康的需求、精神层面的需求，特别渴望有良好的生产生活环境和生态环境。

城乡环境综合治理既是公益事业，也是普惠性的民生工程。深入推进省域城乡环境综合治理，一方面可有效改善人居环境和发展环境，另一方面也可通过城乡环境质量的改善推动经济转型，提升发展质量，加快发展步伐。四川省人民代表大会通过的《四川省"十二五"国民经济和社会发展规划纲要》，把城乡环境综合治理取得明显成效作为全省"十二五"经济社会发展的重要目标之一。四川省第十次党代会要求深入开展城乡环境综合治理，持续提高发展环境和人居环境质量。通过出台的政策以及相关治理条例不难看出，这是人民政府顺应人民群众期待和经济社会发展规律，不仅是向人民群众做出的庄严承诺，也是对治理工作提出的新的更高的要求。按照政府的部署，省住建主管部门坚定不移地推进城乡环境综合治理，以人居环境改善的成效取信于民、造福于民，以发展环境的优化促进省域城乡环境综合治理管理工作高位求进，加快发展。

深入开展城乡环境综合治理水平，提高发展环境和人居环境质量，需以更高标准、更大力度加快推进工作。城乡环境建设，没有最好只有更好。随着经济社会快速发展，原有治理标准需要随之调整提升，新的治理指标需要及时纳入，确保城乡环境综合治理工作进一步深化：环境卫生方面要持续开展清理和保持工作，空间景观方面要强化建筑立面清理、规范架空管线并加强城镇园林绿化建设，设施建设方面要提高生活垃圾和污水集中处理率、抓好现有设施正常达标运行，居住环境方面要全力推进"城中村"、城乡接合部、老旧城区改造和农村危旧房改造、村庄连片整治和新农村综合体建设力度。城乡环境综合治理工作的特点是范围宽、要求高、难度大，应通过建立省域城乡环境综合治理平台，为省域城乡环境综合治理工作提供信息技术支持。

6.2.2 城乡污水垃圾管理信息化要求

党的十八大以来，以习近平同志为核心的党中央站在中华民族永续发展的高度，把生态文明建设摆在更加突出的位置，鲜明提出绿色发展理念，绘就了建设美丽中国的宏伟蓝图。四川省委、省政府认真贯彻落实中央重大决策部署，始终把生态文明建设和生态环境保护工作摆在事关全局的重要位置来抓，坚持建设长江上游生态屏障目标不动摇，坚定促进转型发展，坚决淘汰落后产能，坚决守护绿水青山。

城镇污水和城乡垃圾处理是提高生态文明建设水平的重要内容。2014年12月，住房和城乡建设部发布行业标准《城镇污水处理厂运营质量评价标准》；2017年7月，住房和城乡建设部印发《城镇污水处理工作考核暂行办法》（建城〔2017〕143号）；2018年2月，中共中央办公厅、国务院办公厅印发《农村人居环境整治三年行动方案》。进一步加强城镇污水、城乡垃圾处理设施的建设和运行监管，全面提升城镇污水、城乡垃圾的处理效能，是提高生态文明建设水平的内在要求。

遵循政府的文件要求、部门颁发的行业标准和考核办法，并依据《"十三五"全国城镇污水处理及再生利用设施建设规划》《"十三五"全国城镇生活垃圾无害化处理设施建设规划》，四川省科学布局、统筹规划、合理安排全省污水和工业废水处理设施建设和垃圾处理设施建设项目。由于监管项目数量多、项目类型多、分布地区广，且时间短、任务紧、涉及部门多，为切实保障城镇污水处理设施、垃圾处理设施建设项目稳步推进，需综合运用物联网、数据管理和定位等现代化信息技术，整合城镇污水处理设施、垃圾处理设施项目建设信息和运营数据，加快城乡污水垃圾管理向智慧化升级，提高监管的针对性、科学性、时效性，做到精准监管、高质高效。

6.2.3 城镇地下管网管理信息化要求

2014年，国家相继出台了《国务院办公厅关于加强城市地下管线建设管理的指导意见》（国办发〔2014〕27号）、《住房和城乡建设部等部门关于开展城市地下管线普查工作的通知》（建城〔2014〕179号）等文件，要求各城市在地下管线普查的基础上，利用普查成果，建立城镇地下管线综合管理信息系统，满足城镇地下管线规划、建设、运行和应急等工作需要，同时充分利用信息资源，实现综合地下管线信息的即时交换、共建共享、动态更新。

按照政府文件要求的"标准统一、互联互通、资源整合、综合利用"原则，各省开展建设城镇地下管网管理信息化建设，充分利用现有测绘地理信息成果和地理信息技术等现代信息化技术，对城镇地下管线规划、建设、现状、运行及巡检等情况进行统一管理，切实加强城镇地下管网建设管理，保障城市安全运行，提高城市综合承载能力和城镇化发展质量。城镇地下管网管理信息化要求如下：

（1）推进城镇地下管网现状信息化管理。通过建设城镇地下管网信息化，实现对城镇地下管线的基本信息、建设情况、运营情况、巡检情况等进行维护，以提高地下管线信息现代化管理水平，促进城市精细化管理，保障城镇地下管理高效率、高质量地运转，同时为各城镇管线建设和管理提供依据，为政府决策和紧急事故处理提供保障。

(2) 促进城镇地下管网综合分析决策信息化管理。有效利用城镇地下管网信息化，实现对城镇地下管线现状进行综合分析，为城镇地下管线规划、建设、运行和管理提供决策依据。

(3) 实现数据共享与交换。按照统一的数据标准建设城镇地下管网信息化，实现省域内各地数字化信息管理等平台的数据共享，满足地下管网信息动态更新的要求。

6.2.4 农村住房管理信息化要求

农村住房管理信息化早在2009年就在国家层面开始了布局。住房和城乡建设部为加强对扩大农村危房改造试点的管理，及时掌握试点工作情况，根据住房和城乡建设部、国家发展和改革委员会、财政部《关于2009年扩大农村危房改造试点的指导意见》（建村〔2009〕84号），决定组织开展全国扩大农村危房改造试点农户档案管理信息系统建设。据此，住房和城乡建设部下发了《关于建设全国扩大农村危房改造试点农户档案管理信息系统的通知》（建村函〔2009〕168号）。2009年，住房和城乡建设部开发了农村危房改造农户档案管理信息系统，并正式运行。为加强对信息系统的运行管理，住房和城乡建设部也印发了《农村危房改造农户档案管理信息系统运行管理规定》。

为全面贯彻党的十九大精神，以习近平新时代中国特色社会主义思想为统领，农村住房管理需牢固树立"创新、协调、绿色、开放、共享"发展理念，坚持以人民为中心的发展思想，按照推动实施乡村振兴战略的总体要求，以住房安全有保障为目标，以机制创新为抓手，突出重点、分类指导，多措并举、分步实施。从完善农村危房改造农户档案制度入手，推进农户档案信息化，切实做好农村危房改造试点管理这项十分重要的基础性工作，按户登记、动态录入危房改造农户数据，把管理办法的贯彻落实作为规范农村住房建设的一项重要工作来抓，按照简政放权、规范管理的原则，改变观念，创新思路，进一步加强农村房屋的建设质量，消除安全隐患，改善农村人居环境，坚决打赢脱贫攻坚战。

各省级住建主管部门均出台了农村住房管理办法。以四川省为例，2017年1月9日，四川省人民政府第140次常务会议审议通过了《四川省农村住房建设管理办法》，该办法的出台旨在规范农村住房建设和管理，提高农村住房建设质量，增强农村住房抗震设防和抵御自然灾害的能力，切实改善农村人居环境。2017年11月6日，《四川省人民政府关于印发四川省"农村土坯房改造行动"实施方案的通知》（川府函〔2017〕205号）发布，四川省委、省政府把农村住房建设作为民生工程的重中之重，持续推进彝家新寨、藏区新居、巴山新居、乌蒙新村建设和农村危房改造以及易地扶贫搬迁，农村居住条件得到极大改善。但目前各地仍存在较大数量的以土坯墙或夯土墙为主要承重构件的土坯房，其中有部分还是危旧土坯房，既不能满足抗震设防要求，又不能保障农户基本生活需要，存在安全隐患。为确保农村住房安全，进一步改善居住条件，四川省委、省政府决定实施"农村土坯房改造行动"，计划用5年时间基本完成农村土坯房特别是危旧土坯房改造。

各省级住建主管部门应坚持信息资源共享原则，按使用者权限共享信息资源，实现对相关数据的快速查询、统计汇总和动态分析；坚持格式统一原则，按照全国统一格式填报数据，增强各级数据的可汇总性和可比性，确保相关数据的利用价值；坚持纸质档案表与信息化需求相一致原则，纸质档案表是信息化的基础和前提，要保持纸质档案表与信息化需求的一致性，减少重复统计、重复填报；坚持实时动态原则，有条件的地方，要将纸质档案表实时录入农户档案管理信息系统，随时补充、随时完善，不必等项目竣工后一次性录入。

省域农村住房管理工作必须借助现代化信息技术手段，积极推进农村住房管理数字化、精细化、智慧化，实现对危房改造农户信息、农村住房建设以及土坯房改造信息的快速查询、汇总数据的实时生成和统计指标的动态分析，主管部门及时掌握工作进展，有效监督政策执行情况，并为完善相关政策提供依据。

6.3 城乡管理信息化架构

在省域统一平台架构下进行城乡环境综合治理、城乡污水垃圾管理、城镇地下管网管理、农村住房管理的信息化管理平台建设。在整合省域现有资源基础上，相对独立进行各子系统平台的建设，通过与现有信息化平台的整合，实现统一的数据库平台，其总体架构如图6-1所示。

省域城乡管理信息化管理平台总体架构中各部分详细内容如下。

(1) 国家、地方的相关法律法规，如《中华人民共和国城乡规划法》《中华人民共和国建筑法》《四川省城乡规划条例》《四川省建筑管理条例》等，这些是平台建设的需求大纲，系统建设必须遵从这些法律法规的要求，而且要随着法律法规的调整及时进行调整升级，以体现最新的管理要求。

(2) 国家、地方的相关标准规范，如《安全防范视频监控联网系统信息传输、交换、控制技术要求》《四川省数字化建设导则》(川城乡治办〔2011〕139号)等，这是平台建设的技术导则。

(3) 硬件基础设施，包括云服务器、存储设备、安全设备等，这些硬件设备为平台部署和运行提供物质基础，起到计算、存储、传输、保护的作用，没有这些设备，信息平台将是空中楼阁。

(4) 系统软件基础设施，包括操作系统、平台监控系统、查杀病毒软件等，这些软件是让硬件设备正常运行以发挥作用的关键。

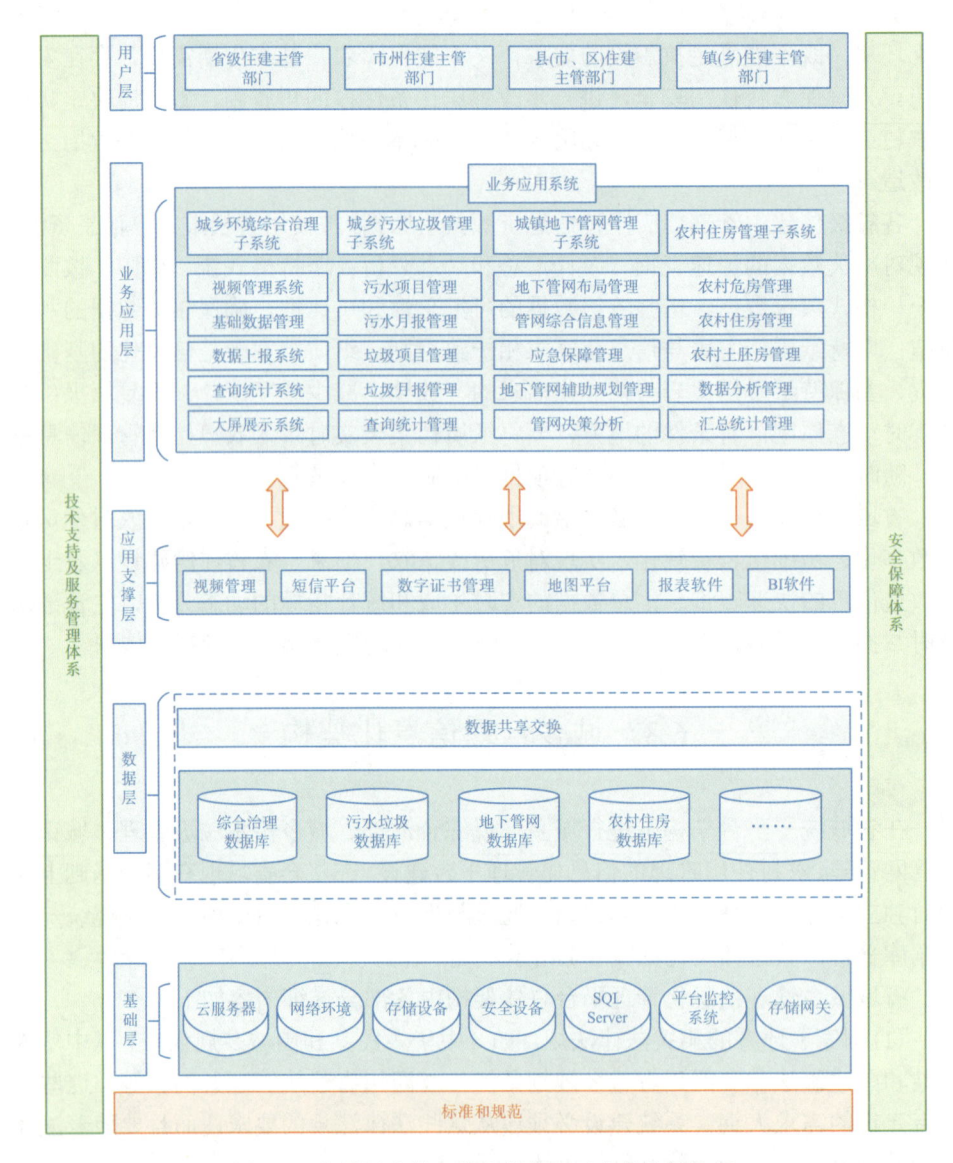

图 6-1　省域城乡管理信息化管理平台总体架构图

　　(5)网络技术设施，包括单位内部局域网、政务网、互联网、专网、3G/4G 无线网等。网络提供了平台运行的通道，种类多样、速度畅快的网络将使平台有更广的使用范围和场合，尤其是 4G/5G 无线网使得现场监管、移动监管成为可能。随着光纤网络的普及，高清视频监控也将推广开来，真正实现"足不出户、一览无余"的梦想。

　　(6)专业软件，包括视频管理、短信平台、数字证书管理、地图平台、报表软件、BI 软件等，这些专业软件是实现应用系统中某一项或几项应用功能的后台引擎。

(7)数据资源,包括城乡环境综合治理、城乡污水垃圾、城镇地下管网、农村住房等,这些数据资源的收集采用了多种技术途径,经历了多年的漫长时间历程,协调了各级相关部门,花费了巨大的心血,是当前平台能广泛推广应用的主要原因,是最有价值的资源和资产,也是将来数据挖掘和建立大数据分析系统的基础。

(8)应用系统,包括城乡综合环境治理、城乡污水垃圾、城镇地下管网、农村住房、地图服务、专题报表、统计分析等,这些应用功能是平台的最终体现,为最终用户提供前端交互UI、后台计算和分析服务,实现了用户的业务需求逻辑。

(9)最终用户,建立信息平台的目的是为用户服务,用户包括省、市、县、乡四级住房和城乡住建主管部门,有了这些用户的参与,才能为系统提供绵绵不绝的信息来源,动态地更新数据,同时已有数据才能为用户提供服务,发挥价值,形成良性循环。

6.4 城乡管理信息化策略

6.4.1 城乡环境综合治理信息化策略

1. 目标分析

省域城乡环境综合治理信息化建设的总体目标是以管理办法和治理条例为指导,以城乡环境综合治理工作为主线,以创新城乡环境综合治理模式,实现城乡环境综合治理工作的标准化、制度化、规范化,全面提升省域城乡环境综合治理信息化水平为目标,形成省域城乡环境综合治理监督到位、协调到位、指挥到位的信息化监管体系,形成具有省域特色的城乡环境综合治理模式和运行机制。

省域城乡环境综合治理信息化建设的基本原则应按照"统一规划、分步实施、适用适度"的原则和"有计划、分步骤、可执行"的方式建设。通过有效利用各市州数字化城市平台建设成果,充分整合各地规划、建设、市政公用、市容环卫等与城市管理相关的现有人力、设施设备、基础网络、视频监控、调度指挥、基础数据及呼叫中心等资源,形成省域统一的城乡环境综合治理数字化监管平台,以较低的投入实现城乡环境综合治理效能的最大化。

省域城乡环境综合治理信息化建设工作分为三个阶段。

第一阶段:通过整合资源,完成城乡环境综合治理省级平台建设。通过监管指挥大厅建设、机房适应性改造和应用系统建设,形成省级数据中心,建设系统运行稳定、信息数据安全的监管平台软硬件环境,初步实现对部分地区城乡环境综合治理工作的可视化管理,并兼顾相关突发事件的远程视频应急指挥,为领导实施决策，为主管部门实施指挥调度、督察督办、绩效评价等，提供准确及时和生动直观的影像、图表、文字等多媒体数据和文本数据支持。

第二阶段：进一步扩展城乡环境综合治理省级平台功能。根据城乡环境综合治理需要，开发建设专项业务管理信息系统，扩大省级平台监管范围，完善省级平台相关系统设施，实现与市(州)数字化城市监管平台的系统对接，实现城乡环境综合治理数据的互联互通，基本实现省域城乡环境综合治理工作的可视化管理，形成较为完善的城乡环境综合治理省级监管平台运行机制。

第三阶段：将城乡环境综合治理省级平台的监管范围扩大到县(区)，实现省、市(州)、县(区)数字城管平台的互联互通、资源共享。平台的运行管理进入纵向深化、横向细化，构建功能强大的省、市(州)、县(区)三级联动的城乡环境综合治理监管平台。

2. 业务分析

省域城乡管理综合治理工作主要包括四个方面。

(1)实现视频监管。调用各地视频资源，实现对各地市政设施、供水、污水和垃圾处理等状况，以及城乡环境综合治理和城市管理重点、难点等问题的视频监管。必要时，可通过视频会议、视频会商等形式提出监管意见。

(2)进行统计分析。汇总各地基础数据，实现对各地房产数据、城镇供水、燃气、垃圾和污水处理、路灯等市政设施，井盖、报刊亭、广告牌等公共设施运行(维护)状况，以及市容环境和秩序等管理情况信息的及时收集、整理，准确把握其现状。

(3)开展综合评价。实现对各地市政公用基础设施运行情况、城乡环境综合治理情况等进行综合评价，为解决城乡环境综合治理中存在的突出问题提供数据参考，为量化考核各地城乡环境综合治理工作绩效提供数据依据。

(4)提供决策支持。深度挖掘各地数字城管、数字房产数据，进行关联分析，并运用图表、多媒体等方式，对城乡环境综合治理情况、个人住房信息和房地产市场状况等进行可视化展现，为分析成因、科学决策提供信息化支持。

根据以上业务工作要求，四川省主要在以下几方面进行了探索研究。

1)建立视频监管平台

对城乡环境综合治理工作动态进行实时监管，对工作情况进行量化考核、综合评价与督办。通过调用视频数据，查看城市管理状况，了解工作动态，对需要解决的突出问题和深入推进的工作进行部署等；实现对管理评价考核指标及计算公式的管理、对存在的突出问题的督办，以及实时展示各地对重要督办事项的办理结果。

2) 建立基础数据管理平台

通过建立统一标准化的数据接口，调用城市管理基础数据，实现监管平台的数据交换和基础数据的管理。快速搭建、维护省级平台业务，定制业务工作流程，设置组织机构，调整系统使之适应用户变化的需求。通过信息平台发布城乡环境综合治理的相关信息，开展城乡环境综合治理网上咨询服务。

3) 建立数据上报平台

通过对业务系统统计报表的上报、分析、汇总，实现对各地供水、燃气企业和污水、垃圾处理厂及其市政设施的在线动态监管，同时汇总、分析、挖掘城市管理运行数据，结合图形、表格等方式展现分析成果。

4) 建立大屏幕展示平台

大屏幕展示平台主要是展示各城市管理综合状况、房地产市场信息和城镇建设管理视频信息的平台。该平台把地图应用信息与业务数据紧密结合，通过大屏幕，运用图、表等形式，实时展现各市（州）城市建设管理、综合评价信息、网格化管理状况等情况，实现对城镇建设、城市管理业务和房地产市场的实时监管。

结合城市管理系统的特点和要求，大屏幕展示平台的显示区域可分为三个部分，具体包括地图显示区、数据挖掘信息区和考核评价信息区。其中，地图显示区主要显示全区域整体地图，具体包括行政区划图、单元网格图、部件分布图、城市管理事件分布图。数据挖掘信息区显示数据挖掘信息内容，以图表的形式进行信息展示。考核评价信息区显示考核评价信息内容，以图表的形式进行信息展示。

大屏幕展示平台的软件支撑由三部分组成，具体包括系统管理模块、通信管理模块和显示控制模块。系统管理是系统的控制台，负责对大屏幕显示的内容及相关操作进行控制。通信管理模块是负责系统管理模块和显示控制模块之间进行数据和命令通信，目的是将控制台发出的命令提交给显示控制模块。显示控制模块是大屏幕监督指挥系统的显示终端，它最终将按照控制台的要求将需要显示的内容显示到大屏幕上。

在设计上，大屏幕展示软件采用客户机/服务器模式，运行在城市管理中心内部的专用计算机网络平台上，整体体系结构如图6-2所示。

(1) 双屏显示城市管理问题基本信息。系统支持城市管理问题在大屏幕上的双屏显示，包括信息屏和地图屏。其中信息屏主要显示城乡环境综合治理问题的巡察（抽检）、督察等阶段的案件详细信息，包括问题的基本信息、现场图片等。地图屏则主要装载城市的地形图、部件分布图、区域评价颜色标识图等。

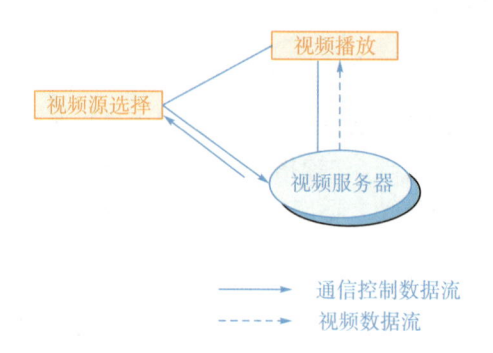

图 6-2 城乡管理综合治理大屏展示平台体系结构图

(2)考核评价展示。考核评价展示主要包括对管理现状巡察(抽检)、督办问题处置和巡察(抽检)人员工作绩效的评价,通过大屏幕展示模块可以直观地对以上考核评价模块进行展示,且区域评价的结果能够通过 GIS 地图屏分色块进行发布。

为正确对城乡环境综合治理管理的内容做出合理的评价,需要制订一套完整的评价指标体系来衡量城乡环境综合治理工作的水平。

(3)数据的挖掘。

①宏观分析。信息系统的运行积累了大量的数据,通过数据的挖掘分析,可从不同角度为宏观决策提供依据。

②类型分析。根据某一时段内城乡环境综合治理问题事发的类型分析,产生类型分析饼图,从城乡环境综合治理管理专业角度分析出哪个专业问题比较多。

③高发分析。通过高发问题分析,按照 TOP 系统方法分析城乡环境综合治理问题高发前几名,直接将高发问题暴露于领导面前,有利于高发问题得到及时整治。

④趋势分析。趋势分析是根据已有的运行数据给出某一时间区间及范围内的城乡环境综合治理问题事发规律,通过趋势分析,可以为未来城乡环境综合治理工作做出一定范围的预测,从而有目的性地合理配置资源,实现城乡环境综合优化治理。

3. 用户分析

根据事权划分,城乡环境综合治理及城市建设管理的具体事务按属地管理原则,由各地城管部门负责处理。省级平台建设的重点是着力于宏观管理,通过调用数字城管平台视频数据和文本数据,实现对各地相关事务的监管和调度。

(1)省级住建主管部门。负责全省城乡环境综合治理和监督管理工作,可对全省城乡环境综合治理情况进行管理、查询、统计。

(2)市(州)住建主管部门。负责本行政区域内城乡环境综合治理和监督管理工作,可将管辖范围内的城乡环境综合治理数据上报至省级主管部门,支持对管辖范围内的城乡环境综合治理情况进行管理、查询、统计。

6.4.2 城乡污水垃圾管理信息化策略

1. 目标分析

城镇污水处理设施和城乡垃圾处理设施管理工作主要是住建主管部门推进城镇基础设施建设，通过城镇污水和城乡垃圾处理设施建设的发展战略、中长期规划、产业政策、技术标准的制定，指导城市、建制镇的垃圾处理、污水处理设施的建设及营运监督管理。

开展城乡生活污水、垃圾治理行动是消除环境隐患、转变发展方式的重要举措，是提高新型城镇化质量和生态文明建设水平的内在要求。各地、各有关部门要充分认识城乡污水垃圾治理的重要性和紧迫性，切实增强责任感和使命感，将污水垃圾治理作为改善城乡人居环境的重点工作，通过建设施、补短板、整环境、治污染、促利用、强机制，全面提升城乡污水垃圾治理水平，推进环境质量改善，促进生态文明建设取得新成效。

城乡污水垃圾管理工作任务和目标如下。

1) 生活污水治理

(1) 提升城市污水厂处理能力。现有设施规模不能满足污水处理需求的城市和县城，要按照污水处理规模适当超前的原则，加快推进污水处理厂的新建和改扩建。

(2) 加快建制镇污水处理设施建设。要按照"三优先"的原则，加快推进建制镇污水处理设施建设，即优先安排特色小城镇、全国重点镇，优先安排环境敏感区、集中水源地保护区、风景名胜区和国家考核断面所在河流沿线范围内的建制镇，优先安排经济条件较好、当地政府建设意愿较高的建制镇。

(3) 实施农村生活污水治理。农村生活污水治理要因地制宜，选择先进的、适合当地自然条件、适宜在农村推广的生态化处理技术。要与农村改厕紧密结合，优先治理厕所污水。大力推进厕所污水资源化利用，将厕所污水收集进行堆肥等无害化处置，达到有关标准后用于施肥。对人口密集、采用完整下水道水冲式厕所、生活污水产生量大的村庄或处于水源地等保护区的村庄，厕所污水和家庭洗浴废水都要治理。

(4) 加快污水管网建设。要加快解决污水不经处理直排和污水厂运行负荷率低并存的问题，实现污水"应收尽收"。

(5) 实现污水处理稳定达标排放。各地要强化对污水处理设施的运营监管，现有城镇污水处理厂要全部实现稳定运行，对因设施原因不能稳定达标排放的污水厂，抓紧进行提升改造。

(6) 推进雨污分流管网改造。对现有合流制排水管网要加快进行雨污分流改造，解决因雨季水量增加影响设施正常运行以及污水直排水体影响水环境等问题。

(7) 规范污泥处理处置。污泥全部实现无害化处置。按照国家规范对污泥进行无害化处置，建立污泥转运联单制度，对污泥及其处理处置副产物的去向、用途、用量等要进行跟踪、记录和报告，不得擅自倾倒、堆放、丢弃、遗撒污泥。鼓励污泥处理处置设施跨区域共建共享，实现统一集中处置，提升设施建管效能。

(8) 狠抓城市黑臭水体整治。城市黑臭水体整治应遵循适用性、综合性、经济性、长效性和安全性的原则，采取截污纳管、面源控制、垃圾清理、清淤疏浚、岸带修复、生态净化、人工增氧、活水循环、清水补给、就地处理、旁路治理等多种技术路线和措施，加快推进整治工作。同时，对已整治完成的黑臭水体，要按照国家要求认真做好整治效果评估工作，建立完善长效的管理机制，实现水体长治久清。

2) 生活垃圾治理

(1) 实施城乡垃圾集中整治。要以城中村、城乡接合部、道路两侧、河渠沿线、村庄周围等为重点，全面开展城乡垃圾集中整治，做到无缝隙、全覆盖，不留死角，从根本上改善城乡环境面貌。

(2) 开展非正规垃圾堆放点排查整治。建制镇和农村以城乡接合部、环境敏感区、主要交通干道沿线、河流和水利枢纽管理范围为重点，对县域范围内城乡垃圾乱堆乱放形成的非正规垃圾堆放点和漂浮垃圾进行全面排查整治。

(3) 实现城市垃圾收集转运全覆盖。城市和县城要加大收集、转运频次，缩短垃圾存放时间，实现应收尽收，日产日清，并力争做到"垃圾不落地"作业。垃圾桶(池)周围要干净整洁，不得影响周边环境卫生。

(4) 加快建设农村垃圾转运处理设施。各地要根据县域农村垃圾治理专项规划，因地制宜地采取城乡一体化处理、就近集中处理、就地简易无害化处理等模式，探索适合农村实际的垃圾处理方式。要重点加强垃圾处理设施和中转站项目建设，在偏远和不易集中处理的村庄，积极探索采取小型焚烧、热解气化、综合处理等新技术，实现无害化处理。

(5) 提高垃圾焚烧处理比例。按照"减量化、无害化、资源化"的总体要求，设市城市和较大的县要加快垃圾焚烧处理设施建设，逐步改变以填埋为主的处理方式。今后，城市和县城新建垃圾处理设施要优先选择焚烧发电、综合处理、热解气化等工艺，原则上不再新建卫生填埋场。已建成生活垃圾焚烧处理厂且处理能力能够满足服务需求的，要应烧尽烧，不得进行填埋处理。同时，已投入运营的焚烧厂要按照国家规范要求，加强对烟尘、酸性气体、重金属、二噁英、臭气、飞灰、渗滤液等的监测，并全部实现达标排放。

(6) 规范卫生填埋作业。要按照国家规范标准，对现有卫生填埋场进行升级改造，重点完善渗滤液和沼气收集处理设施，做到规范化处理，不得随意外排。应定期监测渗滤液导排系统的有效性，保证正常运行。按照渗滤液水质、水量及垃圾填埋时间，综合选取渗滤液处理工艺。

(7) 实施垃圾分类处理处置。要因地制宜地制定出台垃圾分类实施方案，积极开展垃圾分类工作。要求对有害垃圾单独投放处置，倡导生活垃圾"干湿分离"，鼓励对厨余等易腐垃圾进行单独分类处置。

为全面落实以上工作任务和目标，必须通过信息化手段实现对省域污水、垃圾处理设施建设和营运的全过程监管，强化监督管理和绩效考评。

2. 业务分析

省域城镇污水、城乡垃圾处理设施信息化建设工作应包括七个方面。

1) 实现城镇污水、城乡垃圾处理设施项目建设信息管理

建立城镇污水、城乡垃圾设施项目管理平台，实现对污水处理设施项目基本信息、计划进度信息、项目性质、计划投资情况的管理，各级主管部门可以在网上完善及查询本级所辖范围内的城镇污水处理项目、城乡垃圾处理项目的信息，实现污水处理设施资金使用管理的全过程跟踪和监控。

2) 实现城镇污水、城乡垃圾处理设施项目建设月报管理

建立月报报送机制，便于调度项目进度。各级主管部门根据项目建设实际情况填报每个月的项目月报，月报信息包括建设进度、资金投入情况、建设规模、进度滞后原因等。通过月报报送，及时分析查找进度滞后的原因，有针对性地制定有效措施，压实工作责任，卡紧时间节点，加快城镇污水、城乡垃圾处理设施建设项目推进。

3) 实现城镇污水、城乡垃圾处理设施项目运营月报管理

实现城镇污水、城乡垃圾处理设施项目的运营月报管理，要求每月对运营进展及运行成本等情况进行报送，方便、快捷、准确地掌握项目运营动态。

4) 实现城镇污水、城乡垃圾处理设施项目运营监督管理

城镇污水、城乡垃圾处理设施项目运营监督平台将充分接入各市(州)已建设的污水垃圾处理设施运行平台的监测数据，通过对各市(州)已建设的污水垃圾处理设施运行平台的监测数据的统一整合，实现污水垃圾处理设施监测信息接入，及时获得设施运行监测数据，了解运营项目运行动态，实现城镇污水、城乡垃圾处理设施的在线监督管理，使市政公用行业管理和服务更加空间化、精细化、动态化、可视化，提升行业科学管理水平，准确掌握行业资源环境状况，增加决策的科学性。

5)实现城镇污水、城乡垃圾处理设施项目查询

项目查询管理是为管理人员、业务人员提供针对项目全过程的各类统计图表,可对各种数据进行收集统计工作,以应用于各种大规模的数据调查、定期报表数据收集等。按照不同口径、不同格式的查询,可对信息实现图表化展现。根据项目分类、所属地区、项目状态、项目名称、形象进度进行查询,可查看项目的详细信息,包括基本信息、建设进度、项目投资情况、投资组成等。

6)实现城镇污水、城乡垃圾处理设施项目可视化查询

基于在线地图进行污水垃圾处理设施查询,可根据项目名称、所属地区、项目状态(在建、竣工、运营)进行查询,可查看项目相关的基本信息、形象进度、投资完成情况、运营动态,实现图文一体化查询功能。

地图使用不同符号区分显示污水垃圾设施、相同设施不同的项目状态,利用不同颜色来区分显示在建、竣工、运营项目。

可按照项目类别、项目名称、所属地区、项目状态进行查询,定位至查询的项目,并点击查看该项目的基本信息、形象进度、投资完成情况等信息。

7)实现城镇污水、城乡垃圾处理设施项目统计分析

形成实时查询统计,及时掌握项目现状,跟踪监督项目动态。根据项目信息、项目月报,实时汇总形成各类查询统计,便于各级主管部门进行调度。

(1)分年度开竣工情况,包括分年度开工情况表、分年度竣工情况表。

(2)项目汇总台账,包括污水项目汇总台账、垃圾项目汇总台账。

(3)污水项目查询统计,包括项目状态统计、项目备案汇总、项目月报报送情况。

(4)城市污水项目统计,包括项目状态统计、项目建设情况、项目投资情况、项目月报情况。

(5)乡镇污水项目统计,包括打捆及细化项目的项目状态统计、项目建设情况、项目投资情况、项目月报情况、项目汇总台账、项目开工情况、项目完工情况。

(6)垃圾项目查询统计,包括项目状态统计、项目备案汇总、项目月报报送情况、项目建设情况、项目投资情况、项目月报情况。

(7)城市垃圾项目统计,包括项目状态统计、项目投资情况、项目月报情况。

(8)乡镇垃圾项目统计,包括打捆及细化项目的项目状态统计、项目投资情况、项目月报情况、项目汇总台账、项目开工情况、项目完工情况。

3. 用户分析

城乡污水垃圾管理信息化成果主要为三种类型用户提供服务。

(1) 省级住建主管部门。对全省城镇污水、城乡垃圾处理设施项目管理工作进行指导和监督，可对全省城镇污水、城乡垃圾处理设施项目建设情况和月报报送情况进行管理、查询、统计。

(2) 市(州)住建主管部门。对本级城镇污水、城乡垃圾处理设施项目建设情况进行填写，以及将项目每月建设进度和资金投入情况上报至省级住建主管部门，同时可对县(市、区)住建主管部门上报的月报情况进行审核和监督管理，还可对本级、县(市、区)以及乡镇的城镇污水、城乡垃圾处理设施项目建设情况和月报报送情况进行查询、统计。

(3) 县(市、区)住建主管部门。对本级和下辖乡镇的城镇污水、城乡垃圾处理设施项目建设情况进行填写，以及将项目每月建设进度和资金投入情况上报至市(州)住建主管部门；同时可对本级以及乡镇的城镇污水、城乡垃圾处理设施项目建设情况和月报报送情况进行查询、统计。

6.4.3 城镇地下管网管理信息化策略

1. 目标分析

城乡管理工作点多面广，管理内容仅仅涵盖地上部分，对地下部分的管理还需进一步延伸，既要保障大规模建设的顺利推进，更要服务于城市功能的整体提升。一方面，大规模建设所提供的高质量物质基础和载体，对城镇管线综合管理提出新的更高要求；另一方面，现有城镇基础设施的优化运作，将要求城镇管线管理手段不断更新。随着基础设施容量的不断扩大，城镇管线数据精细化管理和动态调控的需求也越来越高，其将促进管理从定性变为定量、静态变为动态、单一变为综合，从而发挥现有基础设施的最佳效能，进一步提高城市的运行效率，不断满足城市生产和人民生活的需要。

近年来，各省都在持续开展地下管线普查工作，充分利用现有基础测绘数据成果，全面开展供水、排水、燃气、通信、广播电视等各类地下管线普查，准确掌握地下管线的种类、数量、埋深、高程、功能属性、管线材质、建设时间、权属单位等基础信息，以及排查事故隐患和建立地下管线数字信息数据库。在城镇地下管线普查和监管工作中，随着数字化信息技术在城乡管理方面的逐步深入应用，以管线综合管理数字化为突破口的现代化管理和公共服务目标、信息技术的深化应用必须有利于动态掌握监测、管理和服务对象现势、动态情况，有利于城市管线管理多层面、多专业集成，通过整合协调，发挥它们的整体效能，有利于为城乡管理和公共服务决策、运作提供全面、准确、有价值的参考依据，有利于管理主体与客体之间双向沟通，促成良性互动的要求。

城镇地下管网信息化建设遵循"标准统一、互联互通、资源整合、综合利用"的原则。建设的主要目标如下：

（1）建设数据标准。建立一套统一的城镇地下管网数据生产与入库、共享标准体系。

（2）建设机制。建立一套完整管网更新、共享、巡(查)检、安全隐患上报机制。

（3）建设完整的数据库。一是依托现有管线数据完成城镇地下管线数据库的设计和建设，以及数据入库；二是完成管线三维数据库、事故隐患数据库、元数据库的建设。

（4）开发建设信息系统。开发建设城镇管网信息管理系统，实现对城镇管网数据的现状、运营和巡检等情况的统一管理，同时建立应急保障制度，利用信息化手段集中管理地下管网安全隐患问题，为管线管理部门提供决策分析工具。

2. 业务分析

城镇地下管网管理信息化建设依托现有管网数据、运营模式和监管模式等，以住房和城乡建设部发布的《城市综合地下管线信息系统技术规范》（CJJ/T269-2017）为行业标准和技术支撑，实现对地下管网数据信息、运营信息、巡检信息和应急保障等的统一管理，同时为地下管网辅助规划和决策分析提供基础数据依据，从而加大对地下管网的监管力度，并提升监管质量。

1) 地下管网数据管理

地下管网包含供水、排水、燃气、通信、广播电视等各类地下管线，基本信息包括管线的种类、数量、埋深、高程、功能属性、管线材质、建设时间、权属单位等，涉及范围较广。管线权属单位和养护单位对管网数据基本信息进行日常维护，满足空间数据和属性数据一体化存储和管理的要求，实现对管网数据的编辑、管理、入库、更新、维护和共享等，实现对开展地下管线普查工作所得到的管网数据进行批量入库，同时实现对管网数据库的日常管理和数据更新，保障地下管网数据的现势性。

2) 管网综合信息管理

管网综合信息涉及管网的现状(分布、走向、管线间的相互关系等)及管线施工、事故现场情况等，通过二维、三维等方式直观地了解管网综合信息，为领导决策、辅助审批提供数据支撑和依据。采用综合分析和全方位展示方式为各级用户提供地图展示、信息查询统计和管线分析服务，满足管网综合信息管理要求。

3) 应急保障管理

管网的安全是城镇地下管网管理的重点，涉及面较广。做好安全应急保障措施，发生安全事故时，可以第一时间利用信息化手段在线向有关部门进行事故信息报送，借助辅助分析(针对爆管、气体泄漏、电力电缆中断、积水、通信光缆故障等不同地下管网事故，提供辅助分析决策），进行事故影响范围分析，辅助相关部门快速制定应急处置方案。建立应急保障管理制度和管网综合评价体系，实现对管网的评估，以获得管段的风险指标，为管线管理部门设立应急预案提供决策依据。

4）地下管网辅助规划管理

实现对城镇地下管线的规划、建设、审批等全生命周期的一体化管理。通过对统一标准的数据格式的地下管线涉及成果数据进行统一管理，规范管网规划数据格式，建立管网规划申请、批准、核准、备案等流程体系，对管网审批的内容、流程、结果以及办理经过、经办人等详细信息进行公示，实现管网审批公开透明化。

5）管网决策分析

管网日常运行和维护工作涉及管网日常运行情况、施工情况、事故现场情况以及巡检情况等，管网日常监督工作繁重。利用移动技术和定位等技术，通过对管网进行日常监管，实现城镇地下管网工作现场的各项管线决策分析，为管网维护工作提供综合分析工具和数据依据，主要包括三点。

(1) 实现图形与属性的交互式查询。基于管线地图，根据所选管点、管线可查询对应的属性，根据属性条件可查得相应的图形用户。可按照图形属性的各种条件组合查询，也可按照管线类型、坐标、管径大小、埋藏年代等各种属性进行组合查询，还可实现按图幅号、道路名、单位名、自定义范围等多种方式查询，能够满足快速选择和定位的应用需求。

(2) 实现对管网现场信息的快速采集与传送。现场人员可将管网日常运行情况及管网施工、事故现场情况等信息报送至管理部门。

(3) 实现对管线健康度等日常运行现状及管线施工、事故现场情况的监督管理，并对发现的问题进行处置。同时实现各管线权属单位直接在线受理各自巡线员队伍发现的问题以及监测设备报警的问题，调度相应的养护队伍进行处置并结案。

3. 用户分析

城镇地下管网管理信息化成果主要为三种类型用户提供服务。

(1) 住建主管部门。负责对城镇地下管网的建设情况、运营情况等进行监督和预警，同时对管网事故应急提出指导建议。

(2) 各级管线权属单位。维护城镇地下管网基础数据。

(3) 各级管线养护单位。记录城镇地下管网维护、检修等情况。

6.4.4 农村住房管理信息化策略

1. 目标分析

省域农村住房管理方面的工作主要是按照农村住房建设相关政策和技术规范推进村镇建设，并指导农村住房建设、农村住房质量管理、危房改造以及农房产权产籍管理。工作目标如下：

(1) 政府引导，群众主体。市、县级政府切实加强引导，整合政策资源，集聚资金力量，用好现有政策，支持住房建设、危房及土坯房改造。坚持从实际出发，充分尊重群众意愿、结合群众需要制定改造措施，充分调动群众的积极性和主动性，以农户为主体推进农村住房管理工作。

(2) 因地制宜，分类指导。根据各地农房现状、经济社会发展水平、气候环境条件等，坚持"宜保则保、宜改则改、宜建则建"，注重改建和新建相结合，不搞"一刀切"。对于具有传统历史文化价值的土坯房，要保护提升、活化利用；对于能够通过维修加固消除安全隐患的土坯房，要优先加固除险；对于存在严重安全隐患无法加固的危旧土坯房，要抓紧拆除并根据实际需要实施重建。

(3) 传承文化，改善环境。突出地域特色和传统风貌，保护传统村落和历史文化名村，传承优秀传统文化。结合"四好村"创建和幸福美丽新村建设，同步完善基础设施，实施"三建四改"（建庭院、入户路、沼气池，改水、改厨、改厕、改圈），改善农村人居环境。

(4) 经济适用，确保安全。充分考虑困难群众经济承受能力，以住房安全和满足基本生活功能为前提，合理确定建设标准和改造方式，降低改造成本。严格执行农房建设标准，切实加强改造质量安全监管，提高农房建设水平和抗震设防能力。

(5) 统筹推进，规范建设。各有关单位(部门)加强政策衔接，切实履行职责，密切配合，形成工作合力，协调推进改造行动。坚持政策措施、补助对象、补助标准公开透明，规范建设管理程序，建设阳光工程、民心工程、放心工程。

遵循政府的文件要求和工作目标，住建主管部门把管理办法的贯彻落实作为规范农村住房建设的一项重要工作来抓，按照简政放权、规范管理的原则，借助现代化信息技术手段，建设农村住房管理信息系统，完善农村农户档案，推进农户档案信息化，进行农村住房信息填报、查询、信息数据汇总统计分析以及相关专题统计，可方便、快捷、准确地掌握农房建设项目进展与动态，有效监督政策执行情况。

2. 业务分析

省域农村住房管理信息化建设工作应包括五个方面。

1) 实现农村住房建设信息化管理

实现农村住房建设信息化管理,对改造前、改造中、改造后的农房情况做到公开透明、监管到户,并且可方便、快捷、准确地掌握农房建设项目进展与动态。实施内容如下。

实现农村住房建设基层信息多级录入,包含基本信息(户主、户籍成员以及户主所在地信息)、政策情况(享受政策类型、实施年度)、住房信息(原住房类型和照片)、建设情况(建设方式、建设面积、开竣工时间、建设中照片、建设后照片)、资金情况(补助资金计划、资金拨付到户即时金额、完成资金拨付时间、完成总投资)的录入、修改、导出。

2) 实现农村住房建设信息台账查询

实现镇(乡)、县(市、区)、市(州)住建主管部门可按照行政区划对农村住房管理信息数据的台账逐级查询,有效地避免上下级之间、扶持单位与对象之间的信息鸿沟。实施内容如下。

镇(乡)、县(市、区)、市(州)住建主管部门可查询本级所辖范围内的农村住房建设信息,省级住建主管部门可查询全省所有农村住房建设汇总数据。

3) 实现农村住房建设信息汇总统计

实现镇(乡)、县(市、区)、市(州)住建主管部门按照行政区划对农村住房管理信息数据的逐级汇总统计。各级主管部门领导可随时查看当前数据汇总统计,及时了解本级农村住房建设的排名情况,有效地提高了农房建设工作的速度和质量。实施内容如下。

镇(乡)、县(市、区)、市(州)住建主管部门可统计本级所辖范围内的农村住房建设项目的年度任务计划数、开工数、竣工数、资金计划数、资金拨付等情况,省级住房和城乡建设主管部门可统计全省所有农村住房建设汇总数据。

4) 实现农村住房建设层级管理

层级管理是信息录入、利用和交流的基础。实现按照行政区划的级别从上到下建立用户的统一体系管理,并按照行政区划的逐级管理和层级汇总统计。

5) 实现农村住房建设数据接口管理

开放数据接口,实现与住房和城乡建设部、国家发展和改革委员会、财政部的数据对接,做到数据公开化、透明化。提供数据接口服务,支持上传和下载对应基础数据信息。

3. 用户分析

农村住房管理信息化成果主要为四类用户服务。

(1) 省级住建主管部门。对全省农村住房管理工作进行指导和监督，可对全省农村住房建设情况进行监督管理、查询和汇总统计。

(2) 市(州)住建主管部门。负责本行政区域内农村住房管理工作的推进，对本级以及所辖的县(市、区)、乡镇的农村住房建设情况和资金投入情况进行监督管理、查询和汇总统计。

(3) 县(市、区)住建主管部门。负责对本级和所辖乡镇的农村住房建设进度和资金投入情况进行填写和修改，同时可对本级以及所辖乡镇的农村住房建设进度和资金投入情况进行监督管理、查询和汇总统计。

(4) 镇(乡)住建主管部门。负责对本级农村住房建设进度和资金投入情况进行填写，同时可对本级农村住房建设进度和资金投入情况进行查询和汇总统计。

6.5 城乡管理信息化实践

在物联网、移动互联网等技术飞速发展的同时，主管部门根据自身管理要求逐步推进城乡管理信息化建设。信息化要从设计变为现实，不仅仅是技术方面的因素，更多的是理念、思路、组织、管理、协调。经过十多年的努力，信息化成果已经显露成效。本节以四川省为例，介绍省域城乡管理信息化实践成果。

6.5.1 城乡环境综合治理信息化实践

四川省城乡环境综合治理数字化监管平台，是以四川省城乡环境综合治理工作为主线，创新城乡环境综合治理模式，是应用计算机、通信网络、3S(GIS、GPS、RS)等现代信息技术，集聚和运行各市(州)行业数据，量化管理对象，细化管理行为，再造监管流程，对全省城乡环境治理、城市管理、房地产市场等情况进行统计分析、综合评价、在线监管、协同督办和决策支持的信息化平台。

1. 资源管理

资源管理包括服务管理、地图系统设置、地图配置向导、图层管理、专题管理、数据字典管理。以服务管理为例，其主要是对系统中使用的地图服务进行管理，配置城管系统中需要使用的各类地图服务，实现地图服务的添加、配置、删除、更新。

2. 案件登记

支持城市垃圾基本信息、城市垃圾动态月报、在建垃圾场信息、运营垃圾场信息、在建供排水企业信息、运营供排水企业信息登记,如图 6-3 所示。

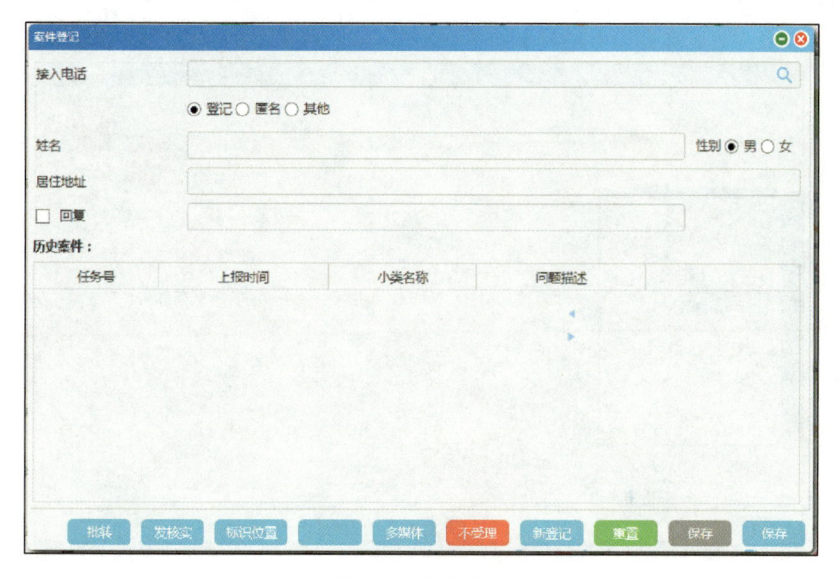

图 6-3　案件登记

3. 案件查询

案件查询是基于统计配置做出的前台展现(图 6-4),可以根据用户设置的条件(包括数据属性条件和空间条件)快速地提取各类用户所关心的基础数据。

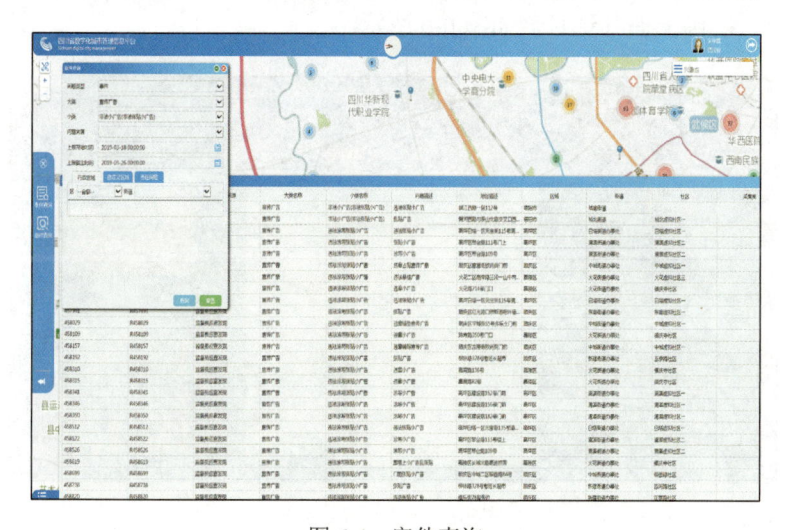

图 6-4　案件查询

4. 案件统计

案件统计是基于统计配置做出的前台展现，如图 6-5 所示。根据用户输入的统计条件(包括数据属性条件和空间条件)，在地图上快速地展示所辖范围内的统计数据。

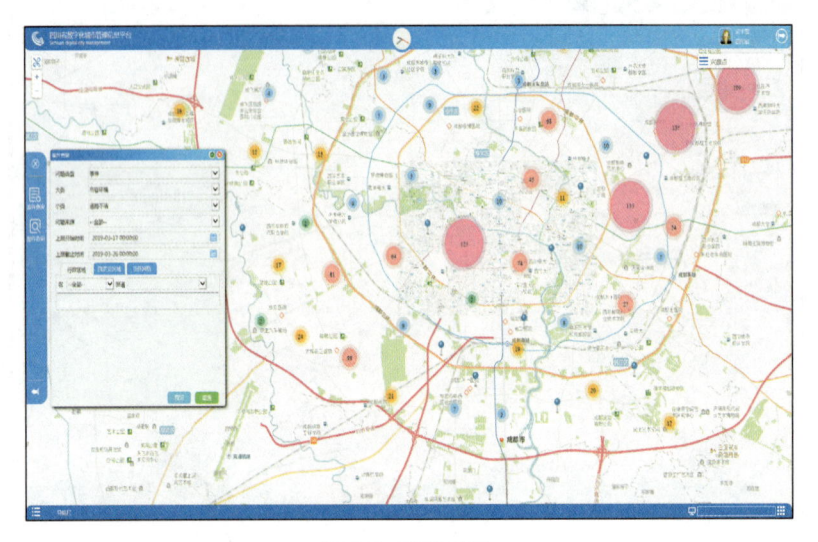

图 6-5　案件统计

5. 大屏展示系统

大屏展示系统主要用于汇总各地城市管理基础数据，实现对各地市政设施养护、市容市貌管理、城乡环境治理、城镇供排水、垃圾处理、污水处理等数据的统计分析，准确把握其现状，如图 6-6 所示。

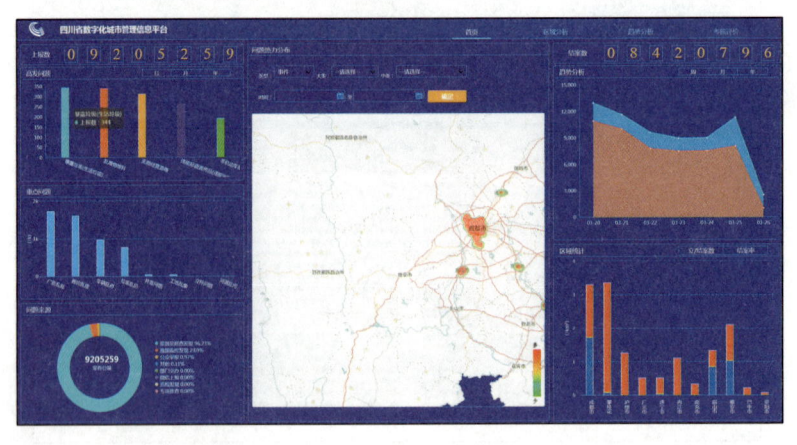

图 6-6　大屏展示系统

作为全国首批数字化城市管理试点城市，成都市于 2007 年同步完成市和 6 个中心城区数字化城市管理系统平台建设，2012 年完成 14 个郊(区)市县数字化城管系统平台建设，实现了数字化城管全市覆盖。成都市数字城管采用"两级监督、两级指挥、三级处置"的模式，主要在以下工作中进行了探索和实践。

(1)组建数字城管新机构。2015 年，按照成都市委、市政府关于推进城市管理转型升级的重大决策部署，成都市撤销市城市管理局，成立成都市城市管理委员会(成都市城市管理行政执法局)，新组建委直属副局级参公单位——成都市城市管理数字化监督管理中心。新机构的组建，有利于促进市城管委统筹协调和监督检查两项新增职能的有效落实，有利于促进数字城管在推进城市管理转型升级中发挥更大作用，有利于促进城市综合管理法治化、人性化、标准化、精细化、智慧化水平不断提升。

(2)创新工作新机制。成都市明确了市、区(市)县、街道(乡镇)、社区四级监管职责，充分发挥市数字城管监管中心高位监督、高位协调的作用，构建了"统一指挥、分级负责、部门联动、全域覆盖"的数字城管工作新机制。

(3)修订监管新标准。成都市结合文明城市、卫生城市、环保模范城市等创建指标，在国家标准和省市行业标准的基础上，结合成都实际修订了数字城管监管标准，进一步调整细化了《成都市数字化城市管理监管案件立案、处置与结案标准及处置责任分解》，明确了数字城管系统的监管范围、监督内容、监管流程、发现主体、处置主体、监督主体和管理主体，调整了监管类别和部分案件办理及处置时限，全面提升了数字城管的监管标准。

(4)再造业务新流程。成都市按照城市管理转型升级新要求，再造了数字城管业务工作流程，探索试点了扁平化工作流程，开发了井盖专项应急处理、环卫专项巡查监管等专项业务工作流程，全面提升了管理效能。

(5)拓展系统新功能。依托"互联网+"、云计算、物联网、大数据等技术，成都市全方位升级改造了数字城管信息系统，优化了原有九大基础子系统、55 个功能点，提升了原有 8 个拓展应用子系统、43 个功能点，新增了 47 个功能点，推动"数字城管"向"智慧城管"转型升级。

6.5.2 城乡污水垃圾管理信息化实践

四川省建立了全省城乡污水垃圾处理设施建设管理信息系统，如图 6-7 所示。平台基于网络、服务器、硬件设施、数据库软件、安全软件及报表软件等基础设施进行构建，建立了项目基本信息数据库、项目月报数据库、查询统计数据库、用户数据库、日志数据库等基础核心库，同时结合统一授权访问门户组件、业务管理组件、数据管理组件及应用运行支撑等平台，实现账号管理、项目基本信息管理、月报管理、查询统计等业务的应用，实现对全省城镇污水和城乡垃圾处理设施建设的信息化管理工作。

图 6-7　四川省城乡污水垃圾处理设施管理信息系统登录页面

(1)项目信息。实现污水垃圾项目基本信息的录入，如图 6-8 所示。省、市、县三级用户可查看项目台账，可管理和修改项目基本信息，通过项目信息的录入维护，实现污水处理设施项目基本信息的管理，全面掌握污水的基本情况。

图 6-8　污水处理设施建设项目基本信息

(2)月报管理。建立月报报送机制,便于调度项目进度。各级主管部门每月需对本级城镇污水、城乡垃圾处理设施项目建设进度和资金投入情况进行填写并上报,上级主管部门对上报的月报情况进行审核和监督管理。

(3)查询统计。实现省、市、县三级主管部门按照行政区划对污水垃圾处理设施信息数据进行逐级查询统计,及时了解本级污水垃圾处理设施的资金、建设进度情况,查询统计本级所辖范围内的污水垃圾处理设施的开工数、完工数、资金完成情况以及各地区的分布情况。省级、市(州)、县(市、区)三级主管部门运用该系统可统计汇总全省污水垃圾处理设施基础数据,便于全省各级主管部门进行调度。

(4)大屏展示。支持多种专题图、分布图的可视化统计和查询(图6-9)。实现准确、及时、全面地收集项目基本信息及建设进度数据,强化动态跟踪,加强信息调度,实时跟进污水垃圾处理设施建设项目的建设进度,实时掌握分类别、分地区项目推进情况及分年度计划完成情况,及时分析查找推进滞后的原因,研究解决项目推进中存在的困难和问题,有针对性地制定有力有效措施,压实工作责任,卡紧时间节点,为项目推进和环保督察工作提供有力支撑。

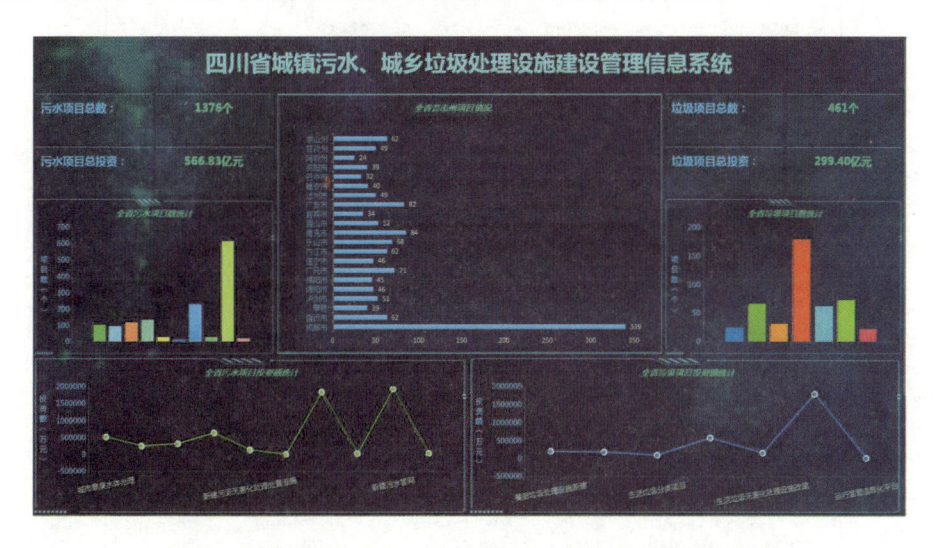

图6-9 四川省城镇污水、城乡垃圾处理设施建设管理信息统计

6.5.3 城镇地下管网管理信息化实践

由四川省住房和城乡建设厅与四川省测绘地理信息局共同组织,先期开展全省城镇地下管线综合管理信息系统建设顶层设计,统一全省城镇地下管线综合管理信息系统建设,实现全省城镇地下管线数据的共建共享。四川省住房和城乡建设厅明确提出:"充分利用已有的数字化城市地理信息平台和数字城管平台等成果,建立地上地下地理空间信息一体化的城镇地下管线综合管理信息平台,实现

平台间数据共建共享，为加强地下管线建设管理提供有力支撑。"在此顶层设计指导下，部分市州开展了地下管网管理系统建设并投入应用。

1. 攀枝花市地下管线综合管理信息系统

攀枝花市地下管线综合管理信息系统以地下管网数据作为整个信息系统的核心，建立了一个先进、规范、统一的管网综合管理服务平台，实现了攀枝花市城镇地下管网的可视化、规范化管理，实现了管线建设与管理的网络化动态管理，提高了工作效率和管理水平。系统功能主要包含入库检查模块、数据库管理模块、综合应用模块、应急决策模块。

（1）入库检查模块。为管线权属单位和养护单位提供地下管线数据入库检查工具。地下管线数据在通过一系列监理检查后，若未检查出任何问题，表示已符合入库要求，利用数据入库模块可以将符合入库要求的地下管线数据存储至现状管线数据库中。如图 6-10 所示。

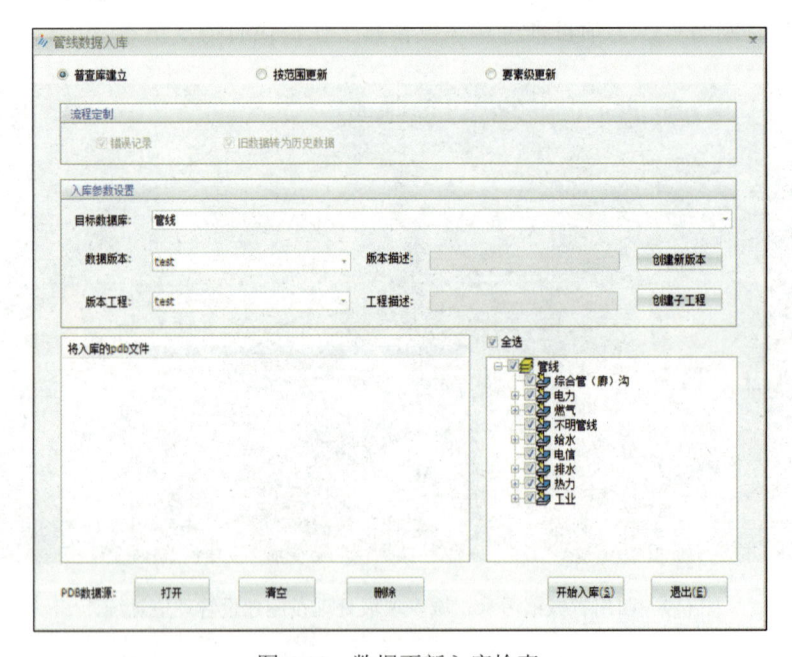

图 6-10 数据更新入库检查

（2）数据库管理模块。实现对各项地下管线数据的空间位置、属性信息和元数据以及工程项目等信息进行统一管理。

（3）综合应用模块。支持基本地图浏览功能，同时实现信息查询、统计和分析等功能。利用查询分析功能，为主管部门提供决策分析的依据。信息分析主要包含横断面分析、纵断面分析、水平净距分析、垂直净距分析（图 6-11）、碰撞分析和流向分析。

第 6 章　城乡管理信息化　　　　　　　　　　　　　　　　　　　　　　·161·

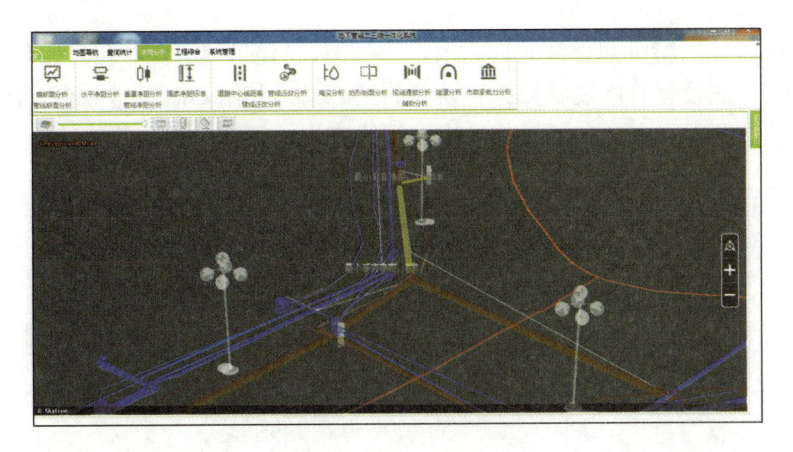

图 6-11　垂直净距分析

(4) 应急决策模块。为管线安全事故提供应急抢险的决策分析工具，包括爆管分析、管点路径分析、道路路径分析、连通性分析、火灾抢险分析、寿命分析(图 6-12)、应急救援图绘制。

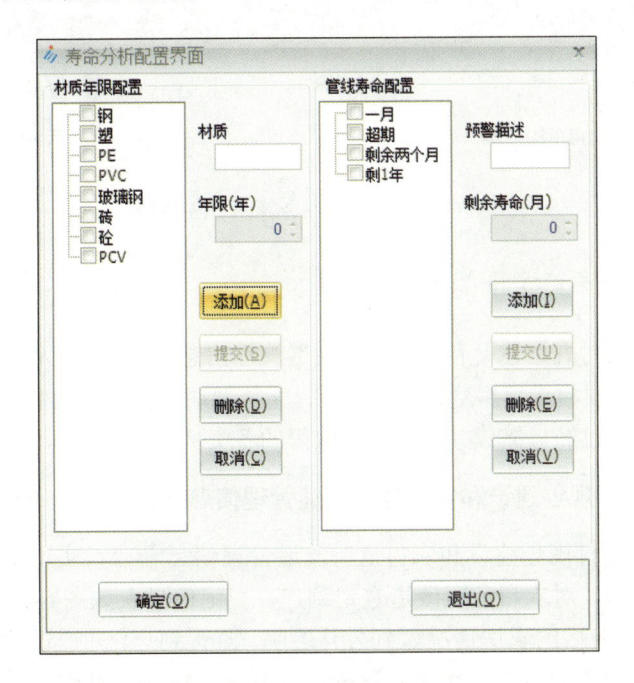

图 6-12　管网寿命分析

2. 宜宾市综合管线 GIS 系统

宜宾市综合管线 GIS 系统如图 6-13 所示，涵盖了电力、给水、路灯、排水、其他管线(包括人防和工业)、天然气、通信(包括交通、军用、广告电缆等)、雨水等 8 类管线的特征点、线走向、用途、类型、材质、起点和终点埋深、高程等空间数据。在已有管网现状数据和条件的基础上，利用 GIS 软件平台，进行管线管理功能的开发，主要包括管线编辑、管线查询、管线分析、管线统计等功能。

图 6-13　宜宾市综合管线 GIS 系统

6.5.4　农村住房管理信息化实践

四川省新农村规划建设和农村危房改造管理信息平台、四川省农村住房建设管理系统、四川省农村土坯房建设管理系统，充分调动了使用部门和个人的参与积极性，信息化成果已经显露成效。下面对取得的各类成果进行展示。

1. 四川省新农村规划建设和农村危房改造管理信息平台

四川省新农村规划建设和农村危房改造管理信息平台，实现了全省农村危房建设信息化管理，对农村危房改造登记到户，登记信息表如图 6-14 所示，对改造前、改造中、改造后的农房情况做到公开透明、监管到户，并通过信息填报查询、信息数据汇总统计分析以及相关专题统计，方便、快捷、准确地掌握了农房建设项目进展与动态。

2. 四川省农村住房建设管理系统

四川省农村住房建设管理系统实现了全省农村住房建设信息化管理，支持全省农村住房建设基层信息的多级录入，农村住房信息填报表如图 6-15 所示。省、市、

第6章 城乡管理信息化

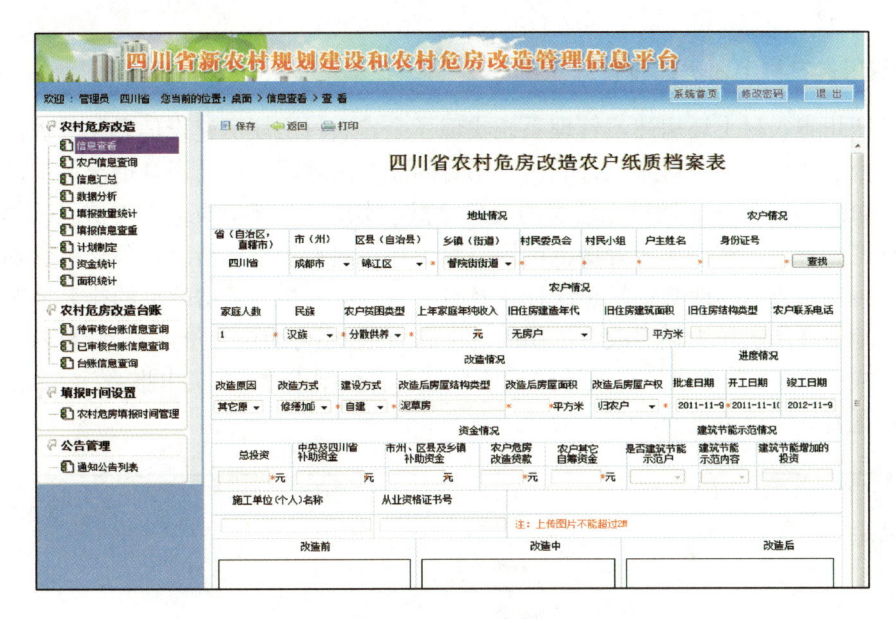

图 6-14 农村危房改造登记信息表

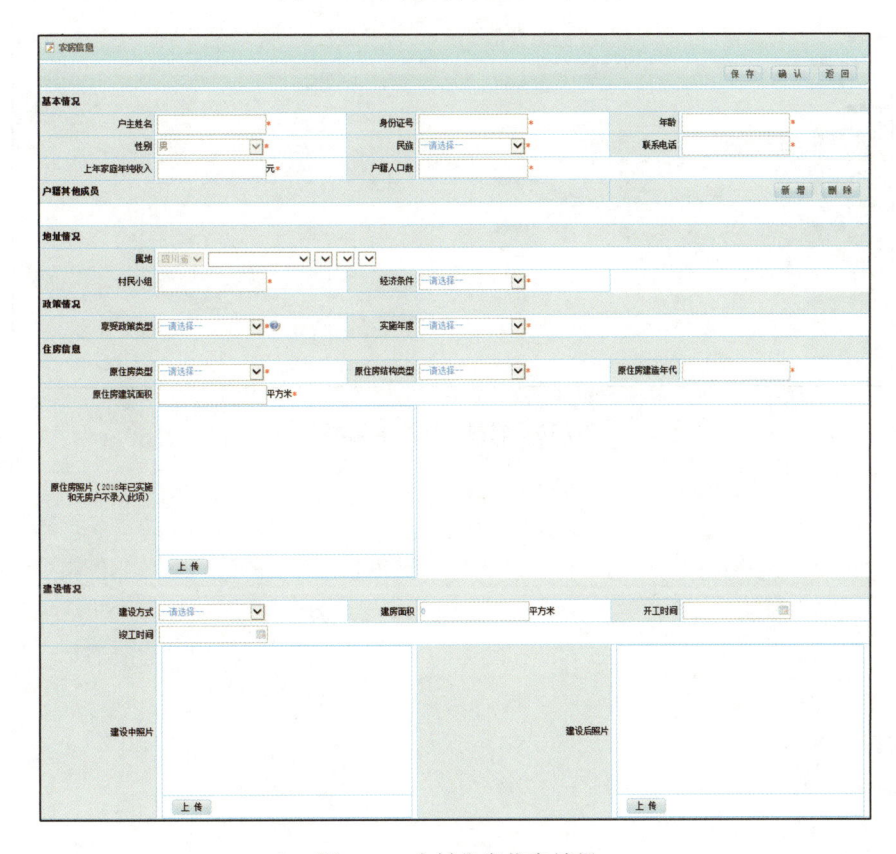

图 6-15 农村住房信息填报

3. 四川省农村土坯房建设管理系统

四川省农村土坯房建设管理系统实现了全省农村土坯房建设信息化管理，支持填报土坯房的改造对象、方式、开工时间和竣工时间，以及资金情况等基础信息，如图6-16所示。通过土坯房的信息填报，实现了土坯房改造工作信息采集和信息汇总管理，掌握了所管辖范围内农村土坯房建设的整体情况。各级主管部门领导可随时查看当前数据汇总统计，及时了解本级农村土坯房改造的排名情况，有效地提高了农村土坯房改造工作的进度和质量，还可通过身份证号、同村姓名、家庭成员查重，查看土坯房改造建设信息是否有数据重叠、多头申报、一户多报、政策重复享受等突出问题。

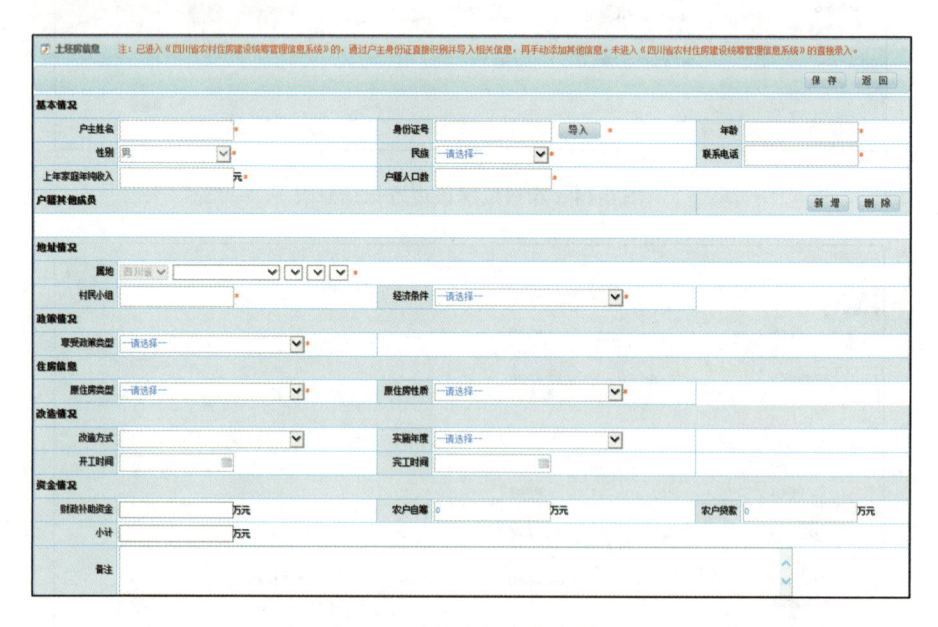

图6-16 农村土坯房信息填报

第 7 章 "互联网+政务服务"

7.1 "互联网+政务服务"范围

"互联网+"是互联网思维的进一步实践成果,推动经济形态不断地发生演变,从而带动社会经济实体的生命力,为改革、创新、发展提供广阔的网络平台。2015年3月5日上午,在十二届全国人大三次会议上,李克强在政府工作报告中首次提出"互联网+"行动计划。他提出:"制定'互联网+'行动计划,推动移动互联网、云计算、大数据、物联网等与现代制造业结合,促进电子商务、工业互联网和互联网金融健康发展,引导互联网企业拓展国际市场。""互联网+"这一概念是随着互联网行业的不断发展而产生的,是互联网的创新成果与经济社会的各个领域所进行的深度融合,它可以推动技术的进步、效率的提升以及组织的变革,并且可以不断地提升经济创新力和生产力,形成以互联网为基础设施和创新要素的经济社会发展新形态。

随着"互联网+"这一概念的提出,其在一些领域的应用取得了良好效果,例如"互联网+物流""互联网+医疗""互联网+金融",互联网与各个领域进行的融合展现出广阔前景和无限潜力。随着"互联网+"的推进,"互联网+政务服务"这一概念也就应运而生了。

2016年9月,国务院印发了《关于加快推进"互联网+政务服务"工作的指导意见》,强调按照建设法治政府、创新政府、廉洁政府和服务型政府的要求,坚持统筹规划、问题导向、协同发展、开放创新的原则,优化服务流程,创新服务方式,推进数据共享,推行公开透明服务,最大程度利企便民,让企业和群众少跑腿、好办事、不添堵,共享"互联网+政务服务"发展成果。该指导意见提出,在2017年底前,各省(区、市)人民政府、国务院有关部门建成一体化网上政务服务平台,全面公开政务服务事项,政务服务标准化、网络化水平显著提升。至2020年底前,建成覆盖全国的整体联动、部门协同、省级统筹、一网办理的"互联网+政务服务"体系,大幅提升政务服务智慧化水平,让政府服务更聪明,让企业和群众办事更方便、更快捷、更有效率。

2017年2月,《国务院办公厅关于印发"互联网+政务服务"技术体系建设指南的通知》(国办函〔2016〕108号),要求各地区各部门坚持"问题导向、加强顶层设计、推动资源整合、注重开放协同"的原则,以服务驱动和技术支撑为主线,围绕"互联网+政务服务"业务支撑体系、基础平台体系、关键保障技术、评价考核体系等方面，提出优化政务服务供给的信息化解决路径和操作方法，为构建统一、规范、多级联动的"互联网+政务服务"技术和服务体系提供保障，结合实际统筹推动本地区本部门网上政务服务平台建设，积极开展政务服务相关体制机制和应用服务创新。

推进"互联网+政务服务"，是贯彻落实党中央、国务院决策部署，把简政放权、放管结合、优化服务改革推向纵深的关键环节，对加快转变政府职能，提高政府服务效率和透明度，便利群众办事创业，进一步激发市场活力和社会创造力具有重要意义。近年来，一些地方和部门初步构建了互联网政务服务平台，积极开展网上办事，取得了一定成效。

"互联网+政务服务"的工作包括四个方面。

(1) 规范网上服务事项。各省(区、市)人民政府、国务院各部门要依据法定职能全面梳理行政机关、公共企事业单位直接面向社会公众提供的具体办事服务事项，编制政务服务事项目录，2017年底前通过本级政府门户网站集中公开发布，并实时更新、动态管理。实行政务服务事项编码管理，规范事项名称、条件、材料、流程、时限等，逐步做到"同一事项、同一标准、同一编码"，为实现信息共享和业务协同，提供无差异、均等化政务服务奠定基础。

(2) 优化网上服务流程。优化服务事项网上申请、受理、审查、决定、送达等流程，缩短办理时限，降低企业和群众办事成本。凡是能通过网络共享复用的材料，不得要求企业和群众重复提交；凡是能通过网络核验的信息，不得要求其他单位重复提供；凡是能实现网上办理的事项，不得要求必须到现场办理。推进办事材料目录化、标准化、电子化，开展在线填报、在线提交和在线审查。建立网上预审机制，及时推送预审结果，对需要补正的材料一次性告知；积极推动电子证照、电子公文、电子签章等在政务服务中的应用，开展网上验证核对，避免重复提交材料和循环证明。涉及多个部门的事项实行一口受理、网上运转、并行办理、限时办结。建立公众参与机制，鼓励引导群众分享办事经验，开展满意度评价，不断研究改进工作。各级政府及其部门都要畅通互联网沟通渠道，充分了解社情民意，针对涉及公共利益等热点问题，积极有效应对，深入解读政策，及时回应关切，提升政府公信力和治理能力。

(3) 推进服务事项网上办理。凡与企业注册登记、年度报告、变更注销、项目投资、生产经营、商标专利、资质认定、税费办理、安全生产等密切相关的服务事项，以及与居民教育医疗、户籍户政、社会保障、劳动就业、住房保障等密切相关的服务事项，都要推行网上受理、网上办理、网上反馈，做到政务服务事项"应上尽上、全程在线"。

(4) 创新网上服务模式。加快政务信息资源互认共享，推动服务事项跨地区远程办理、跨层级联动办理、跨部门协同办理，逐步形成全国一体化服务体系。开展政务服务大数据分析，把握和预判公众办事需求，提供智能化、个性化服务，变被动服务为主动服务。引入社会力量，积极利用第三方平台，开展预约查询、证照寄送，以及在线支付等服务；依法有序开放网上政务服务资源和数据，鼓励公众、企业和社会机构开发利用，提供多样化、创新性的便民服务。

推进"互联网+政务服务"，唯有将信息化技术由单一向融合发展，着力增强大数据、智能化、云计算、物联网等信息技术和集成应用能力，才能优化服务流程，创新服务方式，推进数据共享，打通信息孤岛，推行公开透明服务，降低制度性交易成本，持续改善营商环境，最大程度利企便民，让企业和群众少跑腿、好办事、不添堵，共享"互联网+政务服务"发展成果。

7.2 "互联网+政务服务"要求

党中央、国务院和各省委、省政府高度重视"互联网+政务服务"工作，对"互联网+政务服务"工作提出了明确要求。

2016年9月，《国务院关于印发政务信息资源共享管理暂行办法的通知》(国发〔2016〕51号)，用于规范政务部门间政务信息资源共享工作，包括因履行职责需要使用其他政务部门政务信息资源和为其他政务部门提供政务信息资源的行为，加快推动政务信息系统互联和公共数据共享，增强政府公信力，提高行政效率，提升服务水平，充分发挥政务信息资源共享在深化改革、转变职能、创新管理中的重要作用。

2016年9月，《国务院关于加快推进"互联网+政务服务"工作的指导意见》(国发〔2016〕55号)，指出推进"互联网+政务服务"，是贯彻落实党中央、国务院决策部署，把简政放权、放管结合、优化服务改革推向纵深的关键环节，对加快转变政府职能，提高政府服务效率和透明度，便利群众办事创业，进一步激发市场活力和社会创造力具有重要意义。近年来，一些地方和部门初步构建了互联网政务服务平台，积极开展网上办事，取得了一定成效。但也存在网上服务事项不全、信息共享程度低、可办理率不高、企业和群众办事仍然不便等问题，同时还有不少地方和部门尚未开展此项工作。必须加快推进"互联网+政务服务"工作，才能切实提高政务服务质量与实效。

各省委、省政府也高度重视"互联网+政务服务"工作，结合本省具体情况对"互联网+政务服务"工作提出了明确要求，并开展了一系列推进工作。

2016年10月，《四川省人民政府办公厅关于印发四川省推进"互联网+政务服务"开展信息惠民试点实施方案的通知》(川办发〔2016〕83号)以解决试点城市当前体制机制和传统环境下民生服务的突出难题为核心，以推动跨部门、跨区域、跨层级信息共享为抓手，显著优化服务流程、更加畅通服务渠道、不断创新服务模式，积极推进网上办事、一站式办理、就近办理、全城通办等综合性服务，加快实现"群众跑腿"到"信息跑路"、"群众来回跑"到"部门协同办"、"被动服务"到"主动服务"三大转变。重点任务分别是：①优化政务服务事项流程，简化群众办事前置审核环节；②加快电子证照建设应用，实现群众办事一号申请；③提升电子政务服务水平，实现群众办事一窗一网通办；④深入实施信息惠民工程，加快完善公共服务体系。

2017年11月初，重庆市的"互联网+政务服务"指挥中心效能监察系统正式上线运行。

2018年10月，陕西省人社厅在西安举行"互联网+政务服务"培训班，组织全省人社系统学习浙江人社系统"最多跑一次"的改革经验。

2018年10月，西藏自治区政府办公厅出台《关于进一步加快推进"互联网+政务服务"工作的实施意见》，通过建立强有力的工作推进和协调机制，进一步加快推进西藏"互联网+政务服务"工作。

2018年10月12日下午，湖南省"互联网+政务服务"工作推进会议在长沙召开。

2018年11月，厦门市以推动"互联网+政务服务"工作、建设"数字厦门"为突破口，持续优化营商环境，推出了统一政务服务平台"i厦门"，在方便企业和市民网上办事、鼓励参与城市治理等方面做了一些探索。

2018年12月25日，临汾市"互联网+政务服务"平台正式上线运行，共梳理出政务服务县级统一标准事项369项、子项746项，乡级统一标准事项34项，实现了县级事项标准化，为全省首例。

省域"互联网+政务服务"的建设，应紧密围绕以信息化推进国家治理体系和治理能力现代化为目标，通过提升政务服务供给和服务效率、推进行政权力公开透明规范运行，促进"放管服"改革措施落地。省域"互联网+政务服务"的建设应符合"四个坚持"。

(1) 坚持统筹规划。充分利用已有资源设施，加强集约化建设，推动政务服务平台整合，促进条块联通，实现政务信息资源互认共享、多方利用。

(2) 坚持问题导向。从解决人民群众反映强烈的办事难、办事慢、办事繁等问题出发，简化优化办事流程，推进线上线下融合，及时回应社会关切，提供渠道多样、简便易用的政务服务。

(3) 坚持协同发展。加强协作配合和工作联动，明确责任分工，实现跨地区、跨层级、跨部门整体推进，做好制度衔接，为"互联网+政务服务"提供制度和机制保障。

(4) 坚持开放创新。鼓励先行先试，运用互联网思维，创新服务模式，拓展服务渠道，开放服务资源，分级分类推进新型智慧城市建设，构建政府、公众、企业共同参与、优势互补的政务服务新格局。

以四川省为例，其启动了全省一体化政务服务平台总体设计和建设工作，并于 2018 年 2 月印发了《2018 年全省政务信息系统整合共享工作重点任务》，对政务信息系统整合共享工作划出重点，要求全面建成省、市两级政务信息资源共享交换平台，并完成省、市级联调对接。要求完成部门自有政务信息系统接入和信息共享，持续优化完善政务信息资源可共享目录和可开放目录，各地各部门将整合后的自有政务信息系统全部接入本级政务信息资源共享交换平台，全面实现跨部门信息共享。

四川省住房和城乡建设厅是全省政务信息系统整合共享样板应用试点单位之一。省市住建主管部门政务服务办理系统应接尽接、政务服务事项应进必进，主要实现办事服务入口整合、统一身份认证、政务服务办理系统对接、电子证照对接、电子印章对接、公共物流配套系统对接、公共支付系统对接等功能。通过本次对接项目，加快推动了政务信息系统互联和公共数据共享，增强了政府公信力，提高了行政效率，提升了服务水平，充分发挥了政务信息资源共享在深化改革、转变职能、创新管理中的重要作用。

7.3 "互联网+政务服务"架构

省域"互联网+政务服务"平台主要由"互联网+政务服务"门户、政务服务管理平台、政务服务数据共享平台和住建主管部门业务办理系统四部分构成，如图 7-1 所示。平台各组成部分之间需实现数据互联互通，各组成部分之间的业务流、信息流如图 7-1 所示。

四川省"互联网+政务服务"门户统一展示、发布政务服务信息，接受自然人、法人的政务服务申请信息，经与政务服务数据共享平台进行数据验证、比对和完善后，发送至四川省政务服务管理平台进行处理，并将相关受理、办理和结果信息反馈给申请人。

四川省政务服务管理平台把来自四川省"互联网+政务服务"门户的申请信息推送至政务服务数据共享平台，同步告知住建主管部门业务办理系统；四川省政务服务管理平台从政务服务数据共享平台获取信息并向四川省"互联网+政务服务"门户推送过程和结果信息，考核部门办理情况。

住建主管部门业务办理系统通过和四川省政务服务数据共享平台进行数据交换，取得申请信息和相关信息后进行业务办理，并将办理过程和结果信息通过数据交换推送至四川省政务服务数据共享平台，同步告知四川省政务服务管理平台。

政务服务数据共享平台汇聚政务服务事项、电子证照等数据，以及来自"互联网+政务服务"门户的信息、政务服务管理平台的受理信息、住建主管部门业务办理系统的办理过程和结果信息，实现与人口、法人等基础信息资源库的共享利用。

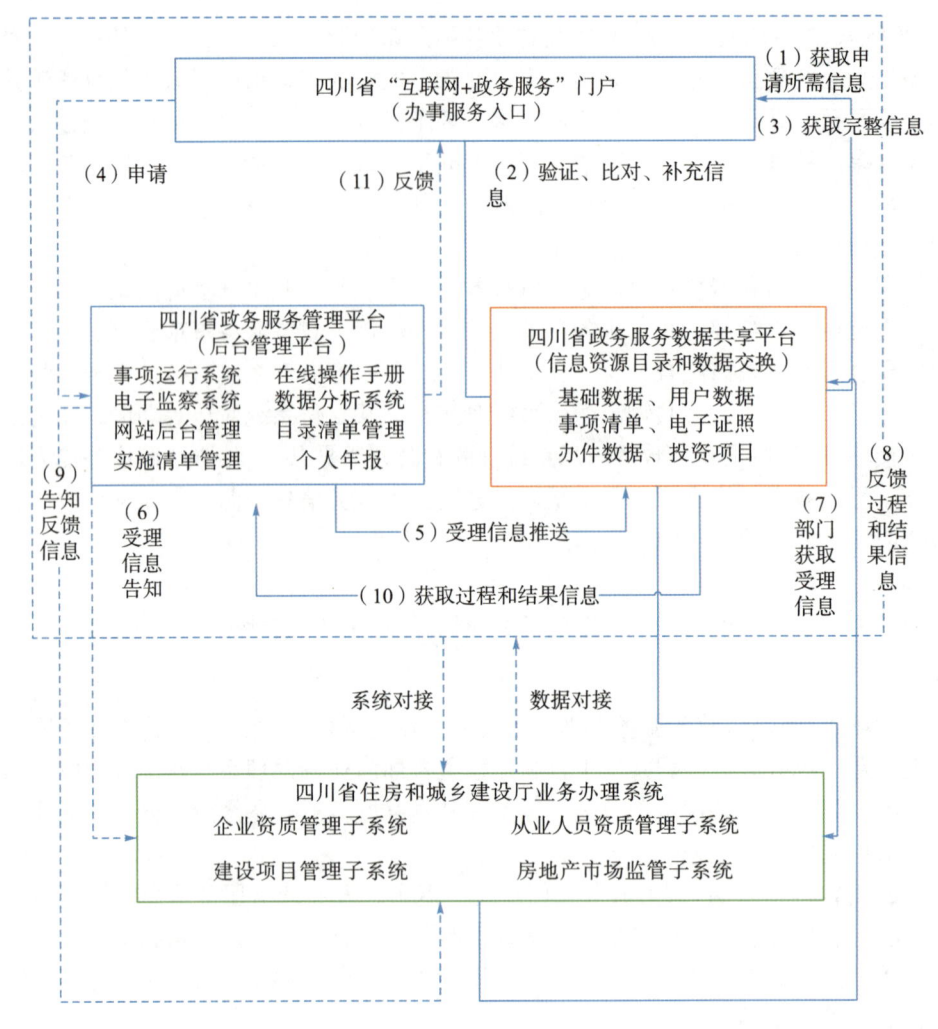

图 7-1 省域"互联网+政务服务"平台系统组成图

7.4 "互联网+政务服务"实施策略

7.4.1 目标分析

以四川省为例,作为全省政务信息系统整合共享样板应用试点单位之一,四川省住房和城乡建设厅贯彻落实全省一体化政务服务平台建设工作联席会议要求,确保省内住建领域的政务服务办理系统全部完成与全省一体化政务服务平台的共享对接工作,为企业和群众办事提供更方便、更快捷、更有效的服务。工作目标如下。

1. 建立事项清单体系

根据《四川省政务信息系统整合共享工作方案》要求，四川省住房和城乡建设厅依据《政务信息资源目录编制指南》（发改高技〔2017〕1272号）持续优化完善政务信息资源可共享目录和可开放目录，落实专人维护，持续动态更新。

四川省住房和城乡建设厅在建立政府部门行政权力清单制度的基础上，进一步编制政务服务事项清单，对列入目录清单的政务服务事项按照统一标准，实现不同层级相同的政务服务事项，其事项名称、事项类型、法律依据、基本编码等要素完全统一，逐步形成由省级、市级等层级目录清单以及实施清单等组成的住房和城乡建设领域政务服务事项清单体系，并纳入四川省政务服务管理平台进行管理。

四川省住房和城乡建设厅按照职责范围，在目录清单基础上，细化完善事项编码、事项名称、申报材料等事项全要素，形成具体的实施清单。实施清单作为编制政务服务指南，是进行政务服务事项管理和运行管理的基础。

2. 规范事项办事指南

办事指南是为方便用户办事，在实施清单标准化基础上对政务服务事项的办理主体、依据、流程、材料、注意事项等内容所做的指导性说明，并规定办理政务服务事项的各方应共同遵守的规则。四川省住房和城乡建设厅在建立事项清单体系的同时，也需对各事项的办事指南进行梳理规范，让办事指南成为住建行业"互联网+政务服务"事项办理的指明灯，创新政府服务方式，提高政府服务效率和透明度。

3. 协同办理审批事项

按照《四川省人民政府办公厅关于印发四川省推进"互联网+政务服务"开展信息惠民试点实施方案的通知》（川办发〔2016〕83号）的要求，四川省住房和城乡建设厅需着眼信息惠民和信息惠企，并逐步健全完善相关技术标准和跨部门共享标准，推动审批事项协同办理。业务办理协同化是指以申请人的目标需求为导向，两个或两个以上部门或地区通过系统、数据、人员相互协同的方式，实现政务服务业务跨部门、跨区域、跨层级办理。重点关注以下几种业务：建设项目多图联审、竣工联合验收办理等跨部门协同办理，以及按照自然人和法人的需求程度，能并行办理的尽量并行办理。

四川省住房和城乡建设厅通过四川省政府服务管理平台建立事项清单体系，规范事项办事指南，并进行办事服务入口整合、统一身份认证、政务服务办理系统对接、电子证照对接、电子印章对接、公共物流配套系统对接、公共支付系统对接，实现互联网与政务服务深度融合，形成了一套整体联动、部门协同、省级统筹、一网办理的"互联网+政务服务"体系，大幅提升了住房和城乡建设行业政务服务智慧化水平，让政府服务更聪明，让企业和群众办事更方便、更快捷、更有效率。

7.4.2 业务分析

推进"互联网+政务服务"是互联网时代提升政府治理能力现代化的客观要求，是加快政府职能转变、建设服务型政府的重要支撑。因此在推进"互联网+政务服务"过程中，要切实提高政务服务质量与实效，四川省住房和城乡建设厅需从四个方面着手开展工作。

1. 整合办事服务入口

本着最大程度利企便民，让企业和群众少跑腿、好办事、不添堵的要求，实现网站办事服务栏目与四川政务服务网页面风格统一、数据互联互通，为企业群众提供统一的办事服务入口。

2. 统一身份认证接入

根据一体化政务服务平台的用户认证体系，完成省级住建主管部门政务服务办理系统用户体系的改造，满足统一的用户认证体系，提高用户体系的安全性。同时整合省级住建主管部门政务服务办理系统，利用一体化政务服务平台身份认证，实现网络身份在全省政务服务系统一证通行和安全使用，解决重复登录、多处授权、多个账号、使用麻烦和管理混乱等痛点问题，形成统一安全的账号安全体系，为"一网通办"提供安全支撑。

3. 政务服务办理系统对接

根据省级住建主管部门编制的政务服务事项目录清单（行政许可、行政处罚、行政奖励、行政检查、其他行政权力、公共服务）进行对接，做到业务办理系统应接尽接、政务服务事项应进必进，实现数据推送，确保全省各级各部门政务服务办理系统全部完成与全省一体化政务服务平台的共享对接工作，为企业和群众办事提供更方便、更快捷、更有效的服务。

4. 公共支撑对接

（1）电子证照对接。按照《四川省电子证照采集生成标准》要求，升级开发省城住建主管部门政务服务办理系统电子证照功能模块，完成市级住建主管部门电子证照模块与省一体化政务服务平台对接。通过省、市住建主管部门政务服务办理系统已产生的历史存量企业资质和企业资格证书信息，经相关业务部门清理、确认后，由信息中心统一归集到全省统一的电子证照库；新增的证书信息，办人在业务办结的同时，系统自动将电子证照同步到全省统一的电子证照库。

(2)电子印章对接。按照《四川一体化政务服务平台电子印章数据标准》要求，开发省、市住建主管部门政务服务办理系统电子印章管理功能模块，保障使用省市住建主管部门政务服务办理系统及时发放各类电子证照，通过省级一体化政务服务平台对电子印章进行验证、使用和管理。

(3)公共物流配套系统对接。按照《四川一体化政务服务平台物流数据交换标准》要求，开发省、市住建主管部门政务服务办理系统业务申请和证照管理模块，实现与第三方物流或邮政企业提供的物流服务系统对接，实现申请材料和办理结果材料的快速送达服务。

(4)公共支付系统对接。按照《四川省一体化政务服务平台公共支付数据交换标准》要求，开发省、市住建主管部门政务服务办理系统办理政务服务事项收费业务系统管理模块，完成与全省一体化政务服务平台公共支付系统对接，为缴款人提供开放、便捷、安全的支付渠道。

7.4.3 用户分析

"互联网+政务服务"建设成果主要为三类用户提供服务。

(1)主管部门。省级住房和城乡建设主管部门对全省住房和城乡建设管理工作进行指导和监督，市(州)住房和城乡建设主管部门对本行政区域内县(市、区)的住房和城乡建设管理工作进行监督检查；对从事建筑类活动企业、人员的资质/资格进行审批；对项目管理过程中的项目环节业务进行审查，并对施工过程进行监督管理。

(2)建筑业企业。包括建筑业企业、勘察企业、设计企业、监理企业、施工图审查机构、工程造价咨询单位、房地产开发企业、城市燃气经营企业、质量检测机构、城乡规划编制企业、省外建筑企业(施工、监理、勘察、设计、造价咨询、检测)等，负责企业资质办理事项及查询。

(3)从业人员。包含注册类人员，住建领域专业人员，安管人员，建筑工程初、中、高级专业技术人员，建筑工人等，按照资格管理办法的不同，进行资格证书的申请及查询。

7.5 "互联网+政务服务"实践

本节以四川省为例，重点介绍四川省在"互联网+政务服务"方面做出的实践成果。

7.5.1 数据交换设计

1. 交换架构

四川省政务服务管理平台交换架构图如图 7-2 所示。

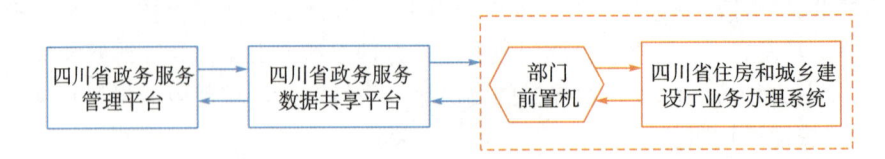

图 7-2 四川省政务服务管理平台交换架构图

省级住房和城乡建设主管部门构建数据交换体系，以满足四川省政务服务数据共享平台架构，结构图如图 7-3 所示。

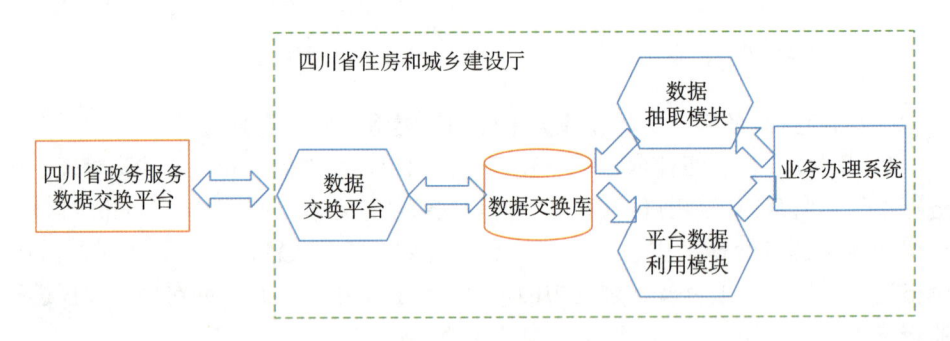

图 7-3 四川省住房和城乡建设厅数据交换结构图

整个交换流程处于四川省电子政务外网环境，省级住建主管部门搭建数据交换数据库、数据抽取利用模块以及数据交换平台，数据抽取模块抽取数据到数据交换数据库，再通过数据交换平台与四川省政务服务数据共享平台进行对接，达到数据交换的目的。

2. 交换流程

数据交换是本项目建设的核心服务。数据交换服务长期驻留内存并运行，实时完成省级住建主管部门政务服务办理系统与四川省政务服务平台之间的信息交换与共享。

数据交换流程图如图 7-4 所示。

当订阅方订阅信息后，共享方轮询读取数据，并对数据进行封装，然后发送给订阅方，订阅方接到数据后，首先对数据进行验证、解析、整编，最后将合法数据保存(如果验证数据不合法，则丢弃并发送错误信息给共享方，要求重新发送)，并封装确认信息返回给共享方,共享方在接到回复后,记录订阅概要信息(或重新读取数据进行发送),完成数据交换过程。

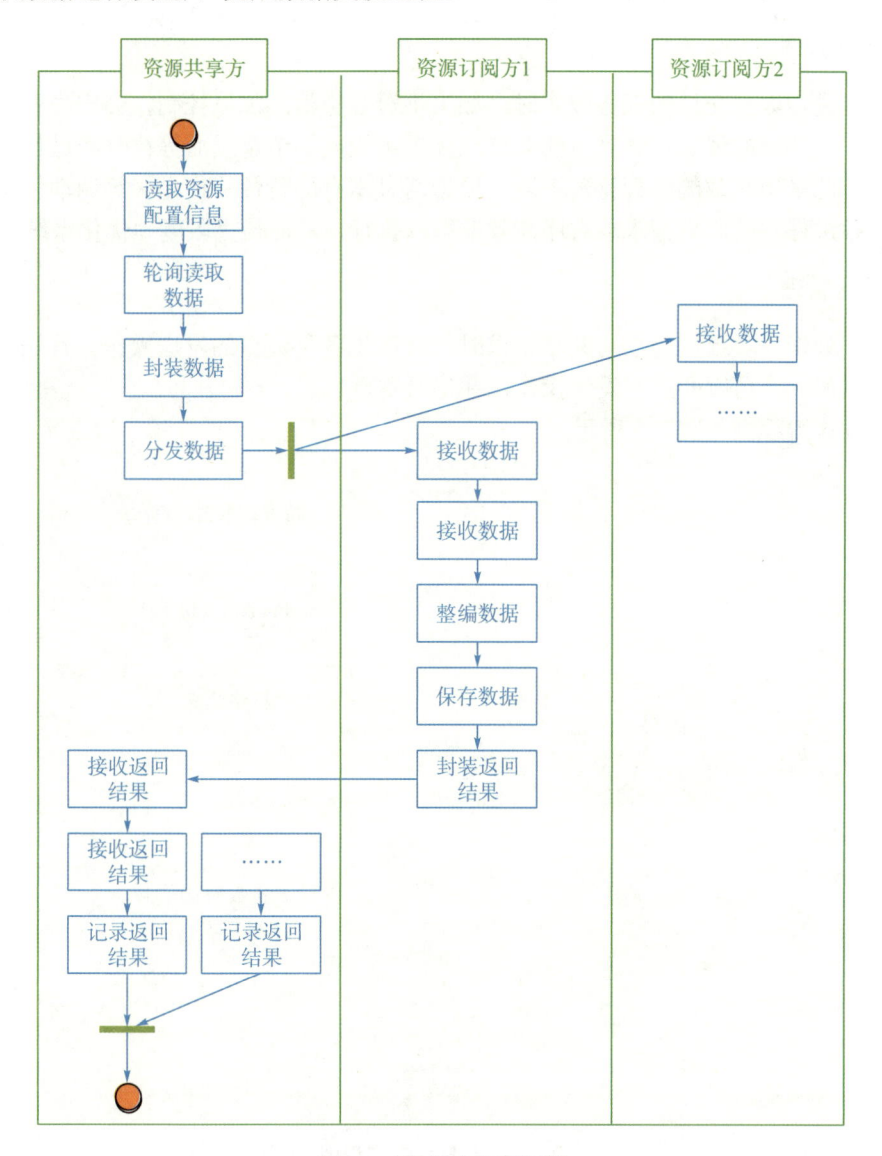

图 7-4 数据交换流程图

3. 消息管理

本项目采用消息管理机制,统一管理数据交换的一切消息。采用特征验证码的方式为每条消息加注特征码,同时总结传送消息的特性,分析消息的归属类别,根据消息的特点对消息进行分类(如发送、请求、回复、接收、报错等)、整理、预排序，使用各自的通道进行传输，避免消息混乱的状态发生。消息管理不提供用户交互界面，而是以内部进程的形式存在。

4. 队列管理

当进行数据交换的任务较多时，如果不对各类消息加以控制，会产生资源争用或并发冲突的现象，并且可能会出现优先级较高的请求反而等待时间过长的现象，因此采用有效的队列管理手段，根据消息本身的特性、优先级等调动信息、排列各进程，使所有请求能有序高效地得以执行，从而最大限度地优化系统。

5. 发送管理

在处理各类数据交换与共享请求时，会产生各种数据的发送操作。首先探测网络状况，许可时即进行发送操作，并记录发送日志。

发送流程图如图 7-5 所示。

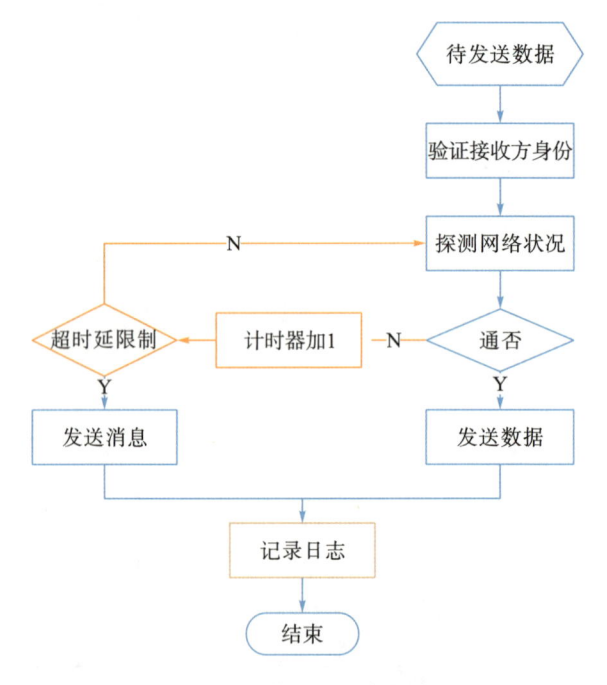

图 7-5 数据发送流程图

发送内容不仅限于各类交换的数据信息，还包括通信双方的交互消息等。发送消息发生在网络不能连通的情况下，可发送网络中断信息、错误报告信息及资源删除消息。

6. 接收管理

与发送管理相对应，在接收传送过来的信息时，首先验证数据包的有效性，有效则接收下来进入下一步处理，否则在丢弃此包的同时发送错误信息给发送方，并记录相关日志。

接收管理的流程图如图 7-6 所示。

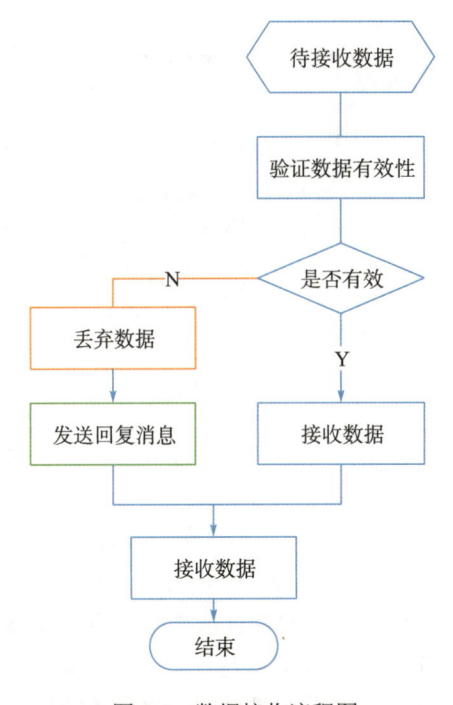

图 7-6 数据接收流程图

如图 7-6 所示，当信息端口有传来的数据时，首先根据数据包的特征码进行初验，有效则接收数据，否则丢弃此数据包，并发送错误消息(或重发消息)给发送方，要求其重新发送。

7. 封装解析

1) 封装

封装是指数据在发送之前进行加密、压缩、封装的过程。平台对准备发送的数据按一定规则加密压缩后，进行封装，并且一个数据包的大小是固定的(参见其他参数设置部分)。当欲传送数据大于规定包的大小时，系统自动将数据分成多个包进行传送，并记录各个包之间的先后关系，同时在包中加入明显的可供验证的标记。

封装流程图如图 7-7 所示。

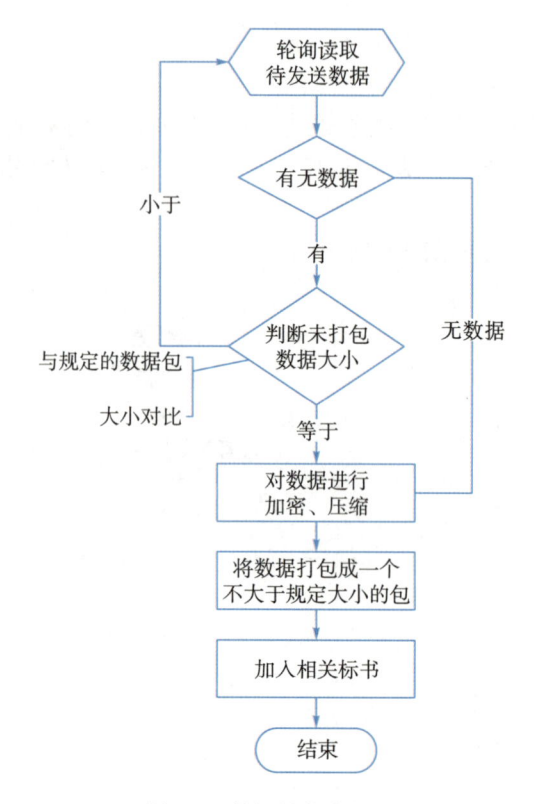

图 7-7 数据封装流程图

在数据加密、压缩之前,采用轮询读取数据的方式实现数据的循环读取,采用 SLEEP 等待的方式进行数据读取,即每读取一次数据后,等待一段时间再进行下一次数据读取,这样避免了由于多线程同时争用系统资源而产生堵塞。并发与轮询技术的结合使用可以有效、充分地利用系统资源,使得平台具有较高的数据处理能力,为支持频繁、大数据量的数据交换与共享提供了可能。

2) 解析

解析是接收方在接收到对方传来的数据包后,对数据包进行规则解密,验证数据的有效性,通过后即可整编保存数据。

解析数据包的流程图如图 7-8 所示。

8. **数据整编**

数据接收并经解析后,要根据数据特性标识进行整编、再分析、归类、关联计算及相关转换处理,然后准备保存。数据整编主要是指对经过解析检验的数据进行归类、按数据类型对应关系进行转换处理的过程。

数据整编流程图如图 7-9 所示。

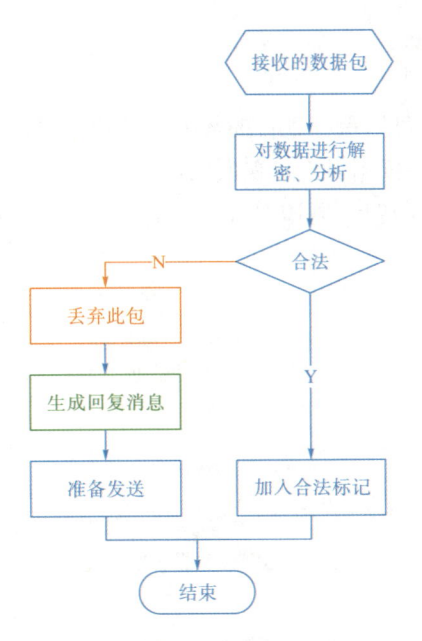

图 7-8　数据解析流程图

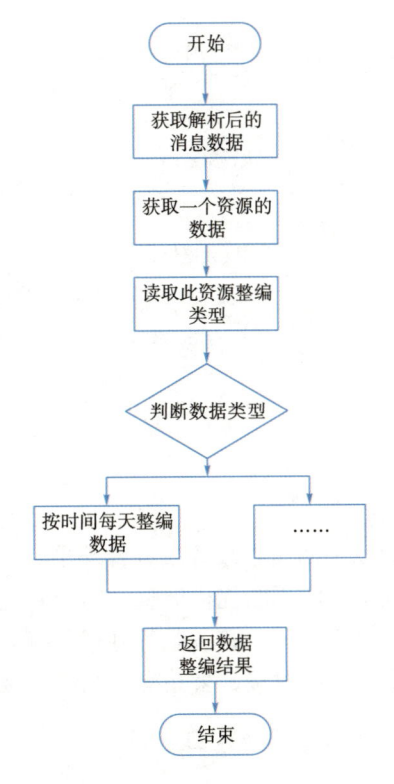

图 7-9　数据整编流程图

9. 数据保存

整编无误的数据即可以保存到目的数据库的相关表内，完成数据交换的整个流程，并记录相关日志（依据日志设置而定）。

数据保存处理流程图如图 7-10 所示。

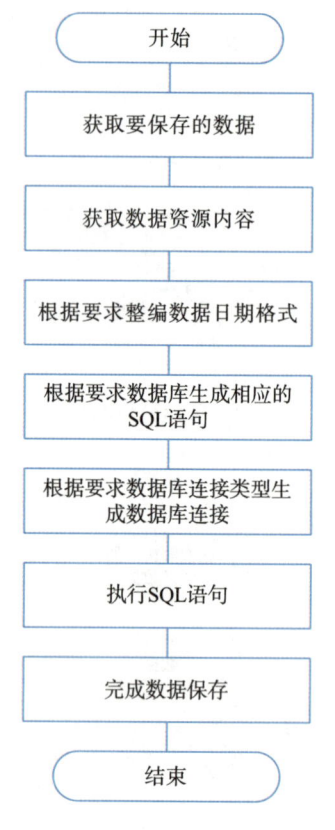

```
开始
   ↓
获取要保存的数据
   ↓
获取数据资源内容
   ↓
根据要求整编数据日期格式
   ↓
根据要求数据库生成相应的
SQL语句
   ↓
根据要求数据库连接类型生
成数据库连接
   ↓
执行SQL语句
   ↓
完成数据保存
   ↓
结束
```

图 7-10　数据保存处理流程图

7.5.2　信息系统对接

自从 2017 年 10 月启动和四川省政务服务管理平台进行事项对接工作以来，根据四川省政务服务管理平台的不断优化调整，四川省住房和城乡建设厅实现了办事服务入口整合、统一身份认证、政务服务办理系统对接、电子证照对接、电子印章对接、公共物流配套系统对接、公共支付系统对接等功能。

1. 四川省住房和城乡建设厅办事服务入口

四川省住房和城乡建设厅办事服务入口如图 7-11 所示。

第 7 章 "互联网+政务服务"

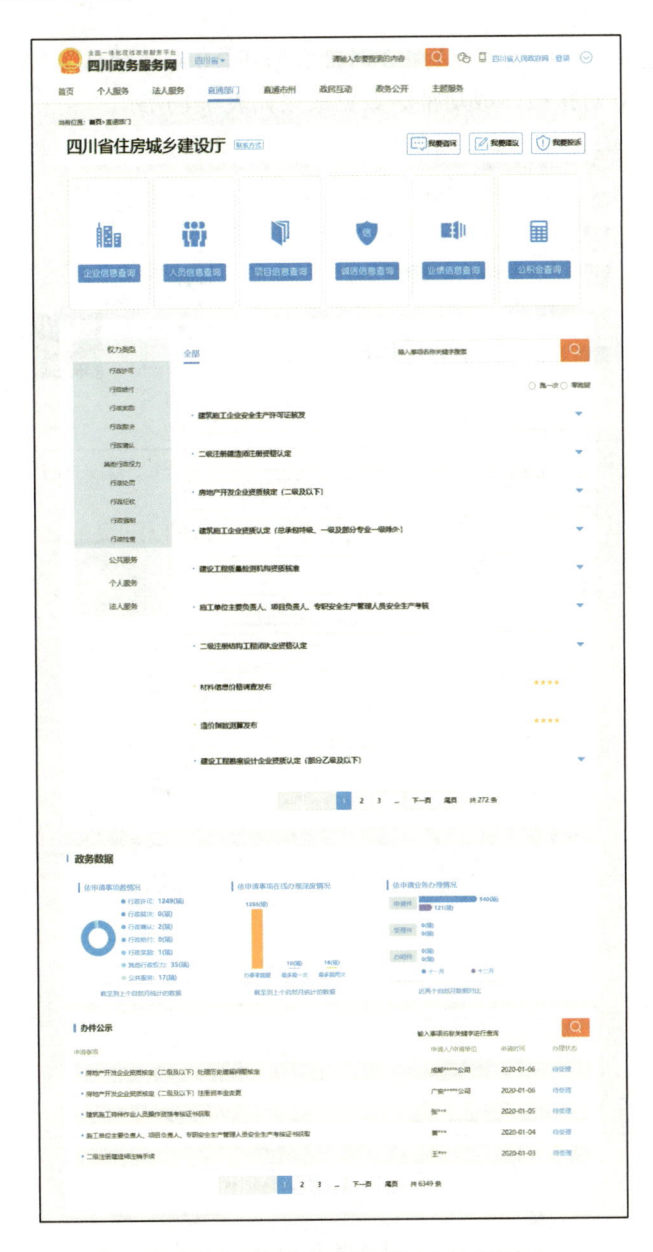

图 7-11　四川省住房和城乡建设厅办事服务入口

2. 政务服务事项业务办理界面

业务办事指南页面如图 7-12 所示。

3. 数据对接统计

对接接口已经迭代产生了两个——1.0 和 2.0 对接接口。在此过程中，四川省住房和城乡建设厅对接成果分为 1.0 对接数据和 2.0 对接数据。

(1) 通过 1.0 对接接口成功推送数据成果如表 7-1 所示。

图 7-12 业务办事指南

表 7-1 1.0 对接接口数据统计表

序号	事项编码	事项名称	数量/个
1	A-004643-4643-8283930	工程监理企业资质认定(专业乙级及以下)吸收合并	1
2	A-004635-4635-8283930	工程造价咨询单位资质认定(乙级)遗失补办	1
3	A-005195-5195-8283930	房地产开发企业资质核定(二级及以下)企业分立、合并	1
4	A-004796-4796-8283930	工程建设项目招标代理机构资格认定(乙级及以下)单位负责人变更	1
5	A-004654-4654-8283930	工程造价咨询单位资质认定(乙级)合并、分立	1

续表

序号	事项编码	事项名称	数量/个
6	A-004755-4755-8283930	建设工程质量检测机构资质核准延续	2
7	A-004555-4555-8283930	工程监理企业资质认定(专业乙级及以下)企业遗失补办	3
8	A-004611-4611-8283930	工程监理企业资质认定(专业乙级及以下)注销	3
9	A-004702-4702-8283930	房地产企业遗失补办	4
10	A-004703-4703-8283930	房地产企业资质注销	6
11	A-004738-4738-8283930	建设工程质量检测机构资质核准增项	7
12	A-004667-4667-8283930	建设工程质量检测机构资质核准新办	9
13	A-004544-4544-8283930	建设工程勘察设计企业资质认定(部分乙级及以下)合并分立重组	10
14	A-004601-4601-8283930	房地产企业暂定四级及以下	15
15	A-004696-4696-8283930	房地产企业注册资本金变更	16
16	A-004588-4588-8283930	工程监理企业资质认定(专业乙级及以下)延续	17
17	A-004647-4647-8283930	建设工程勘察设计企业资质认定(部分乙级及以下)注销	18
18	A-004437-4437-8283930	建筑施工企业资质认定(总承包特级、一级及部分专业一级除外)资质延续	18
19	A-004466-4466-8283930	工程造价咨询单位资质认定(乙级)延续	19
20	A-004634-4634-8283930	建设工程勘察设计企业资质认定(部分乙级及以下)遗失补办	24
21	A-004630-4630-8283930	建筑施工企业资质认定(总承包特级、一级及部分专业一级除外)资质注销	25
22	A-004309-4309-8283930	工程造价咨询单位资质认定(乙级)新申请	30
23	A-004346-4346-8283930	工程监理企业资质认定(专业乙级及以下)增项	37
24	A-004393-4393-8283930	工程监理企业资质认定(专业乙级及以下)升级	40
25	A-004502-4502-8283930	建设工程勘察设计企业资质认定(部分乙级及以下)升级	42
26	A-004623-4623-8283930	工程造价咨询单位资质认定(乙级)技术负责人变更	51
27	A-004302-4302-8283930	工程监理企业资质认定(专业乙级及以下)新办	53
28	A-004854-4854-8283930	工程监理企业资质认定(专业乙级及以下)企业负责人变更	55
29	A-004618-4618-8283930	建筑施工企业资质认定(总承包特级、一级及部分专业一级除外)证书遗失补办	57
30	A-005194-5194-8283930	房地产企业暂定四级	71
31	A-004437-4437-8283930-	建筑施工企业资质认定(总承包特级、一级及部分专业一级除外)资质延续	147
32	A-007950-7950-8283930	房地产开发企业资质核定(二级及以下)重新核定(适用于资质证书超过有效期半年内的企业延续)	173
33	A-004554-4554-8283930	房地产企业资质三级(含暂三)延续	202
34	A-004535-4535-8283930	建设工程勘察设计企业资质认定(部分乙级及以下)延续	202
35	A-004665-4665-8283930	建筑施工企业资质认定(总承包特级、一级及部分专业一级除外)企业合并(吸收合并及新设合并)	311
36	A-004699-4699-8283930	房地产企业统一信用代码(营业执照注册号)变更	400

续表

序号	事项编码	事项名称	数量/个
37	A-004628-4628-8283930	建设工程勘察设计企业资质认定(部分乙级及以下)社会统一信用代码变更	506
38	A-004572-4572-8283930	房地产企业资质二级(含暂二)延续	617
39	A-004617-4617-8283930	房地产企业新办核定	707
40	A-004484-4484-8283930	建筑施工企业资质认定(总承包特级、一级及部分专业一级除外)资质分立变更至省外	760
41	A-004629-4629-8283930	建筑施工企业安全生产许可证核发延续	774
42	A-004413-4413-11510100009172554K	建筑工程施工许可证核发	1031
43	A-004482-4482-8283930	建设工程勘察设计企业资质认定(部分乙级及以下)新办	1086
44	A-004370-4370-8283930	建筑施工企业资质认定(总承包特级、一级及部分专业一级除外)资质升级	2074
45	A-004494-4494-8283930	建筑施工企业安全生产许可证新办申请	2776
46	A-004584-4584-8283930	建筑施工企业资质认定(总承包特级、一级及部分专业一级除外)企业名称变更	2995
47	A-004333-4333-8283930	建筑施工企业资质认定(总承包特级、一级及部分专业一级除外)增项	3321
48	A-004298-4298-8283930	建筑施工企业资质认定(总承包特级、一级及部分专业一级除外)新办	7007
合计			25726

(2)通过 2.0 对接接口成功推送数据成果如表 7-2 所示。

表 7-2 2.0 接口对接数据统计表

序号	企业类型	业务类型	数量/个
1	房地产开发企业	新办核定	560
2	房地产开发企业	资质升级	74
3	房地产开发企业	资质延续	264
4	房地产开发企业	变更申请	172
5	房地产开发企业	取暂申请	26
6	房地产开发企业	重新核定	185
7	房地产开发企业	资质注销	3
8	房地产开发企业	遗失补办	9
9	安全生产许可证	首次申请	4179
10	安全生产许可证	延期申请	1324
11	安全生产许可证	变更申请	2764
12	安全生产许可证	遗失补办	128
13	安全生产许可证	重新核定	253
合计			9941

四川省住房城乡建设政务服务办理系统和四川省政务服务管理平台的对接，整合了部门内业务办理系统，构建了全省一体化"互联网+政务服务"体系，围绕"审批不见面"和"最多跑一次"改革要求，规范了行政权力透明运行，提高了公共服务的供给效率和质量，不断提高了人民群众对政务服务的满意度。

四川省住房城乡建设政务服务办理系统和四川省政务服务管理平台的对接，有利于创新政府管理模式，构建高效政务服务体系。通过业务办理系统的整合，促进了政务服务流程优化。通过对关系民生领域的政务服务实施标准化、统一化、规范化的依法管理和监督，让政务服务更加直观便捷。树立互联网思维，创新政府管理模式，构建高效便捷的服务体系，"让信息多跑，让百姓少跑"，实现各类服务事项预约、申报、办理、查询一体化全流程网上运行，切实解决百姓办事难的问题。

四川省住房城乡建设政务服务办理系统和四川省政务服务管理平台的对接，有利于深化简政放权，规范政务服务事项透明运行。将政府的服务事项通过统一的互联网窗口展示给全社会，审批事项的增加、减少、流程变化更为直观，把权力运行公开在网络的"阳光下"和流程固化的"笼子中"，不断推动"放管服"各项政策措施落实。

四川省住房城乡建设政务服务办理系统和四川省政务服务管理平台的对接，有利于促进跨部门跨区域协同，树立整体政府形象。通过业务办理系统的整合，各类政务服务事项在统一平台受理，"后台"的办理过程及所需信息通过统一平台流以实现跨地区、跨部门、跨层级之间的业务协同和自动流转，办理结果实时展现，减少公众线下与政府沟通次数，变"公众线下与不同政府部门打交道"为"通过统一平台与政府打交道"，展示了高效透明、公平规范的政府形象。

四川省住房城乡建设政务服务办理系统和四川省政务服务管理平台的对接，有利于实施有效监管，促进形成社会共治格局。通过互联网让各级政府部门的服务内容、流程、效率、质量向社会公开，人民群众对政务服务的全流程进行实时反馈和评价，为行政效率督查和绩效考核提供了依据，以推动政府政务服务管理水平和行政效能的提升，促进了行业自律和社会共治，推动了"互联网+政务服务"的发展。

第 8 章　住房城乡建设大数据

省域住房城乡建设信息化各方面应用系统的持续运转，带来的必然结果就是海量数据的产生，从城乡规划信息化数据到建筑市场信息化数据、住房管理信息化数据、城乡管理信息化数据，以及"互联网+政务服务"数据，数据内容涵盖了整个建设行业。以四川省为例，通观多年来形成的省域住房城乡建设行业数据，存在以下两个特点。

1. 数据量大，数据格式多样

据不完全统计，截至 2019 年年底，四川省住房城乡建设电子政务平台注册用户数为 569637 个，登录次数为 5523836 次，网站浏览量为 226817901 次，访客数为 22591265 个；在线办理 1720 余万件政务服务事项；上报城市管理问题 14865129 件；土坯房登记数为 1398807 个，农房登记数为 665447 个；污水处理设施建设项目数为 4234 个，垃圾处理设施建设项目数为 1460 个；170 万多名建筑工人实名登记信息，向住房和城乡建设部共享企业、人员、项目、诚信数据累计 3840579 条，向其他厅局委办和市州住建主管部门提供企业、人员、项目、诚信等共享数据 3383903 条。而非结构化数据也广泛地应用在各个信息化领域中，目前四川省住建行业非结构化数据存储已超过 40TB，包括了大量的证书信息、照片信息以及其他材料扫描件信息。

2. 数据更新快，缺乏深度挖掘分析

四川省住建行业的各信息系统，每天产生上万个新的业务数据，每个业务数据又产生、更新大量的信息数据。企业从新建、变更、升级到注销，人员从注册、变更到注销，项目从规划到招投标、合同、开工、竣工，以及施工现场的管理、深基坑、实名制信息，都产生了一系列的数据，种类繁多，但通过业务直接生成的数据内在关系不明显，无法释放巨大的应用价值。

住建行业各业务数据间各自独立又相互关联。所谓独立，就是数据存储独立，或通过部分关联信息实现数据间的弱关联，是数据物理存储的独立。所谓关联，是指数据之间存在相互交错的信息流，是指数据信息的关联。

比如建筑市场信息化中的企业信息，包含了企业名称、属地、从业人员等信息，数据存储在企业库中，而城乡关联信息化中的土坯房信息，是管理农村土坯房改建的信息，数据存放在土坯房信息库中，两者存储完全独立。仔细分析信息间的关联，可以发现企业在建项目信息中的建筑工人信息，与土坯房中的房主、家庭成员信息之间有着千丝万缕的关系，这就是数据关联。

同样，可从企业的人员信息、土坯房房主、家庭成员信息中，挖掘出土坯房改建信息人员，再加上参与工程项目建设的农民工就业、流动、培训等情况，从而精准掌握脱困人员的真实轨迹，为脱贫决策提供一线数据。

大量数据的生成和累积是建设行业信息化的必然结果并具有巨大价值，但这些价值必须通过数据的有效整合、分析和挖掘才能释放出来。四川省住房和城乡建设厅非常重视数据利用，近年来逐步开展了大数据研究和行业应用探索，建立了省域住房城乡建设行业大数据总体框架（图8-1），研究、设计、开发及建立建设领域数据仓库挖掘和大数据关联分析数据模型，开展住房城乡建设大数据的采集、管理、挖掘、可视化展示，对建筑市场的管理、发展和政策导向提供参考信息，为省域住房城乡建设科学决策提供技术支撑。

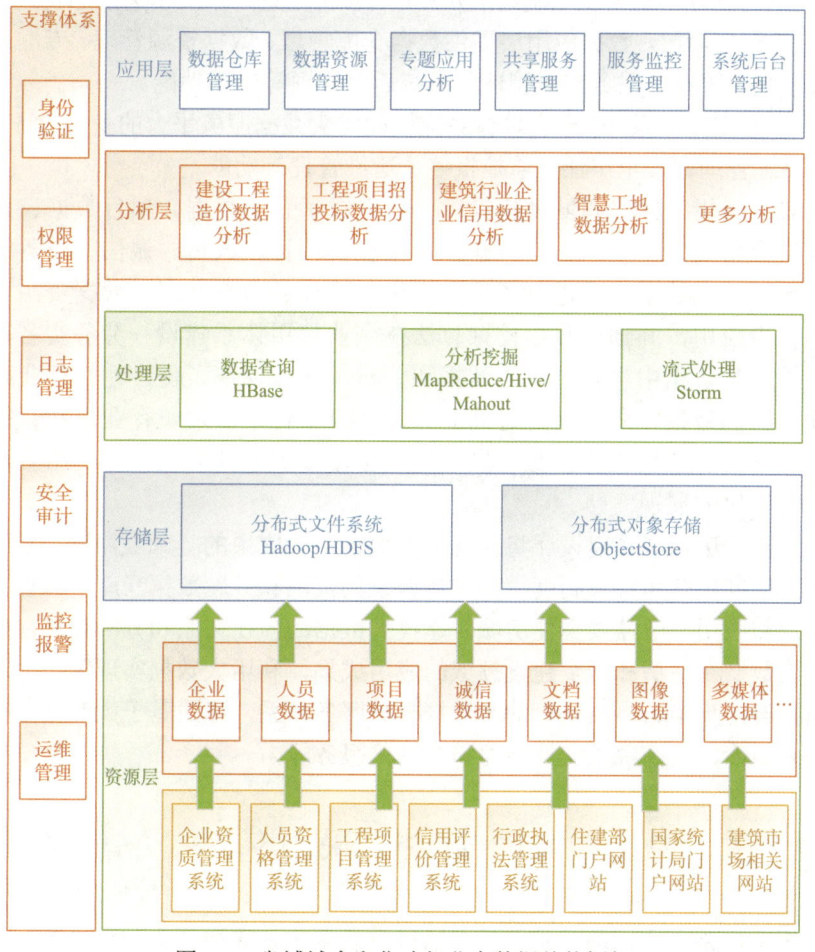

图 8-1　省域城乡和住建行业大数据总体框架

注：HDFS（Hadoop distributed file system，分布式文件系统）

总体架构图中的各层次主要包括以下内容。

(1) 数据资源层。数据资源层汇集了四川省现有建筑市场的所有应用系统和数据源以及建设领域相关门户网站的采集数据，数据格式包括企业、人员、项目、诚信等结构化数据，以及文档数据、图像数据、多媒体数据等非结构化数据。

(2) 数据存储层。数据存储采用统一的 HDFS 方式，通过针对不同计算框架的优化数据组织来满足不同的数据管理和应用需求。比如使用 HBase 的存储方式来满足实时查询的需求，使用 HDFS 的存储方式来提供数据分析挖掘的数据源。

(3) 数据处理层。基于 Hadoop/HDFS，平台提供主流的批处理计算框架、流式计算框架、内存计算框架等，还提供了像 Hive、Mahout 等二次计算能力框架。

(4) 数据分析层。基于各种数据挖掘算法，数据分析层可提供构建数据建模、分析、挖掘能力，实现建设工程造价数据分析、工程项目招投标数据分析、建筑行业企业信用体系分析、劳务实名制数据分析和智慧工地数据分析等专题统计分析模型。

(5) 数据应用层。数据应用层提供数据仓库管理、数据资源管理、专题应用分析、共享服务管理、服务监控管理、系统后台管理等应用功能。

(6) 平台支撑体系。平台支撑体系提供面向大数据服务平台的身份验证、权限管理、日志管理、安全审计、监控报警、运维管理等功能。

目前，四川省住房和城乡建设厅已经完成了企业数据、项目数据、人员数据、诚信数据的采集工作，初步建立了企业、项目、人员、诚信、业务等专题数据仓库，对大数据成果进行了日常查询与统计、数据共享、数据资源可视化监管等初步应用，并通过数据挖掘算法在企业信用体系建设、劳务实名制和智慧工地等监管工作中进行了数据挖掘和分析，初步体现了促进建筑行业政府监管模式创新的效果，同时还通过商业智能(BI)平台，对建筑行业现状、行业重点监督区域、行业宏观经济数据以及建设市场发展趋势等数据分析结果进行多样化、可视化的展现。

四川省住房和城乡建设厅将在现有大数据初步成果的基础上，进一步完善大数据相关标准规范和管理制度，扩大数据采集范围和专题数据仓库，深化大数据成果管理和应用，继续发掘住房城乡建设大数据的内在关系和分析算法，并进一步拓展大数据在住房和城乡建设领域的应用成果，利用大数据实现智慧治理，推进事前预警，事中、事后监管的大数据支撑服务体系，形成基于大数据分析的政务服务知识库，提高决策支持能力和个性化服务能力。

8.1 数 据 采 集

数据采集是大数据的基础，只有通过有效采集，获取了大数据必备的基础数据，才能进一步地进行数据分析。四川省住房城乡建设行业多年的信息化平台及其运行成果提供了数据采集的基础,通过细化各领域数据,将无效的数据予以排除,对有效的信息化数据进行充分利用。

8.1.1 数据采集挖掘技术

基于住房城乡建设行业数据结构特点,制定了适合本地的数据采集方案,应用先进的采集技术和采集工具,完成数据采集工作。

1. 结构化数据 ETL

ETL 是数据抽取(extract)、清洗(cleaning)、转换(transform)、装载(load)的过程,是构建数据仓库的重要一环。用户从数据源抽取出所需的数据,经过数据清洗,最终按照预先定义好的数据仓库模型,将数据加载到数据仓库中去。

要实现从各种不同种类和形式的业务应用中抽取、变换、集成数据,并将其存储到数据仓库,就要求对数据的质量进行维护和管理。因此,在数据仓库构筑中,传统上作业量最大、日常运行中问题最多的是从业务数据库向数据仓库抽取、变换、集成数据的作业。

ETL 就是在抽取处理数据之后,对数据进行"净化提炼"处理。所谓数据的"净化提炼",就是对从多个不同业务数据库抽取的数据,进行数据项名称的统一、位数的统一、编码的统一和形式的统一,消除重复数据,如图 8-2 所示。现在 ETL 工具具有支持数据的"净化提炼"功能、数据加工功能和自动运行功能(包括处理过程的监控、调度和外部批处理作业的启动等),支持多种数据源,能自动实现数据抽取。

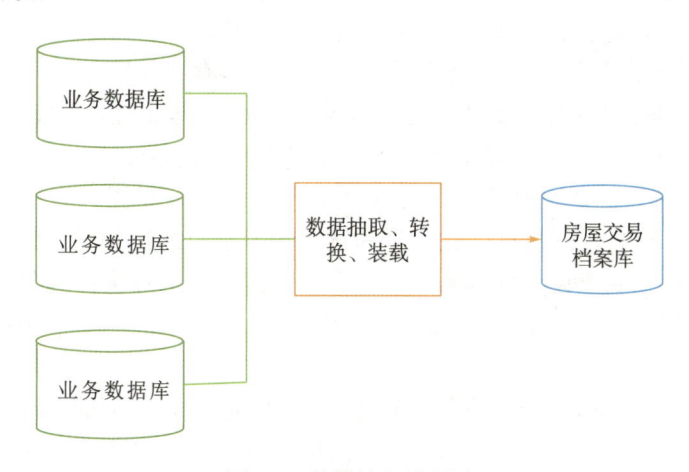

图 8-2 数据抽取过程图

四川省住房和城乡建设厅大数据借助 ETL 技术来整合不同系统的数据。ETL 的过程如下所示。

(1) 从多个数据源提取数据,包括大型主机和 NT 服务器。
(2) 按照用户规定的标准转换数据。
(3) 将数据映射到目标数据库中。
(4) 重新排列数据的格式,重新计算数据。
(5) 重新组织数据。
(6) 汇总数据。

2. 非结构化数据 Hadoop 的有效利用

Hadoop 实现了一个分布式文件系统(HDFS)。HDFS 有着高容错性的特点,并且被设计用来部署在低廉的(low-cost)硬件上。它提供高传输率(high throughput)来访问应用程序的数据,适合那些有着超大数据集(large data set)的应用程序。HDFS 放宽了(relax)POSIX 的要求(requirements),这样可以以流的形式访问(streaming access)文件系统中的数据。

可充分利用 Hadoop 的高可用性、高可扩展性、高效性、高容错性等特点,完成非结构化数据的挖掘与采集。

8.1.2 数据处理策略

采集的数据是不能直接利用的,需要进行预处理。结合住建行业数据与大数据技术,预处理包括数据清洗、数据变换、数据集成。

采集的数据主要存在以下问题:
(1) 不完整,缺少属性值或仅仅包含聚集数据。
(2) 含噪声,包含错误或存在偏离期望的离群值。
(3) 不一致,对于不同的信息平台,分类或编码存在差异。

在使用数据过程中,对数据有如下要求:一致性、准确性、完整性、时效性、可信性、可解释性。因此,需要按照以下策略进行数据预处理。

(1) 建立统一的数据标准。此处所说的统一标准,是指大数据结构中的数据标准统一。标准规范建设优先遵循和选用国家已有标准规范,建立并逐步完善省域住房和城乡建设数据标准规范,为项目建设及运行维护提供支持与服务。无论是通过 ETL 工具还是 Hadoop 抓取的数据,统一按照约定的数据标准进行存储。

(2) 建立统一的数据处理规范。大数据是个长期的过程,因此需要一个统一的数据处理规范,长期约束数据处理过程,使处理后的数据规范得以延续。建设一套统一的大数据标准规范体系,确定平台和各业务应用之间的对接标准,包括技术标准、执行规范等,确保平台的开放性和业务应用开发部署的标准化,保障业务应用的快速开发和部署。

(3) 建立灵活的数据集成方案。针对住建行业特点，建立灵活的数据集成方案。提供对接入数据进行统一加工(清洗、转换、去重和编目)的功能，包括对数据定义、数据结构、数据标识、数据编码、数据编目、负责人、来源、转换关系、目标、质量等级、依赖关系、安全权限等相关内容进行管理，最终形成符合统一存储要求的数据模型。

(4) 建立完善的容错机制。制定详细的容错规则。

8.1.3　结构化数据存储

1. 数据字典库

数据字典库用来存储系统业务中应用到的字典项等数据，如企业类别、职称、民族、房屋类型、地区等，如图 8-3 所示。

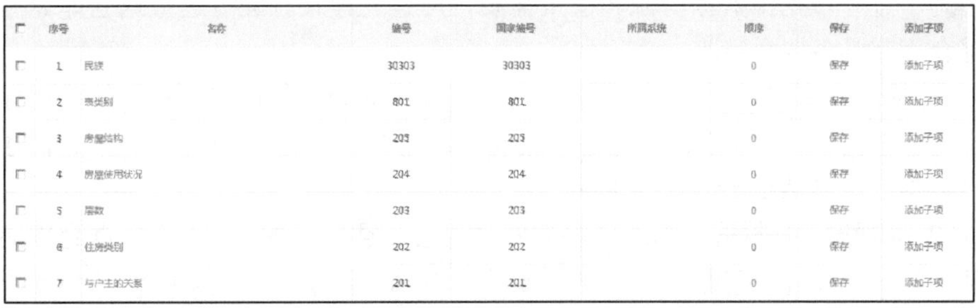

	序号	名称	编号	国家编号	所属系统	顺序	保存	添加子项
	1	民族	30303	30303		0	保存	添加子项
	2	票类别	801	801		0	保存	添加子项
	3	房屋结构	205	205		0	保存	添加子项
	4	房屋使用状况	204	204		0	保存	添加子项
	5	层数	203	203		0	保存	添加子项
	6	住房类别	202	202		0	保存	添加子项
	7	与户主的关系	201	201		0	保存	添加子项

图 8-3　数据字典库

2. 基础数据库

用来存储系统业务基础单元数据，如企业信息、人员信息、项目信息、证书信息、信用信息、保障房信息、商品房网签信息等从各业务系统(对于业务系统报送前置库，可直接从前置库抽取)推送来的数据或人工填入的数据。

3. 分布式大数据仓储服务

利用分布式大数据存储，提供大数据存储处理服务，包括数据收集和导入、数据处理和转移、数据分布式存储等。可靠地存储和处理 PB 级、类型复杂的数据，可动态扩容存储空间，支持海量数据(10TB)离线、准实时分析和挖掘。实现快速大数据请求响应，提供类 SQL 数据查询服务，实现毫秒级的大数据查询访问请求。利用分布式计算框架，对海量数据进行离线处理，完成海量数据的统计、并行数据挖掘和分析功能。可根据不同业务需求，提供多种数据挖掘算法，对海量数据进行高效挖掘。

8.1.4 数据监控管理

采用图形化方式，对数据接入、数据加工和数据存储的过程进行实时监控和记录，对数据抽取过程中出现的异常进行报警，并通过短信方式实时通知相关管理人员。

管理人员可通过各种条件查询数据抽取日志，并按各类业务数据的抽取情况进行图形化分类汇总和统计。

8.2 数 据 管 理

8.2.1 专题数据仓库

为了进一步挖掘数据资源和决策需要，应建立建设行业专题数据仓库。专题数据仓库需具备四个特点。

(1)提高效率。需要根据行业需要为数据仓库的分析数据建立不同的分类标准。由于行业数据量很大，设计不好的数据仓库经常会出问题，有时延迟1～3日才能给出数据，这显然是不满足要求的。

(2)数据质量。数据仓库所提供的各种信息必须要准确。但由于数据仓库流程通常分为多个步骤，包括数据清洗、装载、查询、展现等，复杂的架构会导致更多层次，再加上数据源有"脏"数据或者代码不严谨，都可以导致数据失真。错误的信息就可能导致分析出错误的决策，造成损失，而不是效益。

(3)专题性强。针对建设行业的特点，建立专题特色；对于不同的专题，应建立对应的专题仓库。

(4)扩展性。之所以有的大型数据仓库系统架构设计复杂，是因为考虑到未来3～5年的扩展性，这样的话，未来不用太快花钱去重建数据仓库系统就能很稳定运行。考虑到数据建模的合理性，数据仓库方案中多出一些中间层，使海量数据流有足够的缓冲，不至于当数据量大很多时就无法运行。

在基础仓库建立的同时，再建立多样化的数据模型，以适应各种专题的需要。利用逻辑树分析模型、PEST分析模型等，定义行业各种关键指标，在资质分布、投资额度、项目分布、建设规模、人力投入等各方面建立数字模型，为大数据分析做准备。

模型数据需达到三点要求。

①要素化：把相同问题总结归纳成要素。

②框架化：将各个要素组成框架，遵守不重不漏原则。

③关联化：框架内的各要素保持必要的相互关系，简单而不孤立。

再进一步，建立数据仓库管理子系统，实现可视化的仓库管理。实现操作智能化，试图通过(通常是机器生成的)操作或事件数据来提供可视性和洞察力，实时运行针对数据流馈送的查询，产生作为操作指令的分析结果，通过人工或自动操作(将数据集转化为价值的明确例子)让组织立即执行。

8.2.2 大数据应用

1. 数据的日常查询与统计

通过数据仓库，已经可以获取初步的数据成果，并可对这些数据实施简单的查询和统计。这种数据与各子系统相比较更加综合，更有利于对行业全局的掌握，如以下按月统计的宏观决策数据(表 8-1)。

表 8-1 全方位的数据统计表

序号	数据类别	数据类型
1	住建领域固定资产项目投资数据	城乡市政基础设施投资统计数据
2		固定资产投资计划表
3		固定资产投资项目规划、在建、竣工统计数据
4		市政公用设施水平统计数据
5	重大项目数据	生态保护与修复项目统计数据
6		新型城镇化项目统计数据
7		乡村项目统计数据
8		风景名胜相关统计数据
9		申报项目统计
10		政府投资项目投资情况统计
11		招商推介投资情况统计
12	环境治理数据	乡镇污水处理相关统计数据
13		城乡生活垃圾治理相关统计数据
14		城市生活污水处理相关统计数据
15		海绵城市建设面积统计数据
16		黑臭水体治理统计数据
17		地下综合管廊统计数据
18		城市垃圾分类相关统计数据
19	住房保障项目数据	棚户区改造相关统计数据
20		公租房分配相关统计数据
21		廉租住房相关统计数据
22		经济适用房相关统计数据

续表

序号	数据类别	数据类型
23	住房保障项目数据	限价商品住房相关统计数据
24		国有垦区危房相关统计数据
25		农村危房改造相关统计数据
26	房地产市场监管数据	房地产开发投资统计数据
27		房地产地税收入统计数据
28		全省商品房销售统计数据
29		全省商品房库存统计数据
30		住房租赁相关数据
31	住房公积金数据	住房公积金归集统计数据
32		住房公积金提取统计数据
33		住房公积金贷款统计数据
34		住房公积金结余数据
35	建筑业发展数据	全省建筑业相关统计数据
36		装配式建筑相关统计数据
37		绿色建筑相关统计数据
38		绿色建筑评审项目统计数据
39		散装水泥统计数据
40		墙材革新统计数据
41		各类审批服务事项办结统计数据
42		一、二级建造师注册统计数据
43		监理师注册统计数据
44		造价师注册统计数据
45		勘察设计师注册统计数据
46		全省建设工程专业职称评审相关统计数据
47		全省房屋市政工程事故统计数据
48	城市管理	执法机构相关统计数据
49		城管执法业务统计
50	行政审批数据统计	各类审批服务事项办结统计数据
51	BIM 项目	BIM 项目相关统计

1）住建领域及重大项目投资数据

该类数据主要包含：①房地产开发投资总额、城乡市政基础设施投资总额、占全省固定资产总投资的比例、占全年目标任务的比例、同比变化情况、全国和中部地区排名情况；②生态保护与修复项目、新型城镇化项目、富美乡村项目、棚户区改造项目的总投资额和总项目数等。

2) 以环境治理为重点的项目数据

该类数据主要包含：①全省乡镇污水处理项目概算总投资、日处理总规模、设计主管网总长度；②全省城乡垃圾中转站数量、垃圾场数量、垃圾处理能力及运行状况、配置机动收运车数量、配备保洁员数量；③全省城市生活污水处理厂数量、总设计处理能力及运行状况；④全省完成黑臭水体整治数量及占比情况；⑤全省建成地下综合管廊廊体公里数，完成投资总额；⑥开工建设海绵城市总面积等。

3) 住房保障项目数据

该类数据主要包含：①棚户区改造目标任务数、开工数、开工率、完成投资额；②政府投资公租房总套数、已分配套数、分配率等。

4) 房地产市场监管数据

该类数据主要包含：①房地产业实现地税收入总额及同比变化情况、房地产业实现地税收入占地税总收入的比例及同比变化情况；②全省商品住房销售面积、销售额、销售均价及同比变化情况；③全省商品住房库存总量、平均消化周期及同比变化情况等。

5) 住房公积金数据

该类数据主要包含全省新增归集住房公积金总额、住房公积金提取额、新增个人住房公积金贷款额、全省平均个贷率及同比变化情况和完成目标情况等数据。

6) 建筑业发展数据

该类数据主要包含：①建筑业总产值、新签合同额、建筑业现价增速情况、同比变化情况、全国和中部地区排名情况；②全省工程建设领域对外新签合同额、对外完成营业额及同比变化情况、全国和中部地区排名情况；③统计入库企业占全省建筑企业总数的比例情况；④开工建设装配式建筑面积数量及变化情况；⑤全省获绿色建筑评价标识数量、建筑面积、同比变化情况和占年度计划比例；⑥通过施工图审查的绿色建筑省级认定项目数量、建筑面积和同比变化情况等。

2. 数据共享

在对这些数据进行初步利用的基础上，专题数据仓库还进一步实现了对这些数据的对外共享，使数据得到更多的利用，同时通过数据共享，也可以得到更多其他方面的数据，实现共赢。

8.2.3 数据资源可视化监管

1. 数据服务监管

运用图形化方式，对大数据平台的关键应用和后台服务的运行状态以及资源占用情况进行实时监控和记录，对发现的异常情况进行报警，并通过短信方式实时通知相关管理人员。

管理人员可通过各种条件查询数据服务监控日志，并可对各类关键应用和后台服务进行图形化分类汇总和统计。

2. 服务器运行监管

采用图形化方式，对大数据平台各个服务器的运行状态及资源情况进行实时监控和记录，包括服务器开机时长、在线状态、网络情况、CPU 占用率、硬盘使用率、硬盘剩余空间等，对发现的异常情况进行报警，并通过短信方式实时通知相关管理人员。

管理人员可通过各种条件查询服务器运行监控日志，并可对服务器 IP 和问题类型进行图形化分类汇总和统计。

3. 共享服务监管

采用图形化方式，对大数据平台的共享服务状态以及使用情况进行实时监控和记录，对发现的异常状态和使用情况进行报警，并通过短信方式实时通知相关管理人员。

管理人员可通过各种条件查询共享服务监控日志，并可对各类大数据专题分析和第三方应用进行图形化分类汇总和统计。

8.2.4 数据资源管理制度

在对前面数据进行采集、清洗，并建立数据仓库后，还需要一套完善的管理制度去保障它的实施，否则将难以维系。

多年的大数据处理工作已总结出丰富的管理经验，已逐步形成各类管理规范，编制出各类数据管理规范文档，包括数据管理、数据标准以及各类导则等。有了这些规范，大数据建设工作才可持续发展下去。

8.3 数据挖掘

数据挖掘一般是指从大量繁杂数据中通过算法获取隐含在其中的信息的过程，其目的是从各种各样的专题数据中发现数据的各种模式和内在的关系。

数据挖掘是数据分析的高层应用，是住房和城乡建设行业大数据应用中不可或缺的一部分。

8.3.1 数据挖掘的任务和对象

1. 数据挖掘的任务

数据挖掘的任务主要是对住房和城乡建设行业大数据进行关联分析、聚类分析、分类、预测、时序模式和偏差分析，以发现隐含在数据中的有用信息。

(1) 关联分析(association analysis)。关联分析挖掘是由 Rakesh Apwal 等首先提出的。两个或两个以上变量取向价值之间存在的某种规律性被称为关联。数据关联是数据库中存在的一类重要的、可被发现的知识。关联分为简单关联、时序关联和因果关联。关联分析的目的是找出数据库中隐藏的大量关联网。一般用支持度和可信度两个阈值来度量获取关联规则的相关性，还有兴趣度、相关性等参数，使得所挖掘的规则更符合实质需求。

(2) 聚类分析(clustering)。聚类是把数据按照相似性归纳成若干类别并分类出来，同一类中的数据彼此相似，而不同类中的数据则相异。聚类分析可以建立宏观的概念，发布数据的分布模式，以及可能性的数据属性之间的相互关系。

(3) 分类(classification)。分类其实就是找出一个类别的概念进行描述，代表了数据的整体信息，并用描述来构造模型，一般是用规则或决策树模式表示出来。分类是利用数据集通过一定的算法而求得的分类规则。分类可被用于规则描述和数据预测。

(4) 预测(predication)。预测是利用历史数据找出变化规律、建立模型，并用该模型对未来数据的种类及特征进行预测。预测关心的是精确度和不确定性因素，通常用预测方差来度量较为适合。

(5) 时序模式(time-series pattern)。时序模式是通过时间序列搜索出的重复发生概率比较高的模式。与回归一样，它也是用已知的数据预测未来的数据值，但这些数据的区别是变量所处的时间不同。

(6) 偏差分析(deviation)。在偏差中包含有很多有用的知识。数据库中的数据存在很多异常情况，发现数据库中数据存在的异常情况是非常重要的。偏差检验的基本方法就是寻找观察结果与参照数据之间的差别。

2. 数据挖掘的主要对象

根据信息数据的存储格式，用于数据挖掘的对象有关系数据库、对象数据库、数据仓库、文本数据源、多媒体数据库、空间数据库、时态数据库、异质数据库以及网络等。

8.3.2 数据挖掘的主要过程

数据挖掘的主要过程分为定义问题、数据准备、数据挖掘、结果分析以及知识的运用五大步骤。

(1)定义问题。清晰地规划定义出业务问题，确定数据挖掘的目的。

(2)数据准备。在大型数据库和数据仓库目标中选择数据提取和数据挖掘的目标数据集，然后进行数据预处理，即数据再加工，包括检查数据的完整性及数据的一致性、去除噪声、填补丢失的区域、删除无效数据内容等。

(3)数据挖掘。根据数据功能的类型和数据的特点选择相应的数据算法，在净化和转换数据的过程中进行数据挖掘。

(4)结果分析。对数据挖掘的结果进行解释和做出评价，转换成为能够最终被用户理解和接受的知识。

(5)知识的运用。将所得到的知识集成到业务信息系统的组织结构中去分析。

8.3.3 数据挖掘的技术实现

在数据挖掘中需要使用各种算法和方法，常用的数据挖掘算法有决策树方法、神经网络方法、遗传算法、粗集方法、覆盖正例排斥反例方法、统计分析方法以及模糊集方法等。下面介绍两种针对城乡管理巡查轨迹数据和城乡建设从业人员社会网络数据进行数据挖掘的技术实现过程。

1. 面向情景感知计算的轨迹大数据挖掘

1)背景

随着互联网、传感网、物联网、云计算、移动计算技术的实现及应用，以及智能手机、车载移动终端等移动设备的普及，可以被人们访问和利用的数据呈爆炸式增长，包括：从Internet和Web的网页、图像及多媒体信息，到车联网、移动社交网络等新兴互联网应用数据；从静态感知基础设施（如移动网络、基站），到移动及可穿戴设备的数据。最重要的是典型应用产生的大数据具有情景信息与轨迹时空数据契合的特点。情景感知应用产生和积累了海量、动态、异构、无规律、分布在系统各处的情景信息，而轨迹数据研究的最终目的是回答"在何时(when)、何地(where)、时空对象(who 或 what)发生了什么样的变化(what)以及如何变化的(how)"，这与情景感知计算研究中的4w(who、when、where 和 what)非常契合。因此从时空特性角度，通过借鉴轨迹数据挖掘已有成果，研究情景感知应用中的海量数据具有重要的科学意义。

通过分析和挖掘情景感知设备，如车载GPS、手机、公共交通卡等多源移动终端提供的轨迹行为信息,可以对个体行为模式(如基于位置的服务、出租车异常轨迹检测、个性化旅游路线推荐)、群体及社会行为(如智慧交通,城市计算)进行预测和模拟。针对轨迹大数据的管理和挖掘,已经成为当前学术界的一个研究热点。

2)轨迹大数据挖掘体系架构

从时空特性角度研究情景感知应用中的海量轨迹数据,利用轨迹大数据预处理技术提取情景感知数据特征并对轨迹大数据进行降维分析;利用情景感知计算技术获取复杂情景信息并构建语义网络,设计新型时空索引结构,提升轨迹大数据管理性能;设计基于相似性的层级聚类算法发现时空轨迹聚集模式,进而挖掘轨迹时空交互规律;结合情景信息与时空数据的关联,利用高斯混合模型、卡尔曼滤波等机器学习方法预测最可能运动行为。面向情景感知计算的轨迹大数据挖掘体系可分为四个层次,如图8-4所示。

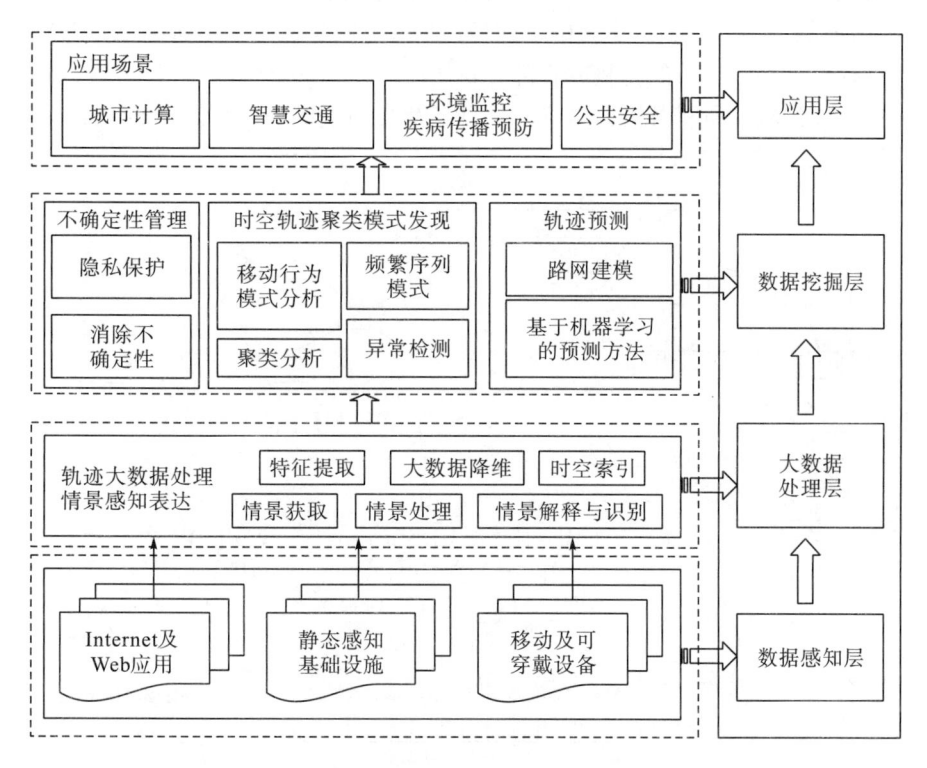

图8-4 面向情景感知计算的轨迹大数据挖掘体系架构

3)轨迹大数据的处理方法

轨迹大数据预处理主要包括三个关键步骤。

(1)情景感知数据特征提取。标准 GPS 数据包含时间、位置、状态和信号质量四类数据,可以从中获得包括用户情景和时间情景在内的初级情景信息;对于位置点之间的关系、用户当前活动、交通拥挤情况等高级社会情景，具体可采用SVM和关联规则分析等技术进行深层次抽取，构建轨迹时空语义交互网络。

(2) 轨迹大数据降维分析。对轨迹数据进行空间维度和时间维度的降维分析。对空间维度的降维分析，可通过分析路网中节点的介数(betweenness)，减少路网中的区域或减少边，从而抽取关键节点和路径。此外，还可采用主成分分析技术进行关键分量的分析，获得全局特征，从而实现进一步空间降维。对于时间尺度的降维分析，可设计找寻和量化移动对象的整体移动模式在各自时间片下显著差异的算法，进而实现精确的时间片划分，降低各时间段间的相似性。

(3) 混合时空索引结构。采用如图8-5所示的混合索引结构，索引移动对象历史、当前和未来轨迹信息，实现轨迹及位置点的高效查询。该索引结构是一种基于历史树和双层索引结构的DISC-tree：历史树采用四叉树索引移动对象历史轨迹点，DISC-tree索引移动对象现在和将来的位置信息。同时，随着时间的推移，将DISC-tree的内容过渡到历史树中。此外，为移动对象的各段轨迹建立双向链表，当要查找某一移动对象的完整或者部分轨迹时，只要找到一段，就可以依据前向、后向指针找到轨迹所有各段。这样既保证了历史轨迹的空间性，又实现了轨迹的连续性。

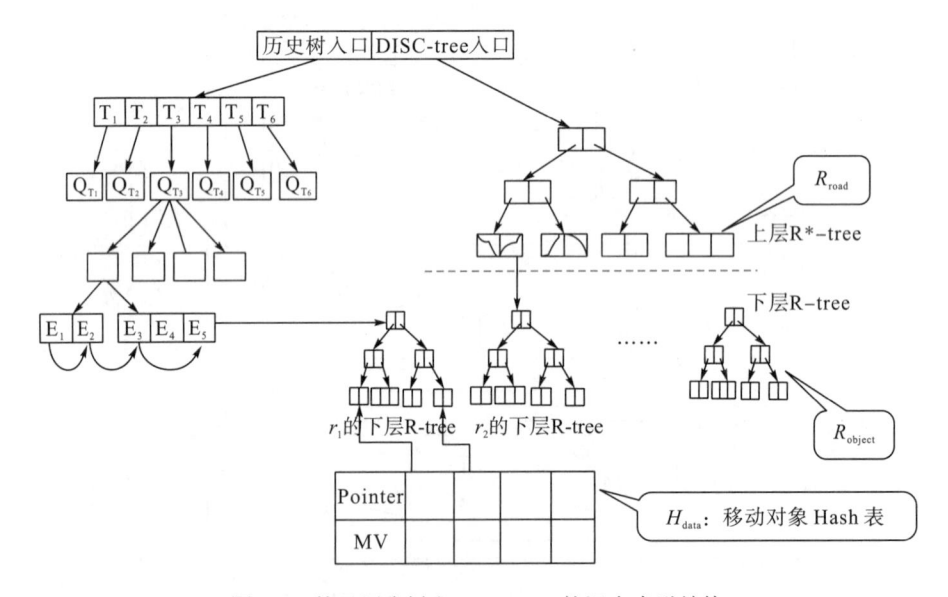

图8-5 基于历史树和DISC-tree的混合索引结构

注：T_1~T_6代表六棵树的根节点；Q_{T1}~Q_{T6}代表对应六棵树的叶子节点；E_1~E_5代表下层R-tree的叶子节点。

4) 融合情景信息的轨迹聚集模式发现方法

将轨迹大数据处理后抽取的初级和高级情景感知数据做恰当的转换，转换成与模型相符的形态，通过情景过滤技术把影响应用的情景信息筛选出来，构建数学模型对不同情境特征融合，量化表达它们之间的关联。利用兴趣点识别技术挖掘轨迹时空交互行为模式，构建用户&位置关联矩阵。

设计一种基于个体时空相似性度量方法对具有相似行为特征的轨迹聚类识别。算法利用用户&位置关联矩阵，基于个体位置、时间、环境特征、移动轨迹相似性的层次型聚类算法，自下而上地把较小的 cluster 合并聚集。聚类过程分为两个阶段：①局部匹配，将轨迹划分成不同基本单元，给定一个距离阈值 θ，如果两个基本单元之间的距离小于 θ，则认为基本单元匹配；②全局匹配，计算任意两条轨迹的基本单元集合中局部匹配轨迹点的数量，如果大于给定的数量阈值 ξ，则认为两条轨迹全局匹配。基于平移的最小 Hausdorff 距离的思想，不仅能比较两个基本单元的形状及其蕴含的运动规律，而且能够消除一定范围内基本比较单元的公共偏差，提高聚类准确性。

5) 复杂情景下时空轨迹预测模型

复杂情景下时空轨迹预测模型主要包括情景感知信息建模、轨迹热点区域挖掘及模型训练和学习预测过程，其技术路线如图 8-6 所示。下面将对轨迹预测的关键步骤做出详细的说明。

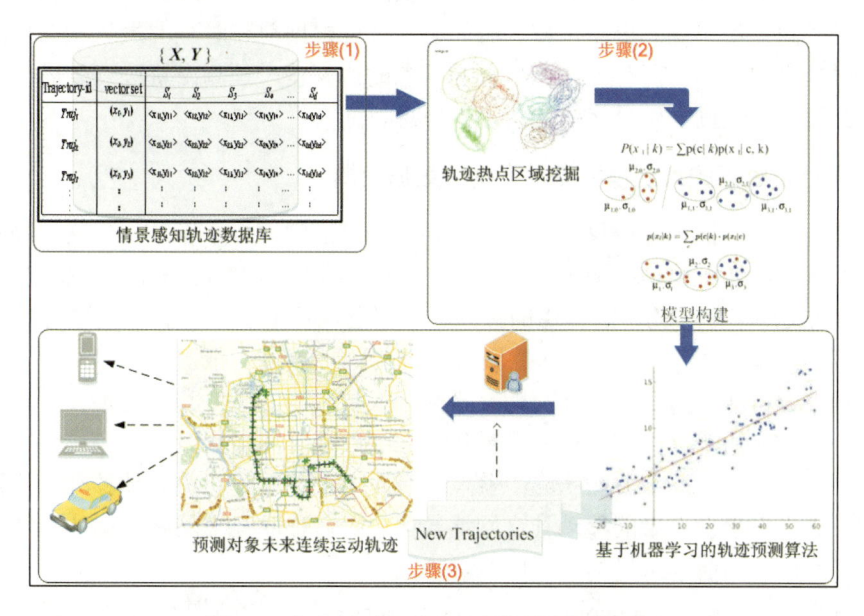

图 8-6 复杂情景下移动对象轨迹预测原理图

(1) 情景感知信息建模。利用关键值偶模型(key&value pair models)对时间和位置情景等简单情景信息建模，利用面向对象模型(object oriented models)对用户情景和社会情景等复杂情景信息建模，模型将每一种可能出现的情景因素组合映射为一种关于移动对象行为模式的状态，每一种状态信息能够充分反映动态情景的变化，与轨迹上不同位置点相对应，将移动对象的一条完整轨迹表示为一条包含复杂情景信息的状态链。

(2)轨迹热点区域挖掘。提出基于频繁轨迹模式的热点区域挖掘算法，算法的主要步骤包括：①通过挖掘轨迹数据计算各轨迹片段的访问频率，获取频繁轨迹模式进而构建轨迹热点区域；②对轨迹进行划分，计算落在热点区域内的片段构造的完整轨迹。通过轨迹热点区域挖掘出包含单一和多种运动特征的轨迹模式。

(3)模型训练和学习预测。结合情景感知信息，将单一运动模式利用高斯过程 GP 表示，而复杂场景中的多种运动模式利用高斯混合模型 GMM 建模。①针对稀疏离散的轨迹大数据，利用高斯混合模型对轨迹数据利用概率密度函数建模，通过 GMM 对训练轨迹数据进行聚类分析；然后，利用 EM 算法估计相应参数，依据符合正态分布数据的条件分布得到多个高斯分量的回归函数；最后，将回归函数加权混合完成轨迹回归预测。②对于密集复杂的轨迹大数据，利用卡尔曼滤波算法计算的高效性，通过系统的状态空间模型以及观测模型，同时以最小均方差为准则，利用前一时刻的估计值和现时刻的观测值来更新对状态变量的估计，进而对下一时刻的轨迹进行预测。在卡尔曼滤波周期过程中存在两个不同更新过程，分别是时间更新和观测更新过程。时间更新过程根据前一时刻的最优状态预测出当前时刻下的状态，同时更新当前预测状态的协方差。预测出轨迹点之后，需要用观测值来线性拟合出最优估计轨迹点信息。

2. 基于社群智能的大规模移动社交网络数据挖掘

随着智能手机、车载移动终端等移动便携设备的流行，以及传感网、物联网技术的普及，使用移动终端设备访问社交网络逐渐成为主流。利用车载 GPS、手机、公共交通卡等移动终端提供的行为轨迹信息，可以对个体行为模式(如旅游路线推荐)、群体及社会行为(如智慧城市)进行预测和模拟，或对基础设施等方案做出合理性分析和评估。移动社交网络带来了大量崭新的研究和应用机会，如位置服务、异常交通轨迹检测、出租车最优载客寻找及时间最优策略等。典型应用如 Facebook、Foursquare、Instagram、微信、移动 QQ 都是建立在具体移动功能需求上的，并且积累了海量的移动社交网络数据。针对移动社交网络数据的管理和挖掘，已经成为当前学术界的一个研究热点。

社群智能(social and community intelligence)是在社会计算、城市计算和现实世界挖掘等相关领域发展基础上提出的。社群智能侧重于智能信息挖掘，研究内容包括多数据源融合、分层次智能信息提取。目的在于从大量的数字脚印(digital footprints)中挖掘和理解个人与群体运动模式、大规模人类活动和城市动态规律，并将这些信息应用于各种创新性服务，包括社会关系管理、公共安全维护、人类健康改善、城市资源管理等各个方面。将社群智能技术应用于挖掘移动社交网络中积累的大规模数据是一个崭新的研究领域，具有重要的科学意义和应用前景。

基于社群智能的移动社交网络时空交互模式发现方法主要包含如下步骤。

(1) 利用数据库理论研究社群智能的多数据源融合技术，数据来源于互联网与万维网挖掘、静态传感器感知、移动及可穿戴计算。

(2) 采用 SVM 和 HMM 模型等技术将原始数据转换为个体时空交互语义情境信息，对不同的特征或情境信息进行集成，得到社群智能信息。

(3) 从社群智能库挖掘个体时空交互模式，构建用户&位置关联矩阵，基于 Hausdorff 距离计算 k 个连续时空点构成运动轨迹的相似度，并构建社会关系网。

(4) 对网络进行深度分析和挖掘个体社会行为，发现特定目标个体或社群的交互模式、社会交互的时空特性，以及信息、物质和行为传播的时空规律，最后可通过数据可视化和 GIS 等技术展示。具体算法流程如图 8-7 所示。

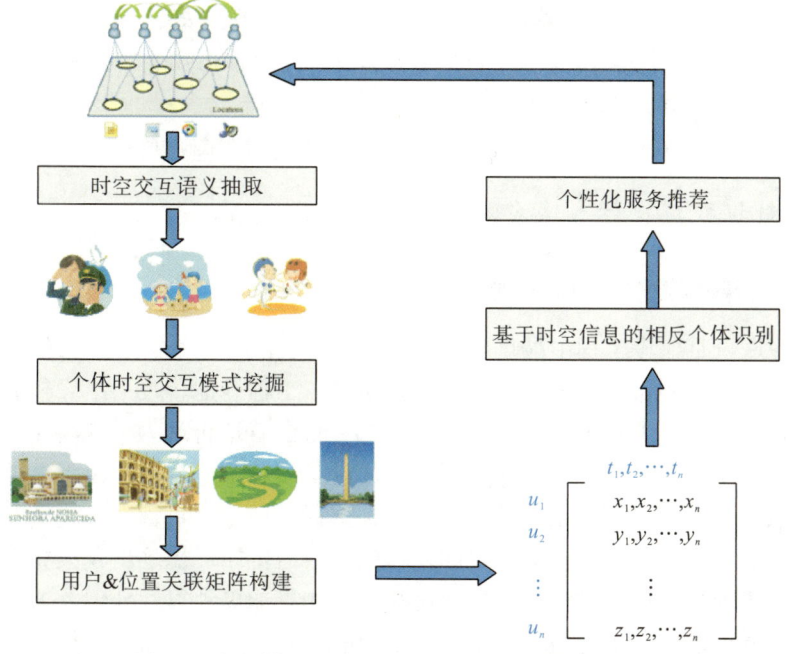

图 8-7　大规模移动社交时空交互模式发现算法流程

基于个体位置、环境特征、移动轨迹相似性的层次型聚类算法采用自下而上的方式将较小的 cluster 合并聚集，或者自上而下地将较大的 cluster 进行划分。簇之间的距离度量采用 average-linkage 或者编辑距离，即计算两个 cluster 各自数据点两两距离的平均值，最终实现对大规模移动社交网络节点的精准划分。具体方法如图 8-8 所示。

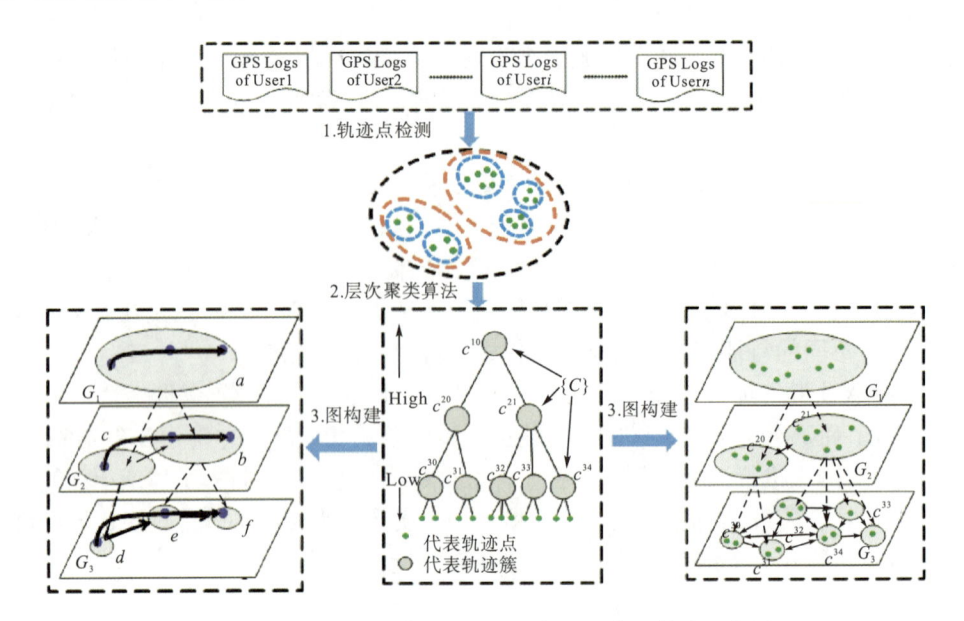

图 8-8　基于层次聚类的移动社交网络社区发现算法工作原理

注：G_1~G_1 分别表示三个聚类平面；a、b、c、d、e、f 分别表示 6 个不同的聚簇；C^{10} 表示第一层聚簇；C^{20}、C^{21} 表示第二层的 2 个聚簇；C^{30}、C^{31}、C^{32}、C^{33}、C^{34} 表示第三层的 5 个聚簇；C 表示由 C^{10}、C^{21}、C^{34} 三个子聚簇构成的新聚簇

8.3.4　数据挖掘在住房城乡建设领域的应用

1. 工程造价数据挖掘及大数据融合应用

工程造价是建设工程中最重要的行业之一，沉淀了海量的数据，在投资估算、设计概算、施工图预算、招投标、进度款结算、工程签证、竣工结算和造价评估等不同阶段都会产生若干数据。以四川省为例，目前省造价站为了提高监管效率，简化办事程序，对建设工程招标控制价、建设工程总承包合同、施工总承包、施工专业承包、劳务分包、工程勘察、设计、招标代理、项目管理、造价咨询合同和竣工结算文件实行网上备案，在此过程中，省造价站可以逐步收集和积累以上所有备案事项的工程计价文件数据，这些数据如果加以计算、处理、加工、挖掘和分析，就可以提取出有益于造价管理工作的信息，从而不断提升整个行业的竞争力和专业水平。工程造价数据挖掘及大数据融合应用的优势如下。

(1) 数据挖掘有助于工程造价全过程管控。工程造价的控制贯穿项目建设全过程，而在项目建设各阶段相应形成投资估算、设计概算、施工图预算、合同价、结算价及决算价。这些造价数据之间存在着前者控制后者、后者补充前者的关系。按照前者控制后者的制约关系，意味着投资估算对其后面的造价形成制约，只有通过科学的数据挖掘算法和可靠有价值的数据资料进行合理的价格估算，才能保证其他各个阶段的造价被控制在合理的范围内，使投资控制目标得以实现。

(2) 工程造价与大数据融合对后续建设项目具有指导性作用。工程造价本身就是一个动态的行业，数据信息变化无穷。数据挖掘成果只有在实际使用中实现互通和共享，才会具有生命力。大数据恰恰能将工程造价的巨量数据有效统筹起来，通过互联网将数据信息分享出去，从而使有用的数据在后续工程中得以应用，并指导后续工程向良性且优化的方向推进。

2. 数据挖掘在招投标活动中的应用

在传统的建筑行业管理中，囿于技术手段，建设工程项目管理是相对独立进行的，项目相关信息之间难以产生关联。随着互联网、物联网、移动互联网的发展，项目管理就可以打破彼此之间的壁垒，实现项目、技术、人员，甚至很多机会的关联利用。在建设工程招投标活动中，围绕工程标的会产生大量很有价值的信息。这些信息数据如果加以挖掘利用，会给招投标环节的管理带来巨大的参考价值。

首先，在招标文件(标底)编制阶段，标底(预算、控制价)是招标活动中的重要指标。准确编制工程预算对于工程项目招投标能否成功起着至关重要的作用。若对建筑材料价格、国家政策以及产业结构变化对人工成本的影响和气候因素等大数据在实际工作中加以合理的利用分析，对工程造价便可进行较为准确的预判。

其次，可以用数据挖掘算法分析招投标活动中的围标串标现象。通过对工程交易市场主体之间的关联度进行挖掘分析，可以为判断围标、串标行为提供一定程度的佐证。

最后，通过数据挖掘可以为项目责任主体评价体系的建立提供数据参考。利用数据挖掘技术对中标单位参与人员和实际参与项目人员进行分析比对查重，可对责任主体进行客观公正的评价。

3. 数据挖掘在企业信用体系建设中的应用

通过大数据技术对企业信用数据进行动态收集，利用数据挖掘技术对企业各类信息数据进行计算和分析，能对企业进行客观信用评价，为政府对企业实行监管提供重要的参考依据。

(1) 企业信用监测预警。通过对企业的注册信息、行政许可信息、行政处罚信息、公开公示信息、客户满意度调查信息以及企业在从事建筑业活动过程中的行为信息等进行监测和挖掘分析，及时发现企业异常行为，对可能导致重大失信风险的异常行为进行预警，提前对风险企业进行相应处置。

(2) 企业信用制度建设完善。利用大数据技术动态收集汇总各类企业信用法律案件，进行数据挖掘分析后，找出现有信用管理体系的空白和不足之处，为企业信用管理的相关规定和制度的完善提供参考和依据。

4. 数据挖掘促进建筑行业政府监管模式的创新

基于工程项目全环节管理中产生的建筑行业从业企业数据、从业人员数据、招投标备案数据、工程设计审查数据、施工许可数据、设备数据、工程造价数据、企业信用数据等，通过对其进行挖掘分析以及共享，会大大促进建筑行业政府监管模式的创新。

(1) 数据挖掘在建筑工人实名制及智慧工地的应用。应用物联网技术对建筑工程材料实行唯一标识监管，实现全过程动态跟踪和数据采集，对每个工程的材料台账进行数据挖掘分析，跟踪质量情况；应用二代身份证、指纹、人像自动比对、RFID 芯片等技术对项目关键人员以及建筑工人实行唯一标识监管，实现施工现场人员实名制管理；通过智慧工地的视频监控、扬尘监测功能，远程监控施工现场的安全、环境和工程进度。

(2) 数据挖掘和分析对政府决策的影响。通过数据挖掘算法对新增企业及其构成情况、企业生存状态、企业发展趋势等进行分析，为政府和相关部门优化产业结构、精准运用帮扶政策、评估和制定经济发展政策效果提供重要的参考依据，便于政府部门做宏观决策以及经济预测，并可以有效检验政府的各类政策在市场中的适用性，让政府的数据真正为政府决策服务，发挥出其"钻石矿"的价值。

8.4　数据可视化

四川省通过开展住建行业大数据分析和应用研究，逐步形成了一些初步的数据可视化研究和开发成果，开始在省域城乡规划和住建行业管理中起到辅助决策作用。

8.4.1　通过现状分析掌握建筑行业发展情况

通过对全省各年度施工总承包、专业承包工程的结算收入、实现利润、实现税金及同比增长率进行统计和分析，对全省各年度建筑业企业签订合同额及同比增长率进行统计分析，对全省各年度的开工企业数量、所占比例及提高率进行统计分析，对全省各年度亏损企业数量、应收工程款、竣工工程应收工程款、占主营收入比例以及同比增长情况进行统计分析，形成多年的产值对比图。多年产值对比图有助于掌握全省各地市州建筑行业发展的情况，为全省行业发展政策制定提供帮助，如图 8-9 所示。

第 8 章　住房城乡建设大数据

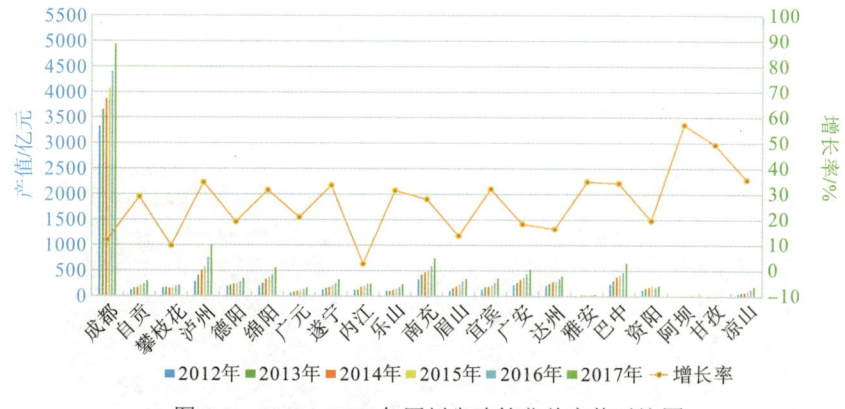

图 8-9　2012～2017 年四川省建筑业总产值对比图

通过对全省建筑业企业资质等级数据、企业数量增长数据进行分析，形成资质等级构成比例图、全省建筑企业增长趋势图，从而可从宏观上掌握省域内建筑行业的分布情况，结合各类资质的经营范围对全省的建筑业行业结构进行分析，对主管部门制定产业结构调整政策非常有帮助，如图 8-10 和图 8-11 所示。

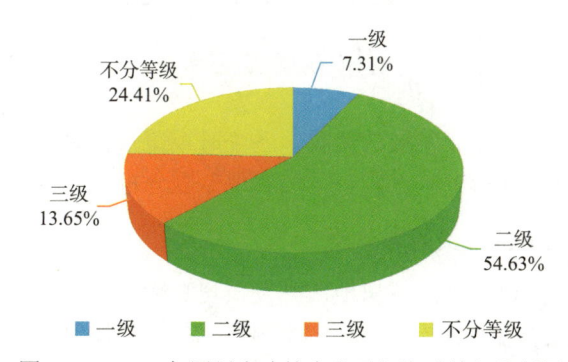

图 8-10　2017 年四川省建筑企业承包资质等级比例图

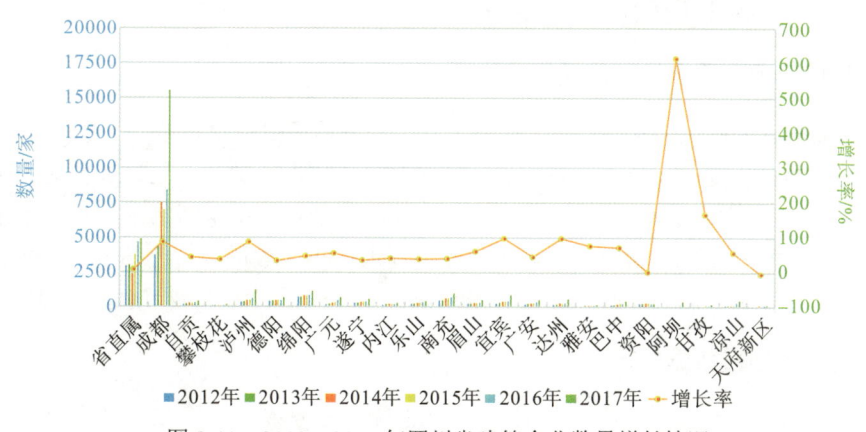

图 8-11　2012～2017 年四川省建筑企业数量增长情况

开发四川省建筑市场监管综合监测平台，对全省建筑业产值、企业分布、资质构成等各项指标进行综合性监控，有利于主管部门及时掌握省域内建筑市场发展情况，如图 8-12 所示。

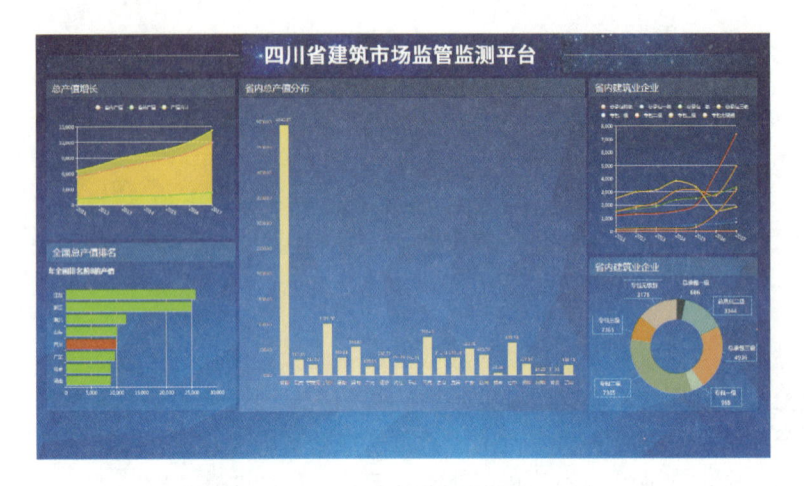

图 8-12　四川省建筑市场监管监测平台

8.4.2　通过专题分析掌控行业重点监督区域

随着社会的发展与行业发展的需要，各个时期重点监督的区域有所不同，四川省根据业务需要，逐步对重点监督区域实现专题分析。

1. 住建领域及重大项目投资数据分析

该类数据分析主要包含：①房地产开发投资总额、城乡市政基础设施投资总额、占全省固定资产总投资的比例、占全年目标任务的比例、同比变化情况、全国和中部地区排名情况；②生态保护与修复项目、新型城镇化项目、富美乡村项目、棚户区改造项目的总投资额和总项目数等。

2. 以环境治理为重点的项目数据分析

该类数据分析主要包含：①全省乡镇污水处理项目概算总投资、日处理总规模、设计主管网总长度；②全省城乡垃圾中转站数量、垃圾场数量、垃圾处理能力及运行状况、配置机动收运车数量、配备保洁员数量；③全省城市生活污水处理厂数量、总设计处理能力及运行状况；④全省完成黑臭水体整治数量及占比情况；⑤全省建成地下综合管廊廊体公里数，完成投资总额；⑥开工建设海绵城市总面积等。

3. 住房保障项目数据分析

该类数据分析主要包含：①棚户区改造目标任务数、开工数、开工率、完成投资额；②政府投资公租房总套数、已分配套数、分配率等。

4. 房地产市场监管数据分析

该类数据分析主要包含：①房地产业实现地税收入总额及同比变化情况、房地产业实现地税收入占地税总收入的比例及同比变化情况；②全省商品住房销售面积、销售额、销售均价及同比变化情况；③全省商品住房库存总量、平均消化周期及同比变化情况等。

5. 住房公积金数据分析

该类数据分析主要包含全省新增归集住房公积金总额、住房公积金提取额、新增个人住房公积金贷款额、全省平均个贷率及同比变化情况和完成目标情况等数据。

6. 建筑业发展数据分析

该类数据分析主要包含：①建筑业总产值、新签合同额、建筑业现价增速情况、同比变化情况、全国和中部地区排名情况；②全省工程建设领域对外新签合同额、对外完成营业额及同比变化情况、全国和中部地区排名情况；③统计入库企业占全省建筑企业总数的比重情况；④开工建设装配式建筑面积数量及变化情况；⑤全省获绿色建筑评价标识数量、建筑面积、同比变化情况和占年度计划比例；⑥通过施工图审查的绿色建筑省级认定项目数量、建筑面积和同比变化情况等。

7. 建造师的分布数据分析

该类数据分析通过对每年全省注册建造师人员类型分布情况进行分析，再结合建筑市场行业和项目发展趋势，有助于掌握行业内人员的就业、发展等情况，指导开展从业人员的职业教育工作，如图 8-13 所示。

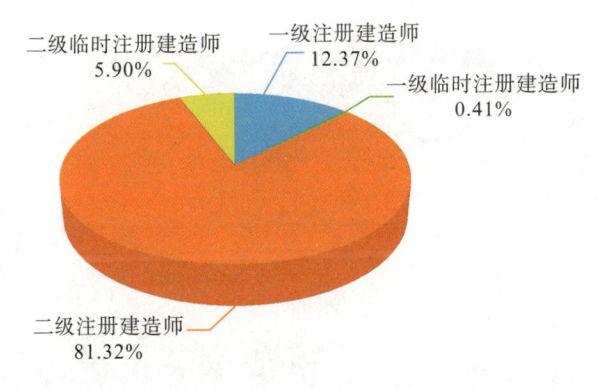

图 8-13　2016 年全省注册建造师分布比例图

8. 城镇污水、城乡垃圾处理设施三年推进工作专题分析

对全省城镇污水、城乡垃圾处理设施三推项目的投资、建设情况、月报数据

进行综合分析和监控,有助于主管部门及时掌握全省项目建设进度、资金进度等,如图 8-14 所示。

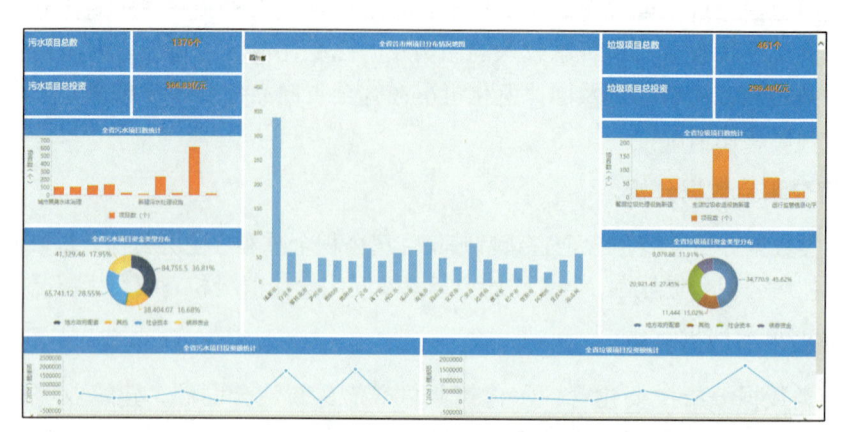

图 8-14　城镇污水、城乡垃圾处理设施三年推进工作专题分析图

8.4.3　通过全域分析监控行业宏观经济数据状况

1. 企业活跃程度分析

统计各年度每个建筑企业参与工程项目的数量、合同金额、新增资质数量、人员变更数量,对企业统计数据进行活跃度打分,并按企业活跃程度进行分级和排名;对各年度各级活跃企业的数量、比例、完成产值、产值比例、增长率进行统计分析。

通过大屏的展示,可监控建筑行业企业的市场行为以及掌握企业川内的活跃程度,如图 8-15 所示。

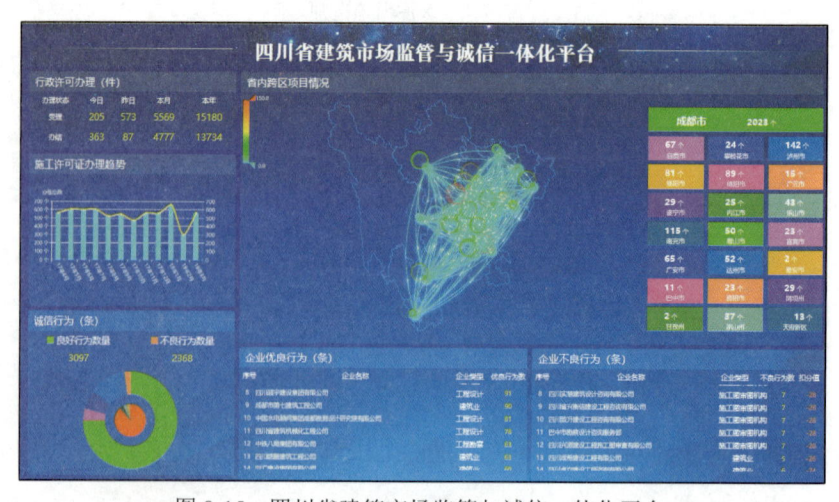

图 8-15　四川省建筑市场监管与诚信一体化平台

2. 对外市场开拓分析

统计全省各年度建筑业企业的跨省产值、所占比例、新增产值及同比增长率，统计分析年产值超过 100 亿元的省外地区及所占产值比例，统计和分析跨省完成建筑业总产值排名前几位的各市州产值以及占全省总产值、占跨省总产值的比例。通过对比四川省建筑企业省外总产值情况，分析省内企业出川产值情况，如图 8-16 所示。

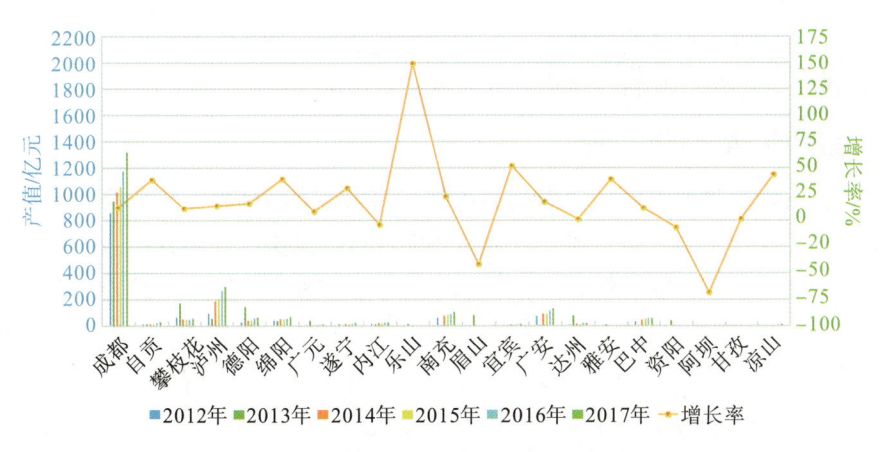

图 8-16　2012~2017 年四川省建筑业企业省外总产值对比情况

分析省外入川企业的分布情况如图 8-17 所示。

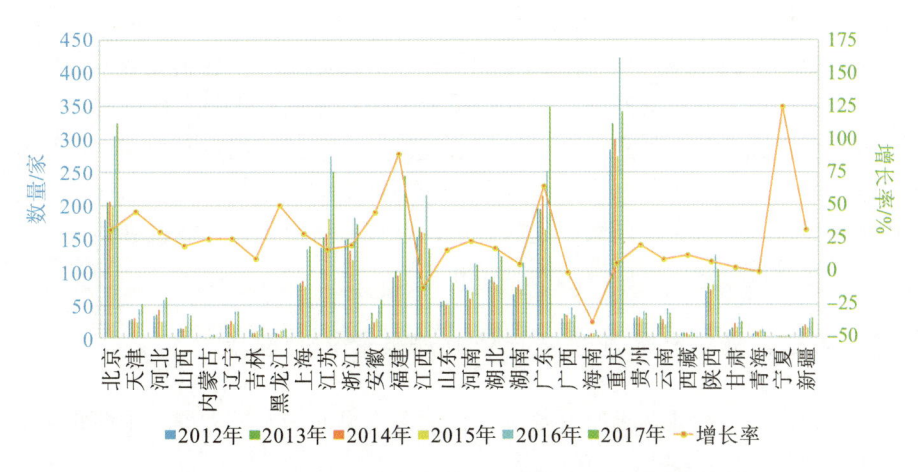

图 8-17　2012~2017 年省外入川建筑业企业数量对比图

8.4.4 通过趋势分析推进建筑市场的健康发展

1. 从业人员增长分析

统计和分析全省各年度建筑市场各类从业人员的数量、增长数量、增长率，统计各类从业人员的比例分布，分析建筑市场人才的发展情况。

2. 企业资质与人员对比分析

对比全省各年度各类建筑企业资质的增长数量、增长率与所对应从业人员的增长数量、增长率，分析建筑市场人才缺口和需求趋势。

3. 工程质量和安全分析

统计全省各年度受监工程项目的数量、面积，并按住宅工程、公共建筑、竣工工程、工程竣工验收备案对项目数量和面积进行分类统计和分析；统计工程质量监督的到位率、工程质量合格率、重大责任事故数量；统计全省各年度房屋建筑和市政工程的安全事故数量、较大事故数量、死亡人数，并对安全事故和死亡人数进行预警分析。

4. 建筑市场发展情况预警分析

统计全省各年度各市州建筑业总产值、建筑业现价及竣工产值的增幅情况，对增幅出现回落的区域和经济指标进行预警；统计全省一级以下建筑企业总数、所占比例、完成产值及所占比例，并对企业数量、完成产值及所占比例进行预警分析。

统计成都市的完成产值、建筑企业数量、一级施工总承包企业数量、一级专业承包企业数量，并对其产值、企业数量所占全省总量的比例进行预警分析。

统计全省施工总承包企业主项为房屋建筑、市政工程的资质数量、产值和所占比例，并与公路、水利、铁路、电力、通信等专业资质数量和产值比例进行比对和预警分析。综合各专题数据趋势分析，掌握省域内住建行业发展情况，推动各类促进建筑市场健康发展政策的制定和落地。

8.4.5 通过数据融合促进建筑行业政府监管模式创新

融合统计建筑行业各类监管数据，通过系统桌面、专题大屏、电子报表等多种方式进行监管，如图 8-18 所示。

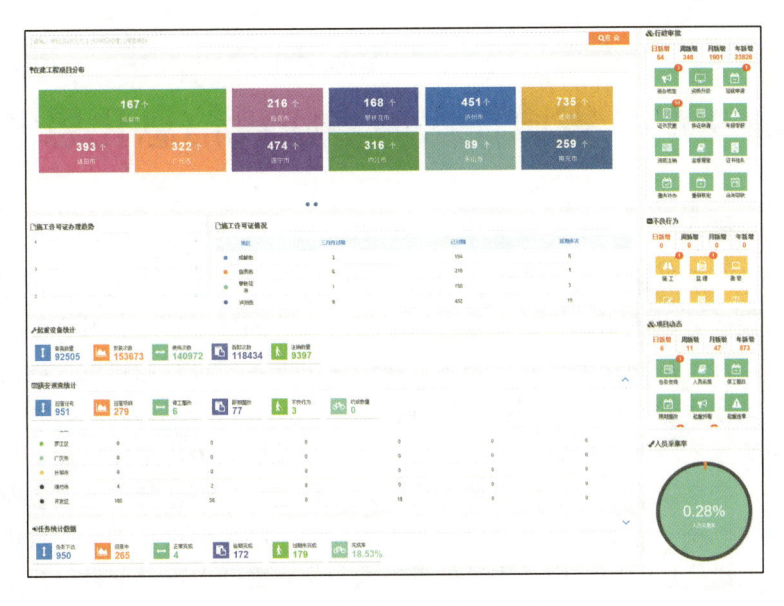

图 8-18 建筑行业监管数据展示

根据企业、项目、人员等业务办理情况，宏观掌控企业、人员办理过程。通过办理流量，分析服务方式，从而制定相应服务程序以提高服务质量，如图 8-19 所示。

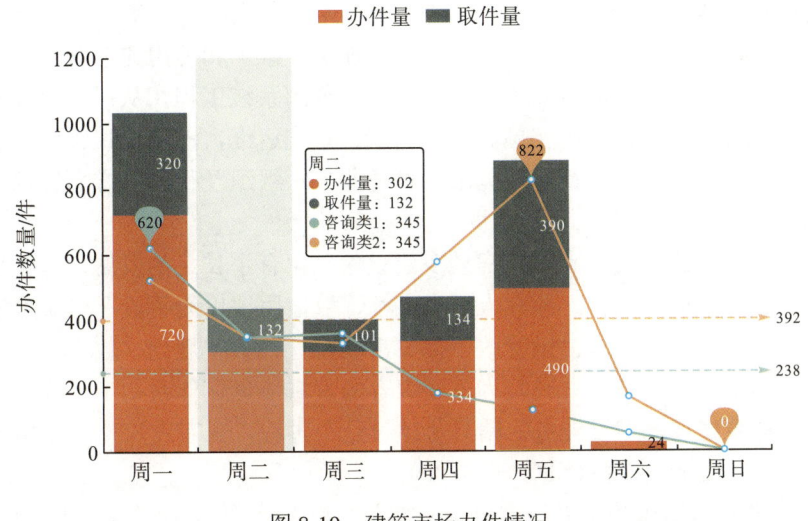

图 8-19 建筑市场办件情况

通过分析企业、人员办事动态，掌握企业市场行为，提供相应策略服务、监管模式的创新机制，提高部门行业职能。

第9章 省域住房城乡建设信息化思考

新一轮信息技术革命为我国住房城乡建设行业转型升级带来了新机遇。无处不在的惠民服务、透明高效的在线政府、精准细致的城市管理、融合创新的数字经济以及运行可靠的安全体系，预示着我国住房城乡建设行业将进入以信息技术大应用、大融合为基础，以创新、协调、绿色、开放、共享为理念的新常态。新形势下的省域住房城乡建设行业信息化，要紧贴发展大势，聚焦重点工作，坚持规划先行，严格顶层设计，注重业务协同，强化信息共享，突出建设效能，加强安全保障，以统一标准和统一平台为基础，以网上办事促进基础数据收集，以信息化服务推进信息系统应用，推进信息技术与住建事业发展深度融合，实现住房城乡建设领域信息化跨越式发展。

9.1 系统开发向深化应用发展

信息化建设是指为了管理的提升而进行的一系列软硬件系统的搭建、推广、应用与维护升级等工作。管理信息系统(MIS)是一个由人、计算机及其他外围设备等组成的能进行信息收集、传递、存储、加工、维护和使用的系统。管理信息系统开发是信息化建设的重要内容，是一项复杂的系统工程，从可行性分析、系统分析、系统设计，到系统实施、系统调试、系统运维，涉及知识领域广泛，涉及单位部门众多，需要在计算机技术、管理业务、组织及行为等方面提供各类信息技术支持。

经过这些年的建设，省域住房城乡建设信息化有了长足的发展，以工程项目为主线、从业企业为主体、从业人员为支撑、以信用评价为手段、以质量安全为重点、以惠民服务为根本，以行政审批、市场监管、数字规划、数字房产、数字城管、智慧工地、自动化办公等为主要内容的省域信息化体系初步形成，基本涵盖了住房城乡建设的主要业务。信息化建设是个过程，只有在深化应用中才能发现问题、完善功能、聚集数据、创造价值。

(1)深化行政审批信息系统应用。贯彻落实《国务院办公厅关于印发"互联网+政务服务"技术体系建设指南的通知》要求，健全网上身份认证机制，推进数字证书和电子印章等安全认证技术应用，充分整合网上办事大厅、移动客户端、自助终端等不同渠道的用户认证，做到一次认证、多点服务，实现申报审批"一网通"、办理流程全公开、行政审批电子化，服务质量上台阶，群众足不出户就可以办理行政许可和公共服务事项，让群众按键，数据跑路。

(2) 深化数字房产平台应用。建立省域统一的数字房产数据格式、数据标准和采集方式，确保房产数据质量，精准集聚省域商品房、二手房的成交量、成交面积、成交价、交易金额、交易面积等数据，保证数据的真实性和完整性，把握商品房成交均价走势，设置商品房成交价预警，为房地产市场平稳健康发展提供信息化支撑。拓展省域数字房产平台功能，完善新建商品房预售资金、存量房交易资金、住宅专项维修资金等管理信息系统，降低房屋交易风险，保障群众权益；完善房产测绘成果管理信息系统，有效保护和充分利用房屋测绘资源，精准统计房产数据；完善住房保障管理信息系统建设，实现保障性住房规划、建设和分配的动态化管理。健全省域数字房产平台应用考核机制，推进省域数字房产平台有效运行。

(3) 深化数字城管平台应用。建立省域数字化城市管理平台数据交换接口规范，确保数字城管数据规范统一。制定《省域数字化城市管理系统部件事件分类、编码规范》，明晰省域数字城管问题分类。推进数字化城管模式向县(区、市)延伸，整合形成县级数字化城市管理平台。推广城市管理巡查、投诉、执法、监督、指挥等"全移动"工作模式，实现城市管理问题快捷化、一站式、全流程办理。推进数字城管向智慧城管升级，形成集感知、分析、服务、指挥、监察为一体的智慧城管新模式。建立省域数字化城市管理工作考核评价体系，通过多渠道的问题发现手段和全方位的考核评价措施，实现城市管理高位监督、数字城管平台高效运行。

(4) 深化省域建筑市场和诚信一体化平台应用。省域从业企业诚信信息采集，企业业绩申报，工程建设项目的招标投标、合同备案、工程勘察、工程设计、施工图审查、施工许可办理、质量安全监督、竣工验收备案等法定程序的主要环节业务，都应在省域建筑市场和诚信一体化平台办理，实现工程项目建设各环节数据与从业企业、从业人员信息互通共享。

(5) 深化办公自动化平台应用。推进网上办公平台向县级主管部门延伸应用，开展移动互联网、手持智能终端等技术在办公自动化中的应用，形成省域住建系统移动办公新模式，提高行政效能。推进县级视频会议系统建设，逐步建成省、市、县互联互通的住房城乡建设视频会议系统，降低行政成本，推动住房和城乡建设事业高质量发展。

9.2 传统技术向前沿技术发展

随着云计算、大数据、物联网、视联网、移动互联网等现代信息技术的广泛应用，多维立体信息化体系的快速发展，各类组织机构运营、管理和组织模式的重构，跨界联盟、异业结合等各种新型经济形态的不断涌现，信息技术应用的领域、范围和方式的剧烈变化，传统的管理信息系统已无法满足多维度监督、管理、分析、决策的需要，省域信息化建设要不失时机地向技术融合发展。要紧跟发展大势，把管理信息系统与地理信息、三维建模、卫星导航、视频监控、物联网、生物识别、移动互联网等现代信息技术高度融合，克服管理信息系统的局限性，不断提高行业信息化水平和质量。

共享"天地图"地理信息数据，建设省域住房和城乡建设地理信息服务平台，为工程项目、从业企业、城乡规划、城乡管理、地下管线等管理对象的空间定位、分析、展示提供地图服务支撑。整合省域三维地下管线空间数据，建设省域城镇地下管线综合管理信息平台，实现地上地下监管一体化，全面提升城镇地下管线精细化管理水平。应用北斗卫星导航系统高精度定位技术，建设省域质量安全监测管理平台，为建筑物沉降监测、位移监测、房屋鉴定与监测、施工管理、工程机械安全控制等提供信息技术保障。通过建筑塔吊安全智能监控、施工现场视频监控、扬尘噪声监测以及生物识别身份验证等物联网技术应用，实现现场信息与市场信息对接。通过各种监控传感设备提供的监测信息，实现管理手段从被动监管向主动监管，由事前监管向事中、事后监管和过程监管转变，为落实各方责任主体责任、规范各责任主体行为、提高监督人员对项目的管理能力提供信息化支持。调用城乡管理、施工现场、风景名胜区等视频资源和起重设备、扬尘噪声监控等物联网资源，实现对省域城乡环境、施工现场、风景名胜区的在线监管。应用移动互联网技术，建设省域质量安全监督移动执法平台，实现监督执法人员在建筑施工现场上报监督信息，当场打印、发放和确认执法处罚，并实现与管理信息系统互联互通，实时为主管部门及相关单位提供建筑施工现场动态信息。应用生物识别技术，开发施工人员实名认证平台，实现出入施工现场人员的识别和登记，强化对施工现场各岗位人员的管理服务，解决"非法转包""甩手掌柜"等问题。

以物联网、移动通信、智能视频等技术为手段，开发建设省域工程项目管理信息系统，实施对项目现场的质量、安全和文明施工等情况的有效监管，实现对塔吊和施工电梯运行状态、深基坑位移、高支模变形等的实时监控，一旦超过设定的安全阈值，自动通知责任主体相关人员，并抄送当地主管部门监管；对施工现场人员进行实名制管理，记录项目管理人员到岗履职、建筑工人出勤等情况，提升施工现场监管水平；对施工现场扬尘噪声进行实时连续监测，超出阈值进行报警，减少和降低噪声扰民、扬尘污染环境；对混凝土搅拌、建筑材料检测设备进行在线检测，检查直接上报的真实数据是否符合质量要求，从源头保证建筑质量。

应用空间信息技术和移动互联网技术，开发建设农村住房建设管理信息系统，实现对危房改造、易地扶贫搬迁、地质灾害搬迁、水库移民避险解困、重大工程建设搬迁等农房建设的信息化管理，实现对农房建设管理情况的有效监管，准确掌握农村住房建设进展与动态。通过对农村住房数据重叠、多头申报、一户多报、政策重复享受等问题的比对和抓取，实现对农房建设管理、财政资金使用等情况的精准分析。

9.3 数据采集向挖掘分析发展

数据（data）是事实或观察的结果，是对客观事物的逻辑归纳，是用于表示客观事物的未经加工的原始素材，是信息的表现形式和载体，在计算机系统中以二进制信息单元 0 或 1 的形式表示。数据是最具生命力和延续性的资源和财富，它可以说明过去，也可以驱动现在，更可以决定未来。缺少数据资源，无以谈产业；缺少数据思维，无以言未来。数据是信息化建设中最重要、最核心的内容之一。数据采集是数据应用的基础，它只有在业务办理过程中产生才有生命力，只有在信息系统有效运行中才能集聚，只有在深度挖掘关联分析中才能凸显价值、实现价值。数据挖掘和关联分析是数据集聚的目的，是数据应用的关键。

（1）做好数据集聚。省级住建信息化部门要把各类数据的采集、清洗、整合、加工、应用等作为信息化建设的重要工作来做，明晰数据生产、加工、管理和服务的清晰链条，实现数据采集、组织、分类、保存、发布与使用等环节的标准化、规范化。在数据集聚中，要坚持数据采集与网上办事紧密结合，保证数据的全面性；坚持数据核准与行政审批紧密结合，保证数据的真实性；坚持数据完善与市场监管紧密结合，保证数据的动态性；坚持数据应用与项目建设紧密结合，保证数据的关联性。要扎实做好从集聚数据到激活数据、从挖掘数据到分析数据等工作。

（2）完善基础数据库。建设省域空间地理、城乡规划、建筑业、房地产业、城乡管理、工程建设等基础数据库。完善省域从业企业、从业人员、工程项目、城乡管理、市场行为和公共资源数据库，并把从业主体市场行为、工程项目法定环节、房地产产权产籍、质量安全监督、城乡规划成果、行业统计等信息纳入基础数据库，实施统一存储和集中管理，建设省域住房和城乡建设数据存储、分析和处理中心，形成面向辅助决策的智能分析数据仓库。

（3）建立共享交换平台。按照"多种来源、分布构建、集中协调、统一服务"的原则，实现省域数据采集、汇总、分发和转换的智能化，实时按需存取数据和有效访问，实现省域住房和城乡建设系统各级主管部门之间、住房和城乡建设部与省级相关厅局之间的数据共享，为合法授权的部门和系统提供数据接口，满足数据交换、汇总、分发、更新通知等功能要求，实现数据共享与交换。

（4）建立数据分析模型。应用数理统计、数学建模、统计学原理、决策分析等理论和工具，建立省域城乡规划、建筑市场、房地产市场、城乡管理、历史文化名城(镇)和风景名胜区保护等数据模型,以基础数据为信息源,深入挖掘和分析基础数据,获取隐藏在业务数据中的规律,从规律中多维度分析住房和城乡建设现状和发展趋势,有效应用基础数据,为领导和主管部门实施决策提供方向和依据,建立用数据说话、用数据管理、用数据决策、用数据创新的住房和城乡建设管理新机制。

9.4 功能实现向安全运行发展

在信息化建设中,管理信息系统功能的实现往往是人们关注的重点,而其安全运行则容易被忽视。在信息化起步阶段,由于信息资源少、用户数量小、业务连续性要求低,其危害可能不易呈现。但是,随着信息化建设进程的推进、应用信息系统的不断扩展、用户规模的快速扩张、信息资源价值的迅速提升、业务连续性要求的提高和大数据时代的到来,这种观念如不及时克服,将会带来难以弥补的损失。省域住房和城乡建设信息化要大力推进由功能实现向安全运行发展。一方面要使用安全、可靠、稳定、健壮的软件,支撑高并发用户数,支持大数据量运算,抵御非法入侵,保障持续稳定运行;另一方面要建立完善的网络系统安全体系,完备网络系统安全措施,把信息安全融入信息化建设的全过程,通过主/被动防御体系相互联动,以"人+技术+管理"的全面防护,确保安全对象的保密性、完整性、可用性、可控性和不可否认性,形成攻防兼备、健壮可靠的信息化体系。

信息安全的实质是保护信息系统和信息资源免受各种类型的威胁、干扰和破坏。为了保证系统安全运行,要在各信息系统满足业务功能要求的基础上,开展网络层面、应用层面、数据层面的安全防护,形成各层级间、各安全策略间统一协作、统一防护的信息平台,实现内部系统与外部的安全访问。要在保证系统开发代码安全性、强健性的基础上,部署专业的WEB安全防护系统,强化业务系统的安全性,构建四维度保障体系(客户视角、WEB应用安全防护、WEB应用安全运维、App站点的防护),针对具体业务系统要求,对部署服务器进行本地化安全策略配置,限制高风险以及非法操作。要采用CA数字证书、电子印章等第三方认证加密技术,确保合法用户的身份识别有效性、系统操作合法性和数据存档的安全性。

在数据大集中趋势下,数据是用户信息的核心资产,数据安全是信息安全的高地,任何防护上的疏漏都将会导致不可估量的损失。要通过数据容灾系统建设,确保省域住房城乡建设数据的可用性、业务连续性、健壮性。针对省域平台数据与应用特性,按照不同保护级别将其分为本地备份、高可用性、异地互为备份三个保护层级,分别采用备份一体化系统、数据双活容灾体系、本地机房与异地机房远程互备体系的解决方案，各层级相对独立，形成严密的保护网，确保数据的完整性、一致性、可用性及业务的连续性。建立一体化虚拟平台，让整个平台基础架构拥有较高的性能和较灵活的扩展特性，灵活适应未来的业务扩展。

9.5 服务当前向支撑未来发展

住房和城乡建设信息化服务范围广泛，信息资源丰富，业务流程复杂，业务协同难度较大，需要有序推进，持续建设。省域住房和城乡建设信息化要在服务当前业务需求上做工作，在支撑未来发展上搞建设。住房和城乡建设事业发展到哪里，信息化就服务支撑到哪里。

(1) 建设省域公共服务与应用信息化体系。以公共服务需求为导向，构建服务资源、服务对象、服务入口统一，服务形式多样的省域公共服务体系，为公众提供"一站式"服务，为管理人员提供综合办公桌面，为领导提供辅助决策服务平台。建设面向服务对象的省域综合服务平台，以门户网站群和办事大厅为基础，以服务对象为中心，覆盖住房城乡建设业务，实现行政许可和公共服务事项跨地区办理和就近办理。建设面向管理人员的省域综合办公平台，无缝衔接省域各级主管部门的办公系统和业务系统，一次登录全方位应用，业务办理和公文流转有机结合。开展移动办公，创新审批方式和工作流程，减少审批流转时间和审批环节，形成便民高效的省域业务协同模式。建设面向领导的省域决策支持平台，基于信息资源和业务系统，运用决策分析模型，深度挖掘和量化分析业务数据，图形化、报表化展示分析结果，辅助各级领导决策。

(2) 建设省域城乡规划建设管理遥感监测信息化体系。以卫星遥感技术为基础，融合移动互联网、云计算处理、大数据分析、数据挖掘、机器学习等技术，建设集数据采集、数据处理、数据生产、数据分析、数据共享、长效监督、协同执法、辅助决策、综合展示于一体的省域住房城乡规划建设管理遥感监测信息平台，归集全省市级以上城市总体规划、详细规划、地形图、专题图、卫星影像等数据，形成省域住房和城乡规划建设"空间大数据"。建立省域规划成果管理、监督执法全周期联动等机制，对省域规划期限内的建设用地范围、重大功能分区实施、村镇建设、工程项目建设、风景名胜区保护等进行遥感监测，及时发现违法违规行为，实现省域规划成果的自动聚集、系统管理，以及城乡规划建设的宏观、精准、高时效、可视化监管，形成"天上看、地上查、网上管"的信息化新格局，全面提升省域城乡规划建设管理信息化水平。

(3) 建设省域工程建设全生命周期管理信息化体系。深化房屋建筑和市政基础设施工程全程信息化管理，以工程质量为核心，以统一的项目编码为标识，建设覆盖工程项目全生命周期的管理信息平台，涵盖工程项目立项、初步设计、施工图审查、承发包、质量安全管理、竣工验收等工程建设全过程信息化管理。应用物联网技术，实现对建筑材料进行唯一标识和智能识别，并完善材料属性，对建筑材料的生产、销售、运输、使用等环节进行全过程记录和管理。利用地理空间信息技术和虚拟仿真技术，实现对工程建设项目基本信息、规划信息、设计信息、企业信息、人员信息和市场监管信息等的可视化查询。运用三维建模和BIM技术，建立用于进行虚拟施工和施工过程控制、成本控制的施工模型，形成施工控制的虚拟仿真环境，严格管理施工过程档案，确保问题可追溯、责任可绑定。建设BIM技术应用信息平台，推进BIM技术在规划、勘察、设计、施工和运营维护的集成应用，实现工程建设项目全生命周期的数据共享和信息化管理，提升项目管理、设计、施工、工程咨询服务等方面的智慧化水平，提高工程项目建设过程的优化和集成效益，实现建造数字化。

(4) 建设省域房屋全生命周期公共服务信息化体系。以房屋权属为核心，全面整合优化房地产项目管理、房产测绘、市场交易、物业管理、住房保障、房屋安全、房屋修缮管理、建筑节能、住房补贴管理等系统，建设涵盖项目开发、建筑材料、施工建设、买卖销售等环节的房屋全生命周期管理与信息服务平台，实现对房屋信息的精准动态掌握，创新房屋精细化管理模式。完善房屋验收、房屋预售、房屋质量、市场秩序等方面的信息化管理，为房屋管理顺畅到位、行政事务执行快捷高效提供信息化支撑。依托地理空间信息技术，加入三维房屋空间数据和业务图层，将房屋和土地的空间位置、拓扑关系、房屋属性等信息进行有效整合，实现任意地理范围内房产的相关统计分析，直观展示房屋产权信息、产权档案和房屋安全等数据，通过图形化方式完成房屋全生命周期管理各阶段相关业务的信息化处理，形成"以图管房"业务模式，提高监测分析能力和决策判断能力。

(5) 建设省域住房和城乡建设数据资源体系。完善信息资源规划和共享体系，支撑智慧住建公共服务与应用体系的建设和发展。通过建立空间地理信息数据库、城乡规划数据库、房地产数据库、城市建设数据库、村镇建设数据库、从业主体数据库、工程建设管理数据库，逐步建成省域住建行业数据存储、分析和处理中心。应用智能分析平台、报表管理等组件，构建高精度生态仿真模型，通过固定报表、动态报表、图形展现，提供方便快捷的查询统计和决策分析工具，灵活动态地产生所需报表，分析整个行业管理情况动态信息，实现事件自动仿真、自动演算、自动评价和实时展现。采用数据仓库技术，对海量业务数据进行多样化的分析和展现。把各业务中的各类数据抽取到数据仓库，进行各类统计、分析、数据挖掘和不同角度(条件)的分析，展示基础信息、重要信息、分析统计信息，提高政府社会治理水平。构建反映省域建筑市场规模、从业企业市场竞争力、从业人员供给情况的分析模型，基于省域工程项目、从业企业、从业人员、招标投标、工程造价、市场行为等基础数据库，应用大数据技术分析现状、发现问题、总结规律、预测趋势，为主管部门科学决策提供支撑。

(6)提高省域政务公开信息化保障能力。围绕省域重点工作和社会公众关心事项，深化权力清单和责任清单公开信息化建设，实现行政权力事项基本目录动态管理，在住房和城乡建设厅门户网站公开省、市、县住房和城乡建设权力事项。开发省域建设监察执法信息平台、城乡建设行政检查双随机平台，依法公开随机抽查事项清单，明确抽查依据、主体、内容、方式等，及时公布抽查结果和查处情况，实行"阳光执法"。推进城乡规划、棚户区改造、保障性住房、城市管理、工程质量安全和建筑市场监管执法信息公开，公开监管执法的依据、内容、标准、程序和结果。完善城镇住房保障性安居工程信息公开机制，在住房和城乡建设厅门户网站开设城镇住房保障性安居工程专栏，向社会公开住房保障法规政策、发展规划、年度计划及补助资金分配等信息。建设舆情监测系统，开展省域舆情收集、分析、报告、动态跟踪和应急响应。

(7)推进省域企业信息化建设。推进 BIM 技术在规划、勘察、设计、施工和运营维护全过程中的集成应用。推进勘察设计文件数字化交付、审查和存档工作，实现设计方案性能和功能模拟分析、优化、绘图、审查，以及成果交付和可视化沟通。推进基于 BIM 的项目管理信息系统应用，实现设计管理、采购管理、施工管理、企业管理信息化。推进估算、投标报价、费用控制及计划进度控制等信息系统应用，建立工程估算、报价、费用及进度管控体系。推进商务管理、资金管理、财务管理、风险管理及电子商务等信息系统应用，提升成本管理和风险管控水平。建立并应用基于互联网的协同工作信息系统，实现工程项目多个参与方之间的高效协同与信息共享。

主要参考文献

薛学轩, 2010a. 创新行政许可办理, 推进网上申报审批[N]. 中国建设报, [2010-2-23].

薛学轩, 2010b. 创新行政许可办理方式, 积极推进网上申报审批: 对省级建设行业行政许可事项网上申报审批的思考[J]. 中国建设信息: 451.

薛学轩, 2011. 认真规划, 积极探索工程建设领域信息化[J]. 中国建设信息, (16): 68-71.

薛学轩, 2012a. 探索行业信息化新路径[J]. 中国建设信息, (11): 14-23.

薛学轩, 2012b. 整合信息资源, 强化服务功能: 四川深入推进项目信息公开和诚信体系建设纪实[J]. 中国建设信息, (11): 24-27.

薛学轩, 2013a. 统一数据标准, 充分整合资源, 深入推进项目信息公开和诚信体系建设[M]//求是先锋. 中国领导科学研究会编. 北京: 中央文献出版社.

薛学轩, 2013b. 项目信息公开和诚信体系管理信息平台建设的实践与思考[M]//科技创新与社会发展. 成都: 四川师范大学电子出版社.

薛学轩, 2014a. 工程建设领域项目信息公开和诚信体系管理信息平台的建设与应用[M]//中国梦的发展与探索. 北京: 中国言实出版社.

薛学轩, 2014b. 工程建设领域信息平台建设实践[J]. 中国建设信息, (4): 32-35.

薛学轩, 2014c. 工程建设领域信息平台建设实践[J]. 中国建设信息, (4): 32-35.

薛学轩, 2014d. 四川: 涵盖全省[J]. 有机互联. 中国建设信息, (1): 26-27.

薛学轩, 2014e. "网事"好运来, 四川拔"头彩": 全国首个省级建筑市场监管与诚信一体化工作平台通过验收[J]. 中国建设信息, (24): 54-56.

薛学轩, 2015a. 四川省建筑市场监管与诚信一体化平台的建设与探索[J]. 中国建设信息化, (7).

薛学轩, 2015b. 基于多源异构数据的省域项目信息公开和诚信体系建设共享机制研究[J]. 中国科技成果, (2), 46-48.

薛学轩, 2016a. 基于系统共生的省域建筑市场监管信息化平台研究[J]. 四川建筑, (36): 167.

薛学轩, 2016b. 省域建筑市场监管和诚信管理信息化建设研究与实践[M]. 成都: 西南财经大学出版社.

薛学轩, 2016c. 着力推进"五个发展"持续开展信息化建设——四川省住房城乡建设信息化实践与思考[J]. 中国建设信息化, (15): 6-11.

薛学轩, 张明建, 2018. 四川一曲网歌响中华[J]. 中国建设信息化, (15): 70.

陈桂龙, 2015. 四川建设省级数字化监管平台: 访四川省住房和城乡建设厅信息中心主任薛学轩[J]. 中国建设信息化, (19): 57-60.

项勇, 冉先进, 魏军林, 2018. 互联网+建筑: 产业转型升级路径研究. 北京: 中国经济出版社.

王广斌, 2017. 住房城乡建设行业信息化发展报告. 北京: 中国建材工业出版社.

冉先进, 魏军林, 2015. 省域建设工程项目信息化监管模式探索: 四川省建筑市场监管与诚信一体化工作平台建设思路分析[J]. 工程质量, (2).

冉先进, 曾宏亮, 2015. 建筑起重机械设备备案及实时监控系统设计与实现[J]. 建筑机械, (12): 25-29.
温敏, 魏军林, 李海蓉, 2011. GIS在世行贷款汶川地震灾后重建项目管理中的应用[J]. 测绘与空间地理信息, (34).
丁超, 魏军林, 袁犁, 2016. 电子政务建设中基础地理信息共享技术[J]. 成都工业学院学报, (2): 31-34.
魏军林, 韩楠, 乔少杰, 等, 2018a. 基于社群智能的大规模移动社交网络数据挖掘技术研究[J]. 数码设计, (6).
魏军林, 韩楠, 乔少杰, 等, 2018b. 面向情景感知计算的轨迹大数据挖掘技术[J]. 数码设计, (7): (6).
乔少杰, 唐常杰, 陈瑜, 等, 2007. 基于树编辑距离的层次聚类算法[J]. 计算机科学与探索, (3): 282-292.
郑皎凌, 唐常杰, 乔少杰, 等, 2014. 基于扰动的亚复杂动力系统因果关系挖掘[J]. 计算机学报, (12): 2548-2563.
四川省住房和城乡建设厅, 2014a. 四川省工程建设从业企业资源信息数据标准[S]. 成都: 西南交通大学出版社.
四川省住房和城乡建设厅, 2014b. 四川省工程建设从业人员资源信息数据标准[S]. 成都: 西南交通大学出版社.
四川省住房和城乡建设厅, 2014c. 四川省房屋建筑与市政基础设施建设项目管理基础数据标准[S]. 成都: 西南交通大学出版社.
《建设事业电子政务和信息化》编委会, 2003. 建设事业电子政务和信息化[M]. 北京: 中国建筑工业出版社.
《建设领域信息化标准体系》编委会, 2003. 建设领域信息化标准体系[M]. 北京: 中国建筑工业出版社.
建筑业信息化关键技术研究与应用项目组, 2013. 建筑业信息化关键技术研究与应用[M]. 北京: 中国建筑工业出版社.
赖明, 张国成, 2006. 城市数字化工程: 国家"十五"科技攻关计划"城市规划、建设、管理与服务的数字化工程"成果[M]. 北京: 中国城市出版社.
王中青, 崔俊芝, 张福麟, 等, 2017. 住房城乡建设行业信息化发展报告[M]. 北京: 中国建材工业出版社.
维克托, 迈尔-舍恩伯格, 肯尼思·库克耶, 2013. 大数据时代[M]. 盛杨燕, 等译. 杭州: 浙江人民出版社.
方创林, 等, 2011. 中国城镇产业布局分析与决策支持系统[M]. 北京: 科学出版社.
哈尔·G·里德, 2005. GIS在城市管理中的应用[M]. 姚永龄, 译. 北京: 中国人民大学出版社.
贺寿昌, 2005. 上海城市信息化[M]. 上海: 上海文化出版社.
王卫国, 阎国年, 王爱萍, 等, 2007. 电子政务系统[M]. 北京: 科学出版社.
田景熙, 洪琢, 2010. 电子政务信息系统规划与建设[M]. 北京: 人民邮电出版社.
潘懋, 金江军, 承继成, 2006. 城市信息化方法与实践[M]. 北京: 电子工业出版社.
王宏伟, 尧传华, 罗成章, 2004. 基于空间信息的小城镇规划、建设与管理决策支持系统[M]. 北京: 中国城市出版社.
杜鹰, 2007. 国家空间信息基础设施发展规划研究[M]. 北京: 科学出版社.
雷玉堂, 2014. 安防&物联网[M]. 北京: 电子工业出版社.
潘国辉, 2014. 智能高清视频监控原理精解与最佳实践[M]. 北京: 清华大学出版社.
梁笃国, 张艳霞, 曹宁, 等, 2013. 网络视频监控技术与智能应用[M]. 北京: 人民邮电出版社.
Linoff G S, Berry M J A, 2013. 数据挖掘技术[M]. 巢文涵, 等译. 北京: 清华大学出版社.
张海藩, 2013. 软件工程导论[M]. 6版. 北京: 清华大学出版社.
范玉顺, 2001. 工作流管理技术基础[M]. 北京: 清华大学出版社.
王勇, 刘晓辉, 2011. 网络系统集成与工程设计[M]. 3版. 北京: 科学出版社.
宁津生, 陈俊勇, 李德仁, 等, 2008. 测绘学概论[M]. 2版. 武汉: 武汉大学出版社.